Transformationale Führung

Peter Finckler hat über 30 Jahre Erfahrung als Geschäftsführer und Vorstand in diversen Unternehmen gesammelt. Er ist Kaufmann, akademischer Mentalcoach und Dipl. Lebensberater. Seit 15 Jahren arbeitet er als Leadership Coach in der Führungskräfte-Entwicklung. Seine Kernkompetenzen liegen im Sparring, im Krisen- und Konfliktmanagement und im Coaching von Top Executives. Er ist anerkannter Coach der International Coach Federation und Senior Coach im DBVC.

Peter Finckler

Transformationale Führung

Wegweiser für nachhaltigen Führungs- und Unternehmenserfolg

Peter Finckler
Finckler und Partner
Schifferstadt, Rheinland-Pfalz
Deutschland

ISBN 978-3-662-50291-4   ISBN 978-3-662-50292-1 (eBook)
DOI 10.1007/978-3-662-50292-1

Die Deutsche Nationalbibliothek verzeichnet diese Publikation in der Deutschen Nationalbibliografie; detaillierte bibliografische Daten sind im Internet über http://dnb.d-nb.de abrufbar.

© Springer-Verlag Berlin Heidelberg 2017
Das Werk einschließlich aller seiner Teile ist urheberrechtlich geschützt. Jede Verwertung, die nicht ausdrücklich vom Urheberrechtsgesetz zugelassen ist, bedarf der vorherigen Zustimmung des Verlags. Das gilt insbesondere für Vervielfältigungen, Bearbeitungen, Übersetzungen, Mikroverfilmungen und die Einspeicherung und Verarbeitung in elektronischen Systemen.
Die Wiedergabe von Gebrauchsnamen, Handelsnamen, Warenbezeichnungen usw. in diesem Werk berechtigt auch ohne besondere Kennzeichnung nicht zu der Annahme, dass solche Namen im Sinne der Warenzeichen- und Markenschutz-Gesetzgebung als frei zu betrachten wären und daher von jedermann benutzt werden dürften.
Der Verlag, die Autoren und die Herausgeber gehen davon aus, dass die Angaben und Informationen in diesem Werk zum Zeitpunkt der Veröffentlichung vollständig und korrekt sind. Weder der Verlag noch die Autoren oder die Herausgeber übernehmen, ausdrücklich oder implizit, Gewähr für den Inhalt des Werkes, etwaige Fehler oder Äußerungen.

Einbandabbildung: iStock
Planung: Marion Krämer

Gedruckt auf säurefreiem und chlorfrei gebleichtem Papier

Springer ist Teil von Springer Nature
Die eingetragene Gesellschaft ist Springer-Verlag GmbH Germany
Die Anschrift der Gesellschaft ist: Heidelberger Platz 3, 14197 Berlin, Germany

Vorwort

Take our 20 best people away, and I will tell you that Microsoft will become an unimportant company. (Bill Gates)

Internet-Blase, Börsencrash, Finanzkrise, Verschuldung Griechenlands, VW betrügt beim Abgastest, FIFA ... Blasen und Shareholder-Value-Denken prägen unsere Industrielandschaften seit über 30 Jahren. Spitzenkräfte und Politiker der Wirtschaft müssen sich in einer unplanbaren Welt zurechtfinden. Darauf sind sie in der Regel kaum oder nur unzureichend vorbereitet. Die Konsequenz: Deutschland verliert zunehmend an Wettbewerbsfähigkeit. Und vielen Partnerstaaten in der EU geht es schon viel schlechter als Deutschland.

Unternehmenskulturen bestimmen den Unternehmenserfolg, der durch Shareholder-Value-Denken geprägt ist. Arbeitsplätze sind nicht mehr sicher, und dies trifft jeden Einzelnen. Wir leben in einer Dauerkrisengesellschaft. Durch Krisen und fragwürdiges Geschäftsgebaren ist Deutschland an vielen Stellen zu einem Schattenland mutiert.

Wer solche und andere Missstände der Vergangenheit und Gegenwart beurteilt und angreift, wird in aller Regel als Systemkritiker und Sozialromantiker abqualifiziert. Diesem Vorwurf setze ich mich gerne aus, denn an der aktuellen Ausbildung junger Führungskräfte scheinen Jahrzehnte der Erkenntnis vorbeigegangen zu sein. Die Standardlehrbücher für junge Betriebswirte und Manager verkünden langfristige Gewinnmaximierung, aktualisiert und ergänzt durch Shareholder Value (Wöhe 2013).

Der Zusammenbruch der Finanzmärkte und die Krisen der Realwirtschaft scheinen aber auch bei den Anhängern der Marktwirtschaft zu neuen

Einsichten zu führen. Ein Ende des unbegrenzten Wachstums und unbegrenzter Profite zeichnet sich ab. Aber immer wieder hört man, dass es keine Alternative gibt. Doch stimmt das wirklich? Können wir unsere Gesellschaft, die Organisationen und die Unternehmenskulturen wirklich nicht mehr verändern? Schon Aristoteles hat vor über 2000 Jahren darauf hingewiesen, dass es zwischen Gerechtigkeit, Gleichheit und Zufriedenheit einen Zusammenhang gibt. Demnach ist das gut, was langfristig allen Beteiligten zum Nutzen gereicht. Letztlich kommt in einer ausschließlich auf Profitmaximierung konditionierten Wirtschaft das Allgemeinwohl zu kurz.

Dieses Buch schreibe ich aufgrund dessen für Menschen, die Verantwortung in Organisationen aller Art tragen. Für Menschen, die andere führen und lenken. Ich schreibe es auch für die Menschen, die eine Führungsposition übernehmen wollen. Und ich schreibe es für diejenigen, die als Führungskräfte Zweifel an der Arbeit haben, die sie gerade leisten. Aber auch für solche, die bereits gescheitert sind.

Organisationen (Unternehmen, öffentliche Arbeitgeber, Vereine etc.) scheitern fast nie an äußeren Problemen. Meist scheitern sie an internen Konflikten und an ihren Führungsproblemen. Das Versagen von Führungskräften in Organisationen jeder Art führt bei den geführten Menschen zu einer Haltung, die Leistung stark mindert oder gar verhindert. Diese Haltung ist gekennzeichnet durch Leistungsverweigerung, Demotivation, geringes Engagement, schlechte Qualität oder stressbedingte Ausfälle. Selbst Sabotage ist kein Einzelfall.

So stellt sich die Frage: „Was macht gute Führung aus?" und daran anknüpfend: „Gibt es eine Unternehmenskultur des Erfolgs?"

Mit diesem Buch versuche ich, auf diese Fragen Antworten zu geben. Dabei blicke ich auf eine über 30-jährige Erfahrung als Geschäftsführer und Vorstand zurück. In meiner sich anschließenden Funktion als Leadership Coach habe ich leider immer wieder erlebt, wie durch falsches und kurzfristig ausgerichtetes Führungsverständnis Unternehmen in die Misere steuerten und erst durch ein Umdenken die Wende herbeigeführt wurde.

Als Wegweiser soll dieses Werk allen Führungskräften, auch den künftigen, jenes Wissen an die Hand geben, das sie befähigt, ihre Unternehmen erfolgreicher zu gestalten, insbesondere soll es

- Ursachen von schlechter Führung verdeutlichen,
- Grundlagen für nachhaltigen Führungs- und Unternehmenserfolg vermitteln,
- Philosophien für Führungskräfte beschreiben,

- Führungskräften, die sich weiter entwickeln wollen, in das Gebiet einer komplementären und transformationalen Führung Einblick geben,
- Anleitung geben, wie man sich als Führungskraft verhalten soll,
- Führungskräften helfen, dasjenige Führungsverhalten zu entwickeln, das sie brauchen, um nachhaltig erfolgreich zu sein.

Kein Thema hat vermutlich in der Wirtschaft so viel Aufmerksamkeit erfahren wie die Entwicklung von Führungskräften. Jeder der arbeitet, erlebt Führung: am Anfang als Mitarbeiter und ggf. früher oder später als Führungskraft. Das Führungsverhalten in einer Führungsposition ist nicht nur für die Karriere, den eigenen Erfolg und für den Unternehmenserfolg wichtig. Es bestimmt auch den Grad der Zufriedenheit mit sich selbst und bei den geführten Mitarbeitern.

Die Erwartungen an Führungskräfte sind hoch. Und je höher diese in der Hierarchie stehen, desto einsamer sind sie. Wenn die Ergebnisse schlecht sind, werden sie zur Rechenschaft gezogen, oft auch, wenn sie wenig Schuld trifft. Sie tun daher gut daran, bescheiden und demütig zu leben, besonders wenn sie erfolgreich sind.

Dieses Buch will die Zusammenhänge von Führungsverhalten und Wertschöpfung bewusst machen. Geht es doch bei der Führung darum, das Verhalten und die Einstellung anderer Menschen zu beeinflussen. So hat sich der Fokus der führungspsychologischen Forschung in den letzten Jahren auch durch neue Erkenntnisse der Psychologie und der Neurowissenschaften verändert. Dabei können vier Richtungen der Führungsforschung gegeneinander abgegrenzt werden:

- Eigenschaftsorientierte Führungstheorien suchen die Ursache für erfolgreiche Führung in den persönlichen Eigenschaften einer Führungskraft.
- Verhaltensorientierte Theorien richten den Blick auf das Verhalten von Führungskräften.
- Situative Theorien der Führung versuchen, Regeln für Führungserfolge in unterschiedlichen Kontexten (z. B. Kulturunterschiede) zu erforschen. Dabei liegt der Fokus auf dem Zusammenspiel von Führungsperson, Geführten, Aufgaben, Umweltbedingungen und Führungsverhalten.
- Moderne Perspektiven stehen für die aktuelle Führungsforschung. Dabei geht es um die Entwicklung von transformationalen Führungskräften. Um die Transformation der Geführten zu begeisterten Anhängern und um kommunikative Kompetenz und Vertrauen als Basis für erfolgreiche Führung und mehr Unternehmenserfolg.

In meiner Zeit als Geschäftsführer, Vorstand und heute als Business Coach hatte und habe ich immer wieder mit letztlich erfolglosen Führungskräften zu tun. Die Ursache für ihr Scheitern liegt in der Unfähigkeit, die Entscheidungen von Menschen als Ausgangspunkt für ihre Erfolge zu sehen. Es sind aber gerade diese Entscheidungen von Menschen, die dazu führen, dass ein Mitarbeiter hoch motiviert arbeitet. Dass ein Kunde sich für oder gegen unser Angebot entscheidet oder dass ein Investor bereit ist, in ein Unternehmen zu investieren. Erfolgreichste Unternehmen und Führungskräfte sind diejenigen, welche die Entscheidungen ihrer Kunden, Mitarbeiter und Investoren am besten verstehen, vorausberechnen und lenken können.

Warum ist es für viele Führungskräfte so schwer, ihr vorhandenes Potenzial zu nutzen? Je länger ich mich mit der Frage beschäftigt habe, desto wichtiger erschien mir die Suche nach der Antwort. Sie ist nun zusätzlich getrieben von den negativen Auswirkungen der „Kultur eines neuen Kapitalismus".

Meine Argumentation geht von den nachfolgenden Prämissen aus, die ich später noch begründen werde:

- Führungskräfte sind meist auf ihre Aufgaben unzureichend vorbereitet.
- Die Entwicklung von persönlichen Eigenschaften eines Menschen ist nicht Gegenstand des Bildungswesens.
- Kaum ein Mensch lernt, mit sich und anderen Menschen umzugehen.
- Wenn Menschen unfähig sind, dann sind sie meist unbewusst unfähig.
- Investitionen in Führungskräfteentwicklung sind häufig unwirksam.
- Richtiges Führungsverhalten verursacht Erfolge.

Im ersten Kapitel geht es um die Ursachen einer seit Jahren bestehenden Fehlbildung der Führungskultur. Im zweiten Kapitel wird die Frage beantwortet, was Unternehmen brauchen, um in einer komplexen und dynamischen Welt zu überleben und erfolgreich zu agieren. Das dritte Kapitel will in Erinnerung bringen, wie außergewöhnliche Denker im Laufe der Geschichte erfolgreiche Strategien für nachhaltige Resultate geschaffen haben. Im vierten Kapitel werden die wissenschaftlichen Grundlagen beschrieben, die für die Entwicklung von Führungspersönlichkeiten von Bedeutung sind. Im fünften Kapitel geht es um strategische Entscheidungen im HR-Management und die Verwendung von Performance-Indikatoren sowie um die Rahmenbedingungen für gezieltes Talentmanagement. Im sechsten Kapitel wird die Ich-Entwicklung für Führungskräfte eingehend behandelt. Das siebte Kapitel befasst sich mit den Prozessen einer

Kulturtransformation. Im achten Kapitel ergänzen Maßnahmen der Qualitätssicherung und des Risk Managements die beschriebenen Erkenntnisse und Methoden.

Um dieses Buch allgemein zu halten, konnte ich nicht jedes gestreifte Fachgebiet in der Tiefe darstellen. So gehe ich beispielsweise nicht explizit auf die Werke von Richard Sennett ein, einem Sozialwissenschafter, der sich intensiv mit den psychologischen und gesellschaftlichen Folgen der neuen Ökonomie und der Kultur des Kapitalismus befasst hat. Auch die Forschungen von Harro von Senger, einem Schweizer Juristen und Sinologen, von Rupert Lay, einem Philosophen, Theologen, Psychotherapeuten und Unternehmensberater, und von Jane Loevinger und Thomas Binder lieferten mir wichtige Erkenntnisse, die ich jedoch nicht im Detail aufgeführt habe, zumal meine Gesichtspunkte teilweise andere sind.

Die Experten unter den Lesern, deren Fachgebiete ich berühre – damit meine ich Psychologen, Psychoanalytiker, Therapeuten sowie Neuro-, Volks- und Wirtschaftswissenschaftler sowie heute schon erfolgreiche Unternehmer – mögen meine nur allgemeine Abhandlung komplexer Sachverhalte verzeihen.

Ein Hinweis noch an die weibliche Leserschaft: In diesem Buch wird durchgängig die männliche Schreibweise verwendet. Dies erfolgt lediglich aus Gründen der besseren Lesbarkeit – verstehen Sie dies bitte nicht als fehlende Wertschätzung.

Schifferstadt, Deutschland   Peter Finckler

Inhaltsverzeichnis

1 **Ursachenforschung** 1
  1.1 Willkommen in der Welt der Krisen 1
      1.1.1 Krisenursachen............................ 2
      1.1.2 Führungskrisen 6
      1.1.3 Auswirkungen von Unternehmenskrisen 8
      1.1.4 Ursachen von Unternehmens- und
            Führungskrisen 8
            1.1.4.1 Fehler in der Unternehmensführung...... 9
            1.1.4.2 Strategische Mängel 12
            1.1.4.3 Planungsfehler 14
            1.1.4.4 Fehlende Steuerung und Kontrolle 14
  1.2 Führungsstile des letzten Jahrtausends 15
      1.2.1 Autoritärer Führungsstil...................... 16
      1.2.2 Laissez-faire-Führungsstil 17
      1.2.3 Kooperativer Führungsstil 18
      1.2.4 Situative Führung........................... 19
      1.2.5 Zwischenfazit.............................. 20
  1.3 Auf der Strecke geblieben............................ 22
      1.3.1 Am Bedarf vorbei........................... 23
      1.3.2 Unternehmensvernichtung..................... 25
      1.3.3 Schattenwelt – die dunkle Seite der Macht......... 26
            1.3.3.1 Die dunkle Triade................... 26
            1.3.3.2 Systematische Manipulation 28
            1.3.3.3 Medienmanipulation 30

			1.3.3.4	Nichtanwendungserlasse	32
			1.3.3.5	Obliegenheiten	33
		1.3.4	Das Ende des Shareholder Value		35
		1.3.5	Grenzen des Wirtschaftswachstums		37
	1.4	Fazit			38

2 Was Unternehmen brauchen 41
- 2.1 Entwicklungsstufen auf dem Weg in die Zukunft 50
    - 2.1.1 Stufe 1 – die Zukunft gehört den Netzwerken 50
    - 2.1.2 Stufe 2 – komplementäre Führung 52
    - 2.1.3 Stufe 3 – Stakeholder Value 53
- 2.2 Herausforderungen an Führungskräfte 54
    - 2.2.1 Führungskonzepte 55
    - 2.2.2 Corporate Governance 56
    - 2.2.3 Unternehmenskultur 57
    - 2.2.4 Kooperation 62
- 2.3 Unplanbare Welt 64
- 2.4 Fokus: Führungsverhalten 65
- 2.5 Mentale Agilität 67
- 2.6 Leadership-Kompetenzen 67
- 2.7 Die Führungskraft von morgen 70
- 2.8 Supersurfer und Champions League 72

3 Anthropologie – die Lehre vom Menschen 73
- 3.1 Philosophien für Leader 75
    - 3.1.1 Laotse – der rechte Weg der Führung 75
    - 3.1.2 Konfuzius – Ausgewogenheit als Erfolgsfaktor 77
    - 3.1.3 Sokrates – Meister des Dialogs 79
    - 3.1.4 Marcus Aurelius Antonius – Meister der Reflexion 82
    - 3.1.5 Zwischenfazit 87
- 3.2 Neues aus dem Römischen Reich 88
- 3.3 Prometheus 91
- 3.4 Fazit 93

4 Wissenschaftliche Grundlagen 95
- 4.1 Ich-Entwicklung von Führungskräften 95
    - 4.1.1 Stufen der Ich-Entwicklung 96
        - 4.1.1.1 Frühe Stufen der Ich-Entwicklung 97
        - 4.1.1.2 Mittlere Stufen der Ich-Entwicklung 99

		4.1.1.3	Späte Stufen der Ich-Entwicklung........	101
		4.1.1.4	Transformative Bereiche der Ich-Entwicklung...................	105
	4.1.2	Verteilung in der Bevölkerung................		107
	4.1.3	Konsequenzen........................		107
	4.1.4	Zwischenfazit........................		108
4.2	Lernprozesse Erwachsener.....................			109
	4.2.1	Neurowissenschaften.....................		109
	4.2.2	Transformative Lernprozesse................		111
		4.2.2.1	Erfahrung...................	114
		4.2.2.2	Rationaler Diskurs...............	114
		4.2.2.3	Kritische Reflexion...............	114
	4.2.3	Organisationales Lernen...................		115
	4.2.4	Emotionale Kompetenzen..................		117
4.3	Psychologie und mentale Ansätze.................			118
	4.3.1	Selbstbestimmungstheorie...................		118
		4.3.1.1	Motivationsbestimmende Faktoren......	119
		4.3.1.2	SDT als Prozess- und Inhaltstheorie.....	121
		4.3.1.3	Zwischenfazit.................	123
4.4	Wissensmanagement für Führungskräfte.............			123
	4.4.1	Philosophischer Dialog....................		124
	4.4.2	Psychologische Beratung..................		125
		4.4.2.1	Tiefenpsychologisch-psychodynamische Orientierung.................	126
		4.4.2.2	Humanistisch-existenzielle Orientierung.................	126
		4.4.2.3	Systemisch-soziodynamische Orientierung.................	127
		4.4.2.4	Verhaltensmodifizierende Orientierung.................	127
	4.4.3	Coaching im Management...................		128
4.5	Transformationale Führung.....................			131

5 Talententwicklung.............................. 135
5.1	Strategische Talententwicklung...................			136
	5.1.1	Anforderungen an die Wegbereiter............		137
	5.1.2	Talententwicklung.......................		138
5.2	Organisationale Maßnahmen....................			139
	5.2.1	Organisation-Audit.....................		141

		5.2.1.1	Interviews (Stakeholder-Analyse)	142
		5.2.1.2	Stakeholder Map (SWOT)	146
		5.2.1.3	Strategie	150
	5.2.2	Talentoffensive		152
		5.2.2.1	Assessments	152
		5.2.2.2	Feedback	155
		5.2.2.3	Potenzial-Analyse	155
	5.2.3	Talententwicklung		157
		5.2.3.1	Mentoring, Sparring	158
		5.2.3.2	Coaching	161
		5.2.3.3	Team-Coaching	162
		5.2.3.4	Soft Skills	164
		5.2.3.5	Fachliche Weiterbildung	167

6 Personale Transformation ... 173
6.1 Ich-Entwicklung ... 174
6.2 Selbstmanagement ... 175
6.3 Beziehungsmanagement ... 178
6.4 Persönliche Transformation ... 180

7 Kulturtransformation ... 183
7.1 Strategische Unternehmensführung ... 184
7.1.1 Strategie-Coaching ... 185
7.1.2 Transformationale Führung ... 188
7.1.3 Führung durch Substitution ... 189
7.1.4 Zwischenfazit ... 191
7.2 Action Learning ... 193
7.3 Systemische Organisationsentwicklung ... 195
7.4 Management Reflection ... 199
7.5 Konfliktmanagement ... 201
7.5.1 Intrapersonale Konflikte ... 202
7.5.2 Interpersonale Konflikte ... 204
7.6 Fazit ... 207

8 Qualitätssicherung ... 209
8.1 Quality Audit ... 211
8.2 Re-Definition ... 214

9	**Epilog**...	217	
	9.1 Resümee	217	
	9.2 Danksagung.....................................	219	
	9.3 Anfragen, weitere Informationen	220	

Glossar... 221

Literatur.. 227

Stichwortverzeichnis 233

1 Ursachenforschung

In diesem Kapitel geht es um die Ursachen für die seit vielen Jahren bestehende Fehlentwicklung der Führungskultur. Die Führungspraxis steht dabei in großer Distanz zu den Führungsanforderungen. Das Kapitel liefert Impulse für die Selbstwahrnehmung und Reflexion der eigenen Führungsfähigkeiten.

1.1 Willkommen in der Welt der Krisen

Eine Krise bezeichnet den Höhe- und Wendepunkt in einer hochproblematischen, oft auch gefährlichen Situation. Kennzeichen einer Krise ist ein massiver Wandel, bei dem in der Regel „kein Stein mehr auf dem anderen bleibt". Krise bedeutet immer auch einen Bruch, der das Leben in ein Vorher und Nachher teilt.

Krisen sind die Effekte von belastenden Ereignissen oder längeren Entwicklungen, die wegen ihrer Intensität und/oder Plötzlichkeit nicht mehr gehandhabt oder bewältigt werden können. Eine Krisensituation überfordert die gewohnten Anpassungs- und Verarbeitungsstrategien und damit die Möglichkeit, mit ihr umzugehen. Willkommen in der Dauerkrisengesellschaft!

1.1.1 Krisenursachen

> Leadership is doing what is right when no one is watching (Georg Van Falkenburg).

Als Manager oder Führungskraft müssen Sie wissen, welche prekären Situationen entstehen können. Dies gilt vor allem für Entscheidungen von größerer finanzieller Tragweite. Sie können rasch zu einer Krise führen, wie man an den nachfolgenden Beispielen gut erkennen kann. So richtet sich beispielsweise die Haftungsfrage nach den allgemeinen Grundsätzen der Arbeitnehmerhaftung. Dabei geht es meist darum, ob ein Angestellter vorsätzlich, grob oder leicht fahrlässig gehandelt hat. Neben dieser Verantwortung, die jeder Arbeitnehmer trägt, haften Führungskräfte verstärkt. Heute werden die meisten Führungskräfte vertraglich zur Einhaltung von Corporate-Compliance-Anforderungen verpflichtet. Damit vergrößert sich der Haftungsbereich einer Führungskraft erheblich, so entschied der Bundesgerichtshof 2009.

Jede Führungskraft ist aufgrund ihrer Führungsaufgaben im Betrieb für den Gesundheitsschutz und die Sicherheit der ihr unterstellten Mitarbeiter verantwortlich. Diese Verantwortung kann sie nicht durch Delegation auf nachgeordnete Führungskräfte vollständig abgeben. Hier gilt der Grundsatz: „Vertrauen ist gut, Kontrolle ist besser."

Darüber hinaus gibt es den Rechtsbegriff der Gefährdungshaftung. Er beschreibt eine Schadensersatzpflicht, die kein Verschulden (Verschuldenshaftung) voraussetzt, sondern darauf beruht, dass der Ersatzpflichtige bei einer erlaubten Tätigkeit unvermeidlich eine gewisse Gefährdung seiner Umgebung herbeiführt.

Der Gesetzgeber formuliert die Grundlage der Rechtsprechung wie folgt:

> Die Gesellschaft erlaubt bestimmte Verhaltensweisen trotz ihrer Gefährlichkeit auf Grund ihrer sozialen Nützlichkeit (sozialadäquates Verhalten). Wer z. B. am Straßenverkehr teilnimmt, ein Kernkraftwerk betreibt, eine Eisenbahngesellschaft unterhält oder Produkte in den Verkehr bringt, tut nichts Unrechtes, obwohl er weiß, dass sein Verhalten unter Umständen gefährlich werden kann. Sein Verhalten ist gesellschaftlich erwünscht. Der Grundgedanke der Gefährdungshaftung liegt darin, dass derjenige, der Nutzen aus abstrakt gefährlichen Handlungen zieht, welche die Gesellschaft für nützlich erachtet und daher erlaubt, auch für die Schäden einstehen soll, die sich aus der gefährlichen Handlung ergeben. Weil die Gefährdungshaftung nur Schäden erfassen soll, die sich aus dem eigentümlichen Risiko der gefährlichen

Handlung ergeben, ist die Haftung für Schäden, für welche die gefährliche Handlung zwar (mit)ursächlich ist, aber nicht die spezifische Gefahr der Handlung betrifft (z. B. betriebsfremde Gefahren, höhere Gewalt), ausgeschlossen. Um die betriebsspezifische Gefahr zu ermitteln, ist eine wertende Betrachtung in Ansehung des Schutzzwecks der Norm vorzunehmen. Die Gefährdungshaftung ist Ausfluss der verteilenden Gerechtigkeit (ius distributiva), indem sie Risikosphären zuweist: Ihr liegt das ethische Prinzip ‚Wem die Vorteile gebühren, der soll auch die Nachteile tragen' zugrunde (Wiki, Gefährdungshaftung).

Dem Grundsatz der Gefährdungshaftung folgt die Gefährdungsbeurteilung. Sie beschreibt den Prozess der systematischen Ermittlung und Bewertung aller relevanten Gefährdungen, denen die Beschäftigten im Zuge ihrer beruflichen Tätigkeit ausgesetzt sind. Hinzu kommt die Ableitung und Umsetzung aller zum Schutz der Sicherheit und der Gesundheit erforderlichen Maßnahmen, die anschließend hinsichtlich ihrer Wirksamkeit überprüft werden müssen. Das Ziel besteht darin, Gefährdungen bei der Arbeit frühzeitig zu erkennen und diesen präventiv, das heißt noch bevor gesundheitliche Beeinträchtigungen oder Unfälle auftreten, entgegenzuwirken.

Die Gefährdungsbeurteilung zu Arbeitsstätten, Arbeitsplätzen, Arbeits- und Fertigungsverfahren, Arbeitsabläufen und Arbeitszeiten basiert u. a. auf §§ 5, 6 Arbeitsschutzgesetz infolge der Umsetzung europäischer Rahmenrichtlinien zum Arbeitsschutz (1992), § 3 Betriebssicherheitsverordnung, § 6 Gefahrstoffverordnung, §§ 89, 90 Betriebsverfassungsgesetz.

Der Katalog der zu ermittelnden Gefährdungen aus § 5 ist weit gefasst. Demnach kann sich eine Gefährdung insbesondere durch

- die Gestaltung und die Einrichtung der Arbeitsstätte und des Arbeitsplatzes,
- physikalische, chemische und biologische Einwirkungen,
- die Gestaltung, die Auswahl und den Einsatz von Arbeitsmitteln, insbesondere von Arbeitsstoffen, Maschinen, Geräten und Anlagen sowie den Umgang damit,
- die Gestaltung von Arbeits- und Fertigungsverfahren, Arbeitsabläufen und Arbeitszeit und deren Zusammenwirken,
- unzureichende Qualifikation und Unterweisung der Beschäftigten,
- psychische Belastungen bei der Arbeit ergeben.

Insbesondere auf den letzten Punkt der Aufzählung soll und muss hier abgestellt werden. Psychische Belastung ist nach der DIN EN ISO 10075 „die Palette aller erfassbaren Einflüsse, die von außen auf den Menschen zukommen und psychisch auf ihn einwirken." Gemäß der o. a. Norm kann auch von mentaler Belastung gesprochen werden. Gegenstand der Norm ist also nicht irgendeine Art von individuellem psychischem Defizit einer Person, sondern die Belastung von Geist und Seele. Psychomentale Belastung ist dafür der treffende Begriff. Psychosoziale Belastung ist ein weiterer Begriff, der in der Diskussion zum Thema der psychischen Belastung verwendet wird.

Die Bundesärztekammer führte in ihrer Entschließung vom 115. Deutschen Ärztetag 2012 an, dass auch chronische Überforderung und chronischer Stress am Arbeitsplatz zu psychischen oder psychosomatischen Krankheiten führen kann, und führt insbesondere auf (Deutscher Ärztetag 2012):

Zu krank machenden Arbeitsbedingungen und Arbeitsplatzstrukturen gehören u. a.: Arbeitsverdichtung, Zeit-, Konkurrenz- und Leistungsdruck, hohe Anforderungen bei geringem Einfluss auf den Arbeitsprozess, mangelnde Anerkennung durch Vorgesetzte, fehlende Gratifikation, Überforderung durch permanente Veränderungen ('Flexibilität'), kontinuierliche Überwachung und Kontrolle, unzureichende Entlohnung, prekäre Arbeitssituation bei Leiharbeit, Minijobs und 'Aufstockern', befristete Arbeitsverträge, Angst vor Arbeitsplatzverlust, ungewisse Lebensplanung bei fehlender Existenzsicherung, Doppelbelastung durch Beruf, Familie und Pflege, Entgrenzung der Arbeit wegen ständiger Erreichbarkeit über Handy und E-Mail, Nacht- und Schichtarbeit, ungenügende Erholungsmöglichkeiten mit zu wenig Zeit für Familie und soziale Kontakte, Mobbing, Zwang zur Selbstständigkeit ohne existenzsicherndes Einkommen und Selbstausbeutung.

Deutschland nahm die Gefährdungsbeurteilung bezüglich psychischer Belastungen erst im Jahr 2013 in das Arbeitsschutzgesetz auf. Dies erst, nachdem die meisten EU-Staaten bereits verpflichtende Regelungen zur Reduktion von psychosozialem Stress am Arbeitsplatz etabliert hatten.

Grundsätzlich ist festzuhalten, dass die Erfassung und Beurteilung psychischer Gefährdungsfaktoren nicht dazu dienen soll, die individuelle psychische Situation der Beschäftigten zu kontrollieren. Vielmehr müssen betriebliche Faktoren wie Arbeitsorganisation, Über- oder Unterforderung, Qualifikation, Kommunikation, Führungsmethoden, Kundenverhalten und anderes mehr als mögliche Belastungsfaktoren erkannt, bewertet und menschengerecht gestaltet werden.

Matrixorganisationen sind Führungskonzepte, die sich erheblich auf die psychomentale Belastung von Mitarbeitern auswirken. Darin müssen die Mitarbeiter oft mehrere Projektleiter bedienen und ihre Belastung eigenverantwortlich organisieren. Der Wechsel zwischen verschiedenen Prozessen und Aufgaben (Task Switching) ist nur eine von vielen Herausforderungen. Auch die Umverteilung von Verantwortung auf den Arbeitnehmer oder untergeordnete Instanzen als Intrapreneur oder Businesspartner – der „Unternehmer im Unternehmen" – führt zu hohen psychomentalen Belastungen. Fehlen dabei Ressourcen oder Befugnisse, so erhöht sich die Belastung signifikant.

Der frühe Kapitalismus war auf Ausbeutung von Arbeit, der heutige ist auf Ausbeutung von Verantwortung ausgelegt. Früher mussten die Kollegen den Arbeitsgegenstand, jetzt müssen sie das Betriebsergebnis mitgestalten. Früher mussten sie nur mitarbeiten, jetzt müssen sie mitdenken und mitzittern. Früher wurden sie dem Fertigungsprozess als weiteres Maschinenrad, jetzt wird der Fertigungsprozess ihrem Engagement untergeordnet. Die stets prekäre und Widerstand provozierende Fremdausbeutung wird durch das Abschöpfen von prinzipiell grenzenloser Selbstausbeutung ersetzt (Zielke, FAZ 1996).

Aus der Gefährdungshaftung und der Verpflichtung zur Gefährdungsbeurteilung – insbesondere im Zusammenhang mit den psychischen Belastungen – ist seit 2013 der Strick geflochten, der um den Hals jeder Führungskraft liegt.

> Daraus folgt: „Schlechte Führung kann strafbar sein."

Für eine Strafbarkeit reicht bereits leichteste Fahrlässigkeit im Sinne eines Augenblickversagens aus. Allerdings wirkt sich der Grad der Schuld auf die Höhe der Strafe aus: Ein grob fahrlässiges Verhalten wird härter bestraft als ein leicht fahrlässiges.

Das Institut der Wirtschaftsprüfer nennt in seinem Standard *Anforderungen an die Erstellung von Sanierungskonzepten* (IDW 2012, S. 6) die folgenden Ursachen für einen Sanierungsbedarf, die den Krisenursachen entsprechen, mit denen Unternehmen und Organisationen nur allzu oft konfrontiert sind.

Private Ursachen: Private Beziehungen wirken sich häufig auf ein Unternehmen aus. Dies ist insbesondere der Fall, wenn die Privatsphäre in ein Unternehmen hineinreicht. Gründe liegen in Verwandtschaftsbeziehungen im Gesellschafter- oder Geschäftsführungsbereich. Dazu gehören auch

Nachfolgekrisen bei Familienunternehmen. Typische Krisenauslöser sind Trennungen, Scheidungen, Unfall- und Krankheitsfolgen und Todesfälle. Typisch ist eine Ehescheidung, die zu Ausgleichszahlungen und damit zu einem nicht mehr finanzierbaren Liquiditätsengpass im Unternehmen führt. Auch Streit über die Art der Unternehmensführung kann erhebliche Auswirkungen auf ein Unternehmen haben.

Stakeholder-Krise: Wesentliche Meinungsverschiedenheiten unter den Stakeholdern verursachen Reibungsverluste, Entscheidungen werden verschleppt oder gar nicht getroffen. Das Führungsverhalten wird oberflächlich, das Leitbild des Unternehmens wird aus den Augen verloren. Den Beteiligten ist hier meist nicht bewusst, dass eine Unternehmenskrise vorliegt.

Strategiekrise: Führungsschwäche und interne Uneinigkeit führen dazu, dass die strategische Ausrichtung des Unternehmens undurchschaubar wird und wichtige Wettbewerbsvorteile nicht zufriedenstellend genutzt oder forciert werden.

Produkt- und Absatzkrise: In diesem Stadium sinkt der Absatz der Produkte auch in absoluten Zahlen. Das Unternehmen konzentriert sich nicht genügend auf jene Produkte und Kunden, bei denen ausreichende Deckungsbeiträge erzielt werden können; hinzu kommen Schwächen in Marketing, Vertrieb und Qualität.

Erfolgskrise: Die Erfolgskrise folgt auf die Produkt- und Absatzkrise, sofern keine konsequenten Maßnahmen zu ihrer Beseitigung getroffen wurden. Die Resultate des Unternehmens verschlechtern sich und werden negativ, das Eigenkapital wird nach und nach aufgezehrt. Dauert die Erfolgskrise an, ist das Unternehmen nicht mehr in der Lage, die notwendigen Mittel für eine Sanierung selbst aufzubringen. Eine akute Insolvenzgefahr besteht in der Regel aber noch nicht.

Liquiditätskrise: Eine Liquiditätskrise liegt vor, wenn konkrete und akute Gefahr der Zahlungsunfähigkeit besteht. Es liegt zu diesem Zeitpunkt bereits eine sehr nachteilige Finanzierungsstruktur vor – viel kurzfristiges oder fälliges Fremdkapital, Fristen werden nicht eingehalten und die früheren Erfolgsfaktoren des Unternehmens sind nicht mehr wirksam. Die Leistungsfähigkeit ist stark eingeschränkt.

1.1.2 Führungskrisen

Die Ursachen der meisten Führungskrisen ist der Glauben, dass es so, wie es lange war, auch noch lange sein wird (Reinhard K. Sprenger).

Und weiter schreibt Reinhard K. Sprenger in seinem Buch *Radikal führen* (2012):

> Das galt in Deutschland für Nixdorf, wo man vor lauter nachkriegszeitlichem Schulterklopfen nicht bemerkte, dass man zwischen Großrechner und PC zerquetscht wurde; das galt für AEG, für Grundig, Holzmann, Quelle, Karstadt, Märklin, Schiesser, Rosenthal, Escada, Karmann, Telefunken, Saba, Nordmende, Rollei, Agfa, Voigtländer, Sal. Oppenheim – um nur einige der bekanntesten Namen zu nennen.

Diese Liste lässt sich beliebig fortführen und kann mit aktuellen Schlagzeilen ergänzt werden.

„Führungskrisen beim ‚Spiegel' und ‚Stern'" titelt am 23.08.2014 Der Tagesspiegel online (Tagesspiegel 2014), und weiter: „Beim ‚Stern' verlor Dominik Wichmann vor einer Woche wegen weiter sinkender Auflagenzahlen und angeblich autoritärem Führungsstil nach nur einem Amtsjahr seinen Chefredakteursposten. Das gleiche Schicksal stand – bis Freitagabend – dem ‚Spiegel'-Chef Wolfgang Büchner bevor als Höhepunkt einer länger schwelenden Führungskrise."

„Schwere Führungskrise bei VW" titelt die Süddeutsche Zeitung am 10. April 2015 (Süddeutsche Zeitung 2015). Der mächtige VW-Aufsichtsratschef Ferdinand Piëch kündigt dem Vorstandsvorsitzenden Martin Winterkorn die Treue.

„Der unwürdige Abgang des Josef Ackermann" schreibt das Handelsblatt (Handelsblatt 2012) am 22.3.2012 unter der Überschrift „Führungskrise in der deutschen Bank": Josef Ackermann sprach seinen designierten Nachfolgern Jain und Fitschen ziemlich genau vor einem Jahr die Fähigkeit ab, die größte deutsche Bank führen zu können.

„Die Dimensionen der VW-Krise sind schwindelerregend" titelt die Welt (Welt 2015) am 4.10.2015 und schreibt u. a. weiter: „Mindestens zehn hochrangige Manager wurden bereits beurlaubt."

„Deutsche-Bank-Chefs Jain und Fitschen: Abgang mit Ansage" schreibt Spiegel online (Spiegel online 2015) am 7.6.2015. „Die Deutsche Bank Chefs müssen gehen. Aktionäre und Arbeitnehmervertreter wollten vor allem Anshu Jain nicht mehr an der Spitze des größten deutschen Geldhauses sehen. Nun soll der Brite John Cryan einen Neuanfang versuchen – schon wieder."

1.1.3 Auswirkungen von Unternehmenskrisen

Creditreform (Creditreform 2014) hat zusammengetragen, dass die Schäden aller Unternehmensinsolvenzen in Deutschland im Jahr 2014 bei 26,1 Mrd. EUR lagen. Es waren dabei 23.800 Unternehmensinsolvenzen zu verzeichnen. Damit waren die Verluste von 264.000 Arbeitsplätzen verbunden. Die Höhe der im Vorfeld von Insolvenzen abgebauten Arbeitsplätze ist in dieser Zahl noch nicht enthalten. Immerhin waren 15,2 % der Unternehmen zum Zeitpunkt der Insolvenz älter als 20 Jahre. Damit verbunden war 2014 der niedrigste Stand der Unternehmensinsolvenzen seit dem Jahr 1999. Damit sei festgestellt, dass die mittleren Schäden seit 1999 wesentlich höher anzusiedeln sind.

1.1.4 Ursachen von Unternehmens- und Führungskrisen

> Der Ursprung allen Scheiterns ist der Erfolg (Reinhard K. Sprenger).

Offensichtlich haben sich unsere gesellschaftlichen Landschaften in eine Dauerkrisengesellschaft verwandelt. Aber was sind die Ursachen dafür?

Eine Krise in einer Organisation ist meist das Ergebnis der dort ablaufenden „normalen" Geschäftsprozesse. Sie hat selten mit nur einer einzelnen Person zu tun, sondern ist bestimmt durch die Handlungen vieler, die letztlich zum Organisationsversagen führen.

Führungskompetenz (auch Managementkompetenz) bezeichnet die Fähigkeiten leitender Personen innerhalb einer Organisation, Führungsaufgaben erfolgreich bewältigen zu können. Dabei kann man den Erfolg an den Erwartungen der Stakeholder messen. Dies sind beispielsweise Kunden, Mitarbeiter, Kapitalgeber, Finanzbehörden und die Öffentlichkeit.

Hauptursache für fehlende Führungskompetenz ist die immer noch weitverbreitete Praxis, Führungskräfte in erster Linie nach ihrem Fachwissen zu befördern. Dabei gilt der Grundsatz, dass man den besten Verkäufer zum Vertriebsleiter oder den besten Ingenieur zum Produktionsleiter ernennt, eine fundierte „Ausbildung zur Führungskraft" aber nicht stattgefunden hat.

> In keinem anderen Beruf liegt die Ausbildung so im Argen wie im Management. Niemand würde in ein Flugzeug steigen, wenn die Piloten eine den Managern vergleichbare mangelhafte Ausbildung hätten (Fredmund Malik).

1.1.4.1 Fehler in der Unternehmensführung

Über Fehler in der Unternehmensführung ist viel geschrieben worden. Wenn man aber die konkreten Ursachen für fehlenden Führungs- und Unternehmenserfolg benennen will, kommt man um die Darstellung der großen Denk- und Führungsirrtümer nicht herum.

Irrtum Nr. 1: „Es gibt keine Standards für Führungserfolg."

Führungskräfte verstehen ein Unternehmen und den Umgang mit Menschen sowie die damit zusammenhängenden Gesetzmäßigkeiten (Regeln) meist nicht als ein System. Diese Gesetzmäßigkeiten sind nicht trivial, und daher wird gegen sie auch immer wieder verstoßen. Dieses Phänomen nennt man „systemischer Fehler", da es direkt das System betrifft. Systemische Fehler äußern sich oft unerwartet an Stellen, an denen man sie nicht annehmen würde. Sie sind substanziell gefährdend und werden doch als selbstverständlich akzeptiert. Im täglichen Handeln fallen sie nicht auf, und man sieht nichts außer den negativen Resultaten und den Schaden. Am besten werden systemische Fehler sichtbar, wenn man die Zahlen betrachtet. Sinkende Umsätze können unterschiedliche Gründe haben. Der erste Reflex ist beispielsweise, sich auf den Vertrieb zu konzentrieren, obwohl dieser gut funktioniert. Dabei wird außer Acht gelassen, dass vielleicht die fehlende Innovation ein Grund sein könnte. Oder man sieht einen zurückgehenden Gewinn und stürzt sich sofort auf die Kosten, ohne die konkrete Ursache (z. B. negatives Firmenimage) zu berücksichtigen.

Irrtum Nr. 2: „Unternehmensziel ist es, Gewinn zu machen."

In der klassischen Unternehmenstheorie sind alle betrieblichen Aktivitäten von einem Zweck geleitet: „Maximierung des kurzfristigen Gewinns" (Arentzen et al. 1997). Dies lehrt die Betriebswirtschaft. Generationen von Betriebswirten geben sich mit dieser Definition zufrieden. Unternehmen (insbesondere große) werden häufig nach dieser Maxime gemanagt. Manager steigern den kurzfristigen Gewinn (vor allem den eigenen) und wundern sich, dass die Nachhaltigkeit ausbleibt und sowohl Vertrauen als auch Geld vernichtet werden. Vielleicht ist dies der Grund, warum es so viele gute Unternehmer gibt, die kein betriebswirtschaftliches Studium absolviert haben, und kaum Wirtschaftsprofessoren, die zu erfolgreichen Unternehmern wurden. Denn Ursache und Wirkung werden vertauscht und genau nur anders herum kann nachhaltiger Unternehmenserfolg erreicht werden: Der Gewinn ist nur die Größe, welche die Erreichung von Zielen misst. Nicht Wohlstand darf der Zweck sein, sondern es muss die Leistung sein, die zu Wohlstand führt. Das wahre Ziel einer ganzheitlichen

Unternehmensführung ist der Nutzen, den ein Unternehmen seinen Kunden anbietet, der Nutzen für die Stakeholder und die Organisation. Solche Zielbündel basieren auf nachhaltig ethischen und ökonomischen Gesetzmäßigkeiten.

Irrtum Nr. 3: „Wachstum über alles!"

Kein Tag vergeht, an dem uns dieses allgegenwärtige Thema nicht beherrscht. Die Länder und die Unternehmen streben nach immer mehr Wachstum. Aber Wachstum muss umsichtig und nachhaltig realisiert werden. Unternehmen bekommen oft in Zeiten eines Wachstumsschubes große Probleme. Sie kommen mit der Organisation, Finanzierung und Entwicklung der Mitarbeiter (vor allem der Führungskräfte) nicht nach und scheitern. Und dies, obwohl sie häufig gute Produkte bieten und einen langfristigen und nachhaltigen Erfolg realisieren könnten. Es gibt auch pathologisches Wachstum, das man in der Medizin Sklerose, Tumor oder Geschwür nennt. Dies sind Krankheiten – oft tödliche! Wachstum kann also auch töten. Daran sollten wir denken, wenn wir die Legende vom ewigen Wachstum verbreiten. Gesundes Wachstum impliziert Phasen der Ruhe und Konsolidierung.

Irrtum Nr. 4: „Führung ist Management."

Management ist etwas ganz anderes als Führung. Beide Worte werden oft verwechselt, genauso wie die Inhalte. Die Grundlage von Management ist ökonomisches Denken. Es ist ein Vorgehen, das auf Zahlen und Messungen beruht und auf erlernbarem Wissen aufbaut. Was dient dem finanziellen Wohlergehen der Organisation? Was dient meinen Bonusvereinbarungen? Wie und wo zahlen wir weniger Steuern? Viele Managementsysteme und der größte Teil der Betriebswirtschaft sind auf diese Fragen ausgerichtet. Es handelt sich dabei aber nicht um Führung, sondern um Management.

Im Mittelpunkt von Führung steht der Mensch. Konkret geht es um die Gestaltung von Strategien und Prozessen mit Menschen. Führung fordert Leistung, bietet aber auch Sinn an. Was nützt den Menschen? Was ist sinnvoll? Was ist das richtige Maß? Das alles sind Fragen der Führung. Sie basiert auf Charakter und den persönlichen Einstellungen der Führungskraft. Führung ist ethische Kompetenz und trägt die Verantwortung für Menschen. Wäre in den Führungsebenen der Unterschied zwischen Management und Führung klar, dann wäre auch erkennbar, dass in der Regel zu viel gemanagt und zu wenig geführt wird. In vielen Unternehmen scheint Führung gar nicht stattzufinden. Kein Wunder, wenn in diesen Unternehmen dann kein Vertrauen ins Management herrscht. Nur gute Führung führt zu Vertrauen, Management allein kann dies nicht leisten. Ganz klar möchte ich hier aber festhalten, dass Führung und Management gleichwertig sind. Sie stehen in ihrer Divergenz nebeneinander und generieren so nachhaltigen Führungs- und Unternehmenserfolg. Es braucht beides.

Irrtum Nr. 5: „Es gibt eine passende ‚Management by'-Technik."
Es gibt nicht DEN einen idealen Führungsstil. Gute Führung hängt sowohl von den Menschen – insbesondere den Führungsverantwortlichen – als auch von der Situation ab.

Irrtum Nr. 6: „Aktionismus ist ein Zeichen von Erfolg."
Einer der größten Fehler im Mittelstand ist das tägliche Durchlavieren (Durchwurschteln). Viele Mittelständler sind fleißig, jedoch oftmals erfolglos: Sie stürzen sich jeden Tag aufs Neue in ihren Alltag und bemühen sich, der Flut der Arbeit Herr zu werden. Sie treffen ihre Entscheidungen unter hohem Zeitdruck, meist aus dem Bauch heraus. Dabei fällt der erwirtschaftete Ertrag schnell den Fehlentscheidungen und der operativen Hektik zum Opfer. Chancen und Veränderungen auf dem Markt werden nicht mehr wahrgenommen, und dringende und wichtige Dinge werden nicht termingerecht abgearbeitet. Die Klarheit für die richtigen nächsten Schritte fehlt. Es wird somit deutlich: Fleiß allein reicht nicht aus, schon gar nicht in schwierigen Zeiten.

Irrtum Nr. 7: „Strategie ist überflüssig, wir legen einfach los."
Wer nicht „vordenkt", kann auch keine Strategie entwickeln. Beides gehört zusammen. Zwar ist Strategie in der Managementlehre ein abgegriffenes Thema, doch ist sie so aktuell wie nie.

Hermann Simon hat in seinem Buch *Strategie und Wettbewerb* 50 Aussagen zu diesem Thema gemacht. Er stellt fest, dass gerade heute die Strategie eines Unternehmens ein entscheidender Wettbewerbsfaktor ist (Simon 2003). Mittelständler wissen aber kaum über Strategie Bescheid, und noch weniger wenden sie sie an. Es ist an der Zeit, dass sich dies ändert. Hermann Simon fasst den Begriff Strategie wie folgt zusammen:

- Wissen, was man will
- Wissen, was man nicht will
- Etwas Neues schaffen
- Externe Chancen und interne Kompetenzen integrieren
- Durchhalten

Sind diese Punkte in Ihrem Unternehmen klar definiert? Hierzu braucht es eine Vision, an der sich alle im Unternehmen und auch die Kunden orientieren können. Aus der Vision (Leitbild) werden Ziele und Strategien abgeleitet. Eine ausgeklügelte Strategie ist die Grundlage eines wettbewerbsfähigen Unternehmens.

Irrtum Nr. 8: „Ein Unternehmen ist kompliziert."
Viele Führungskräfte glauben, ihr Unternehmen sei kompliziert, verwickelt und undurchschaubar. Dabei machen sie es selbst viel komplizierter, als es sein muss, und wollen oft damit die Wichtigkeit ihrer Position unterstreichen. Doch das Gegenteil ist der Fall: Ein Unternehmen muss keinesfalls kompliziert sein, vorausgesetzt, die Führungskräfte schaffen es, die Dinge möglichst einfach zu gestalten, was wirklich gute Führungskräfte als eine ihrer zentralen Aufgaben sehen.

Ein Unternehmen kann jedoch sehr wohl komplex sein. Das bedeutet aber nicht kompliziert – das wird häufig miteinander verwechselt. Komplex bedeutet nur, dass vielschichtige und unterschiedliche dynamische Systeme miteinander interagieren. Komplexität zu beherrschen ist daher eine der größten Herausforderungen von Unternehmern und Führungskräften. Dazu ist aber ein Verständnis für systemische Zusammenhänge erforderlich, und das fehlt den meisten Führungskräften. Einen besonderen Stellenwert hat die Aufgabe, auf das komplexe System Mensch und hier vor allem auf Gruppen oder Teams einzuwirken.

Irrtum Nr. 9: „Unser Unternehmen ist kundenorientiert genug."
Kein Unternehmen ist ausreichend kundenorientiert! Befragen Sie Ihre Kunden. Und versuchen Sie sich zu beweisen, dass Sie falsch liegen. Kundenorientierung ist ein abgenutztes Wort und eine wenig vollzogene Tat. Es gibt die Mär vom Kunden als König. Danach heißt es, der Kunde steht im Mittelpunkt. So wird es in Firmenbroschüren und Hochglanzprospekten stets beschrieben und beworben. In Wirklichkeit ist der Kunde oft das Einzige, was uns stört. Dies erleben wir nicht selten am Verhalten von Servicepersonal. Auch bei der Entwicklung von Dienstleistungen und Produkten wundern sich viele Unternehmer, dass der Kunde diese nicht kaufen will. Doch nicht der Geschäftsführer entscheidet über den Erfolg von Produkten, sondern der Kunde.

> Wir arbeiten in Strukturen von gestern mit Methoden von heute an Strategien für morgen vorwiegend mit Menschen, die in Kulturen von vorgestern die Strukturen von gestern gebaut haben und das Übermorgen innerhalb des Unternehmens nicht mehr erleben werden (Gion Calzaferri).

1.1.4.2 Strategische Mängel

Unter Strategie wird in der Wirtschaft klassisch das Zusammenspiel der (meist langfristig) geplanten Verhaltensweisen der Unternehmen zur Erreichung ihrer Ziele verstanden. In diesem Sinne definiert die Unternehmensstrategie durch die Geschäftsführung, auf welchem Weg ein mittelfristiges (ca. zwei bis vier Jahre) oder langfristiges (ca. vier bis acht Jahre) Unternehmensziel erreicht werden soll.

Der leitende Gedanke eines Unternehmens ist die Gewinnung und Behauptung einer starken Marktposition mithilfe von klar definierten, wahrnehmbaren und dauerhaften Wettbewerbsvorteilen. Eine Strategie impliziert somit, dass eine bestimmte gewünschte Zielposition durch eine Reihe von schlüssigen Entscheidungen, die zum jeweils richtigen Zeitpunkt getroffen werden, erreichbar ist.

Die meisten strategischen Mängel entstehen allerdings dadurch, dass sich Führung und Management keine Zeit für die weitere Entwicklung des Unternehmens nehmen. Dabei orientiert sich fast alles am laufenden Betrieb getreu der Devise „Run the Business". Die Weiterentwicklung stockt, unterbleibt oder wird halbherzig betrieben.

Folgende Faktoren sind betroffen:

- Internationalität: Die Ausrichtung auf internationale Geschäftsfelder erfolgt nicht oder zu spät
- Volkswirtschaft: Demografische Veränderungen werden nicht erkannt und berücksichtigt
- Liquidität: Die Zahlungsfähigkeit verschlechtert sich, Geldeingänge erfolgen verspätet
- Wettbewerb: Neue Wettbewerber erscheinen, und die damit zusammenhängende strategische Ausrichtung wird nicht angepasst bzw. es erfolgt kein Konzentrationsprozess
- Beschaffung: Die Bezugspreise für Rohstoffe, Energie und Services verändern die Wertschöpfung, wichtige Lieferanten sind insolvenzgefährdet
- Kunden: Das Kundenverhalten ändert sich, Marktveränderungen und Konzentrationsprozesse werden nicht erkannt
- Absatzmittler: Veränderungen im Absatzkanal, Betrug und Untreue sowie die Einbindung neuer Absatzhelfer werden nicht berücksichtigt
- Kapitalgeber: Veränderungen bei den Eigen- und Fremdkapitalgebern werden nicht rechtzeitig erkannt und berücksichtigt
- Auftragslage: Die Auftragslage und -reichweite verschlechtert sich
- Innovation: Das Unternehmen generiert nicht genügend neue Produkte oder Services

So einleuchtend die vorstehenden Punkte in ihrer Bedeutung für den Unternehmenserfolg sind, so wenig kümmern sich die meisten Führungskräfte und Manager um sie.

1.1.4.3 Planungsfehler

Der Fortschritt geschieht heute so schnell, dass, während jemand eine Sache für gänzlich undurchführbar erklärt, er von einem anderen unterbrochen wird, der sie schon realisiert hat (Albert Einstein).

Ein gutes Projektmanagement sorgt dafür, dass Planungsfehler minimal sind. Es erkennt die Planungsfehler, verringert oder verhindert sie und mindert damit einen tatsächlichen Misserfolg. Der Berliner Flughafen BER mag hier als aktuelles Negativbeispiel dienen. Planungsfehler werden hauptsächlich auf die folgenden Faktoren zurückgeführt:

- Ineffiziente Planung (inkl. Ablauf-, Kosten-, Termin- und Personalplanung)
- Ineffiziente Kostenkontrolle
- Projektziele gelten als verschiebbar
- Rückstand bei der Lösung von Schwierigkeiten
- Ungelöste Grundsatzprobleme
- Prioritätenkonflikte im Management
- Mangelhaftes oder inadäquates Risikomanagement

Es ist erstaunlich, dass unabhängig von Vorhaben oder Fachrichtung immer wieder gleichartige Planungsfehler zu beobachten sind. Sie führen zu Krisen und schlimmstenfalls zum Scheitern eines Projektes. Zudem gibt es Einwirkungen von „politischen", vertrieblichen, „strategischen" oder sonst irgendwie begründeten Zwängen, die auf ein Projekt oder Vorhaben einwirken. Hier mag die Flüchtlingskrise im Jahr 2015 als „planloses" Beispiel dienen.

1.1.4.4 Fehlende Steuerung und Kontrolle

Viele Vorhaben leiden unter fehlender Koordinierung und Steuerung. Die Kommunikation zwischen den Beteiligten hat allenfalls Berichtscharakter, klare Verantwortlichkeiten sind nicht definiert, und eine ganzheitliche Betrachtung von Prozessketten wird nicht umgesetzt. Im Management komplexer Organisationen sind effektive Steuerungsmethoden gefragt. Das Vereinbaren von klaren Spielregeln und die Übertragung der abteilungsübergreifenden Verantwortung auf einen geeigneten Mitarbeiter wären wesentliche Erfolgskriterien.

Überall, wo Effizienz und Qualität zählen, stellt sich die Frage, mit welchen Instrumenten die Messung und damit gezielte Beeinflussung möglich ist. Ein Ansatz liegt in der konsequenten Anwendung von Kennzahlensystemen. Nur in den wenigsten Unternehmen wird eine Verantwortlichkeit für das Controlling an einen entsprechend qualifizierten Mitarbeiter oder ein festes Team übertragen. Es liegt keine abteilungsübergreifende Zuständigkeit vor, die wegen der bestehenden Zielkonflikte angeraten ist, um Maßnahmen im Unternehmensinteresse umzusetzen. Als Grund werden vor allem fehlende (meist personelle) Ressourcen genannt. Maßnahmen, die eine qualifizierte Ausbildung erfordern, werden seltener umgesetzt.

Unüberlegte Käufe und unsinnige Fusionen, mangelnder Überblick und realitätsferne Planungen, riskante Standortwahl und unterschätzter Finanzierungsbedarf, schlechtes Forderungsmanagement und unprofessionelles Personalwesen – die Führung eines Unternehmens birgt viele Schwierigkeiten, die fatale Konsequenzen für die Firma und die Mitarbeiter haben können. Es sind also viele Fehler, die gemacht werden können, und häufig kommen mehrere zusammen.

Man kennt diese Probleme seit Jahren, doch noch immer werden sie verharmlost. Dabei ist es offensichtlich, dass die meisten Unternehmen nicht an den Herausforderungen des Marktes, sondern an sich selbst scheitern.

1.2 Führungsstile des letzten Jahrtausends

Die negativen Erfahrungen der Vergangenheit bezüglich fehlender Führungskompetenz haben dazu geführt, dass manche Unternehmen eine systematische Führungskräfteentwicklung eingerichtet haben. Diese sollte sich an den Bedürfnissen eines Unternehmens (und nicht am Ego einzelner Personen) orientieren.

Eine der einflussreichsten Theorien, die die Entwicklung von Führungskompetenzen zum Inhalt hatte, war das Konzept der Führungsstile. Sie entstand bereits in den 1930er-Jahren. Typische Vertreter dieser Theorien sind demokratische, autokratische und Laissez-faire-Stile. Daraus haben sich zahlreiche Varianten entwickelt, wie z. B.: mitarbeiter- oder aufgabenorientiert, partizipativ, bürokratisch etc. So entstand eine der bekanntesten und bis heute in vielen Führungsseminaren verwendete Theorie der „situativen Führung" nach Hersey und Blanchard (Pelz 2016). Allerdings gibt es bis heute keinen empirischen Beleg dafür, dass ein bestimmter Führungsstil in der Praxis erfolgreicher ist als ein anderer. Mit anderen Worten, viele

Führungsstile sind aus wissenschaftlicher Sicht nicht viel zuverlässiger als eine Prophezeiung.

Genauso gibt es bis heute keinen Beleg dafür, dass bestimmte Persönlichkeitsmerkmale mit Führungserfolg verbunden sind. Als Beispiel sei die Studie der Harvard Business Review genannt (Nohria et al. 2003). Danach haben persönliche Eigenschaften wie visionär, energisch, risikofreudig, leidenschaftlich, machtbewusst oder bescheiden, emphatisch, fürsorglich, selbstbewusst etc. nahezu keinen Einfluss auf den Führungserfolg.

Die nachfolgend beschriebenen Führungsstile gehen auf Kurt Lewin (1890–1947) zurück. Er galt als einer der Pioniere der modernen Sozialpsychologie.

1.2.1 Autoritärer Führungsstil

Definition: Führungsstil, der durch alleinige, zentralisierte und autonome Willensbildung und Willensdurchsetzung des Vorgesetzten bestimmt ist.
Merkmale: Der Vorgesetzte …

- bespricht sich nicht mit seinen Mitarbeitern,
- gibt immer alle Arbeitsanweisungen,
- gibt keine Verantwortung an sein Team ab,
- behält Informationen für sich,
- zeigt kein Interesse an der Meinung des Teams, der Mitarbeiter,
- fällt alle Entscheidungen selbst und allein,
- plant allein ohne Abstimmung mit dem Team,
- übt jede Kontrolle allein aus („absolute Kontrolle").

Vorteile:

- Kurze, schnelle Entscheidungswege
- Verantwortung liegt in einer Hand
- Keine Kompetenzüberschneidung
- Klare Aufgaben- und Rollenverteilung
- Alles ist definiert und verteilt
- Klarer Dienstweg, klare Prozessabläufe

Nachteile:

- Kaum oder keine Motivation der Mitarbeiter; „Dienst nach Vorschrift"

- Informationen gehen verloren, Mitarbeiter bekommen keine Informationen
- Unterdrückt die Selbstständigkeit
- Sobald der Vorgesetzte fehlt, ist das Team handlungsunfähig
- Unzufriedenheit der Mitarbeiter, hoher Krankenstand
- Hohe Fluktuation
- Team ist abhängig vom Vorgesetzten
- Kaum oder keine Identifikation mit dem Unternehmen
- Solidarisierung der Mitarbeiter

Beispiele:

- Bundeswehr und alle Militärorganisationen
- Polizei, Feuerwehr, THW
- Katholische Kirche

Spezialfälle des autoritären Führungsstils:

- Bürokratische Führung: Der Führende bezieht seine Autorität aus der formalen Position in einer hierarchischen Ordnung
- Charismatische Führung: Der Führende bezieht seine Autorität aus dem hohen persönlichen Ansehen, seiner Integrität und dem Vertrauen, das ihm die Untergebenen entgegenbringen
- Patriarchalische/matriarchalische Führung: Der Führende fühlt sich in besonderem Maße für die ihm Unterstellten sozial verpflichtet und verantwortlich

1.2.2 Laissez-faire-Führungsstil

Definition: Führungsstil, bei dem der Vorgesetzte seinen Mitarbeitern den Freiraum lässt zu tun, was und wie sie wollen, sofern sie damit nicht aus dem weit gesteckten Rahmen fallen.
Merkmale: Der Vorgesetzte …

- mischt sich nicht in den Arbeitsablauf und die Tätigkeiten ein,
- gibt keine Anweisungen, egal von wem und wie etwas ausgeführt werden soll,
- entscheidet nicht, er lässt sein Team entscheiden,
- beteiligt sich nicht an der Planung der Aufgaben,

- kontrolliert gar nicht oder nur selten,
- lobt und kritisiert seine Mitarbeiter nicht.

Vorteile:

- Kreativität im Team
- Kurzfristig hohe Motivation
- Hohe Eigenverantwortung der Mitarbeiter
- Der Vorgesetzte ist entbehrlich

Nachteile:

- Mittelfristig sinkende Motivation
- Team entwickelt sich nicht weiter, kein Zusammenhalt im Team
- Fehlende Mitarbeiterförderung
- Leistungsabfall
- Frustration wegen fehlender Anerkennung
- Keine Absprache, keine Regeln
- Keine Standards
- Fehlende Information; Informationsstand des Teams ist nicht auf einem einheitlichen Niveau
- Fehlender Teamgeist

Beispiele:

- Kreativbranche (Werbung, Marketingunternehmen)
- IT-Branche (Programmierung)

1.2.3 Kooperativer Führungsstil

Definition: Führungsstil, der durch Beteiligung der geführten Mitarbeiter am Prozess der Willensbildung und Willensdurchsetzung gekennzeichnet ist.
Merkmale: Der Vorgesetzte …

- informiert sein Team, es findet reger Informationsaustausch zwischen Vorgesetztem und Team statt,
- bezieht Mitarbeiter in Entscheidungen, Planung und Kontrolle ein,
- fördert die Entwicklung seiner Mitarbeiter,

- übt Anerkennung der geleisteten Arbeit aus,
- begründet seine Entscheidungen und Überzeugungen,
- delegiert Aufgaben, Kompetenzen und Entscheidungen,
- akzeptiert Mehrheitsentscheidungen.

Vorteile:

- Die Arbeitsabläufe funktionieren auch bei Abwesenheit des Vorgesetzten
- Geringer Krankenstand, hohe Mitarbeitermotivation, kaum Fehler, niedrige Fluktuation
- Hohe Eigenverantwortung der Mitarbeiter
- Hohes Qualifikationsniveau
- Gute Teamentwicklung, Teamgeist
- Identifikation mit dem Unternehmen/Team

Nachteile:

- Längere Entscheidungswege, lange Entscheidungszeiten
- Höhere Anforderung an Mitarbeiter und Vorgesetzte
- Anspruchsvoller Führungsstil
- Autoritätsverlust des Vorgesetzten
- Höhere Kosten bei Einführung

Beispiele: Fast alle Unternehmen und Organisationen bekennen sich zu diesem Führungsstil.

Leider sind dieser Führungsstil und die daraus entstandenen Derivate in der Praxis kaum anzutreffen.

1.2.4 Situative Führung

Neuere Überlegungen sehen auch einen kooperativen Führungsstil nicht als optimale Lösung. Daraus hat sich die Tendenz der „situativen Führung" entwickelt. Darunter versteht die aktuelle Betriebswirtschaftslehre einen kooperativen Führungsstil mit der Einschränkung, dass in die Betrachtung Aufgaben und Wissensstand der Teammitglieder einbezogen werden.

Das Konzept geht zurück auf Ken Blanchard und Paul Hersey(1996). Sie haben ab den 1970er-Jahren Theorien entwickelt, die besagen, dass ein Vorgesetzter je nach Situation unterschiedliche Führungsstile wählen soll, um erfolgreich zu sein. Ich erspare mir an dieser Stelle, aus den nachfolgend geschilderten Umständen auf die Theorien detailliert einzugehen. Der interessierte Leser findet zum Thema „situative Führung" etwa 380.000 Einträge bei Google.

Im Falle der Theorie des „situativen Führens" von Hersey und Blanchard wurden in der wissenschaftlichen Fachliteratur zahlreiche Kritikpunkte diskutiert. Diese lassen sich in eine Gruppe zum Thema konzeptionelle und eine Gruppe zum Thema empirische Validität unterteilen. Craig und Johanson (Craig et al. 2006) kommen in ihrer Metastudie zu dem Ergebnis, dass es vielen Untersuchungen nicht gelungen sei, die Validität dieser Theorie nachzuweisen. Das betrifft die konzeptionelle, die instrumentelle und die leistungsorientierte (prognostische) Validität.

Ein Kernproblem besteht darin, dass zentrale Begriffe der Theorie so formuliert sind, dass man sie nicht messen und damit auch nicht empirisch prüfen kann. Dies betrifft insbesondere die Aufgaben- und Beziehungsorientierung, den Führungserfolg und den Reifegrad der Mitarbeiter. Zu diesen Problemen wurde eine empirische Studie mit 353 Mitarbeitern und 27 Führungskräften von zwei Universitäten der USA durchgeführt (Blank et al. 2006). Demnach waren die durchgeführten Studien allesamt enttäuschend und konnten einen Nachweis der Wirksamkeit nicht erbringen.

1.2.5 Zwischenfazit

Die Welt der Führungsstile ist voller Theorien und Hypothesen, deren empirische Prüfung noch nicht stattgefunden hat oder die absehbar nicht möglich ist. Die Wissenschaft bezeichnet sie als „spekulativ" und ordnet sie den Parawissenschaften zu. Theorien, die etwas zu einem Thema sagen, ohne dazu eine Untersuchung oder Beobachtung anzubieten, die sie bestätigen oder widerlegen, sind aus dieser Sicht nicht Teil der Wissenschaft. Sie können entweder den Pseudowissenschaften oder der Esoterik zugeordnet werden. Das Gegenteil einer Theorie oder Hypothese sind Tatsachen oder Fakten. Sie gelten als wirkliche, nachweisbare, bestehende, wahre oder ggf. auch anerkannte Sachverhalte.

Demnach lässt sich sagen, dass die Sozialwissenschaften vom Schwerpunkt her eher als theorieorientiert und die Naturwissenschaften eher als tatsachenorientiert angesehen werden müssen. Die Sozialwissenschaften beanspruchen allerdings die Deutungshoheit sowohl in der Erziehung als auch in der Weiterbildung von Führungskräften.

Die Methode des „situativen Führens" nach Blanchard und Hersey samt den daraus entstandenen Derivaten gelten in der deutschen

Unternehmens- und Trainingslandschaft als der Standard für die Entwicklung von Führungskräften. Durch empirische Studien wurde jedoch die mangelnde Validität dieser Methode nachgewiesen. Die gescheiterten Versuche bedeuten, dass diese Theorie nicht in der Lage ist, den erhobenen Anspruch zu erfüllen. Sie kann demnach keine konkreten Vorschläge machen, wie eine Führungskraft ihre Aufgaben erfolgreicher bewältigen kann. Weitere Validierungsstudien zu dieser Theorie sind in der Fachliteratur nicht zu finden. Eine erneute kritische Überprüfung der Praxistauglichkeit (Validität) verschiedener (verbesserter) Versionen dieses Modells aus dem Jahr 2009 kommt zu dem Ergebnis, dass es keine ausreichende empirische Grundlage für die Anwendung der Theorie des „situativen Führens" gibt (Thompson und Vecchio 2009). So sind auch Trainingsprogramme infrage zu stellen, in denen Führungskräfte lernen, diese Theorien anzuwenden.

Auch die mit der Entwicklung von Führungskräften betrauten Personen in Unternehmen wären gut beraten, wenn sie die Validität der Konzepte skeptisch hinterfragen würden. Führung ist aus Sicht der Führungsstile durch die Eigenschaften und das Verhalten einer Person bestimmt – sie wird personalisiert. Darin liegt das grundsätzliche Problem dieser Konzepte und Theorien. Sie lässt die Interaktionen zwischen den Menschen außer Acht. So gesehen greifen alle rein personenzentrierten Konzepte zu kurz.

> Culture eats processes for lunch (Alan Mulally)!

Bei fast allen Überlegungen zur Entwicklung von Führungskräften bleibt die Kultur eines Unternehmens, innerhalb derer sich die Interaktionen zwischen den Beteiligten vollziehen, unberücksichtigt. Betrachtet man die Unternehmenskultur einer Organisation, so stellt man fest, dass sie aus den Einstellungen und Gewohnheiten ihrer Mitarbeiter und Führungskräfte besteht. Dieser Rahmen prägt das Verhalten viel mehr, als es die Anbieter von Führungstrainings wahrhaben wollen. Die Kultur eines Unternehmens kann so mächtig sein, dass die Anstrengungen einzelner Führungskräfte aussichtslos sind. Die Privatisierungen der Telekom und der Bundesbahn mögen hier als Beispiel dienen.

Demnach ist der Erfolg einer Führungskraft nicht nur das Ergebnis ihres Talents und ihrer persönlichen Ziele, sondern immer auch das Produkt der Organisation, ihrer hierarchisierten Prozesse, Technologien und Einrichtungen.

Die neuere Forschung konzentriert sich auf das Modell der „transformationalen Führung" und auf pragmatische, auf die Strategie und Kultur der jeweiligen Organisation ausgerichtete Führungskompetenzen. Zu diesem

Trend gehört auch die Abkehr von der Suche nach „optimalen" oder „Erfolg versprechenden" Führungsstilen oder Persönlichkeitsmerkmalen. Das dürfte ein wesentlicher Grund dafür sein, dass es keine weiteren Validierungsstudien für die Theorie des „situativen Führens" gibt.

1.3 Auf der Strecke geblieben

Mit dem Beginn der „New Economy" gegen Ende der 1990er-Jahre hat eine tief greifende Veränderung auf gesellschaftlicher, organisationaler und individueller Ebene stattgefunden. Durch die Flexibilisierung der Arbeitswelt verlieren traditionelle Wertvorstellungen an Bedeutung. Wichtige Charaktereigenschaften wie Treue, Loyalität, Klugheit und Tapferkeit zählen nicht mehr zu den geforderten Fähigkeiten. Von Mäßigung und Demut ganz zu schweigen. Und damit fehlen die Eigenschaften, denen Anerkennung, Lob und Bewunderung der Mitmenschen gebührt.

Tagtäglich kann man über die oben beschriebenen Phänomene in der Presse aktuelle Beispiele finden. Hier einige Pressemitteilungen aus dem Jahr 2015:

Josef Blatter: „Was ich von mir selber sagen kann: Ich bin ein ehrlicher Mensch. Diese Vorverurteilung – das geht in die alt-katholische Inquisition hinein" (Spiegel Online vom 08.12.2015).

Martin Winterkorn: „Volkswagen braucht einen Neuanfang – auch personell" (Wirtschaftswoche vom 23.09.2015).

John Cryan: „Die deutsche Bank ist eine besondere Institution." Am 9.2.2016 betonte er, die Bilanzen seiner Bank seien „absolut solide" (Manager Magazin vom 08.06.2015).

Sal. Oppenheim 1: Der Sal.-Oppenheim-Prozess ist ein Symbol für den tiefen Fall von Edelbankern. Zwei Jahre saßen die vier Ex-Chefs der Kölner Nobelbank auf der Anklagebank. Im Juli 2015 wurden sie verurteilt, einer von ihnen soll ins Gefängnis. Die beiden bekanntesten, der Ex-Sprecher Matthias Graf von Krockow und der Erbe Christopher von Oppenheim, kamen mit Bewährungsstrafen davon.

Sal. Oppenheim 2:

> Wiederum ihr ehemaliger Geschäftspartner, der Immobilienmanager Josef Esch, den viele als den eigentlichen Strippenzieher sehen, wurde zu einer Geldstrafe verurteilt. Die Spitze der einst größten Privatbank Europas hatte sich nach Überzeugung des Kölner Landgerichts der gemeinschaftlich begangenen Untreue in einem besonders schweren Fall schuldig gemacht. Das Urteil ist noch nicht rechtskräftig (Internetkanzlei 2015).

Thomas Middelhoff:

Dem früheren Chef des Handelskonzerns Arcandor (Karstadt, Quelle, Thomas Cook) und weiteren Ex-Vorständen droht wohl ein weiterer Strafprozess. Ermittler halten Millionen-Boni aus den Jahren 2006 bis 2009 angesichts der Firmenpleite für nicht gerechtfertigt. Die Staatsanwaltschaft Bochum hat Klage gegen Middelhoff sowie fünf weitere Ex-Vorstände und neun frühere Aufsichtsräte beim Landgericht Essen eingereicht. Der Vorwurf: Untreue in besonders schwerem Fall und Beihilfe (Internetkanzlei 2015).

„Erst im vergangenen Jahr musste sich der frühere Topmanager wegen Untreue und Steuerhinterziehung verantworten. Nach 35 Verhandlungstagen verurteilte ihn das Gericht zu einer Freiheitsstrafe von drei Jahren" (Spiegel 2015).

1.3.1 Am Bedarf vorbei

In seinen Büchern *Der flexible Mensch (Sennet 2000)* und *Die Kultur des neuen Kapitalismus* (Sennet 2005) beschreibt Richard Sennett die Auswirkungen des neuen flexiblen Kapitalismus auf die Gesellschaft (Sennett 2000).

Heutzutage studieren mehr als 58 % der jungen Deutschen (Quelle: Statista 2016), und damit entsteht ein Überschuss an hoch qualifizierten potenziellen Arbeitskräften.

> Wir bilden immer mehr Akademiker aus, deren vorwiegend theoretische Kompetenz wir auf dem Arbeitsmarkt nicht in gleichem Umfang brauchen.

Den Satz muss man auf sich wirken lassen. Gesagt hat ihn Volker Fasbender, Hauptgeschäftsführer der Vereinigung hessischer Unternehmerverbände (VhU). Bei der Vorstellung der VhU-Studie „Fachkräfte für die Industrie 4.0 – für eine Neuorientierung im Bildungssystem" ging er mit dem Studium für alle hart ins Gericht. Es ist das erste Mal, dass ein großer Arbeitnehmerverband so konkret gesagt hat: „Wir brauchen die ganzen Theoretiker nicht, die die Unis reihenweise produzieren, wir brauchen Techniker, die mit ihren Händen arbeiten können."

Zwar ist die Arbeitslosenquote unter Akademikern mit 2,5 % so gering, dass man in Deutschland von Vollbeschäftigung spricht. Allerdings heißt diese Quote nicht, dass der Doktor der Philosophie dann nicht eben irgendwo Teller spült. Viele Akademiker machen irgendeinen Job, für den sie überqualifiziert und bei dem sie unglücklich sind. Und 2,5 % finden letztlich gar keine Arbeit, weil der Arbeitgeber genau weiß, dass ein anderer den Job gerne und nicht aus Verzweiflung macht.

Viele Akademiker werden in der hoch automatisierten Produktion von Gütern aller Art nicht mehr benötigt. So stellt sich bei vielen Studienabgängern ein Gefühl von Nutzlosigkeit ein. All dies trägt zu einer Atmosphäre von Angst, Hilflosigkeit, Instabilität und Verunsicherung in weiten Teilen der Gesellschaft bei. In dieser Welt wird der Einzelne austauschbar und das Scheitern ist vorprogrammiert. Dadurch wird auch die Ellbogengesellschaft gefördert, in der jeder versucht, sich selbst zu optimieren. Egoismus, Konkurrenz, Rücksichtslosigkeit und Eigennutz sind die daraus resultierenden Denkweisen.

Diese Entwicklung ist nachweisbar: Seit über 70 Jahren werden in den USA Studenten mit Fragebogen (MMPI) zu emotionaler Verstimmung, Ruhelosigkeit, Unzufriedenheit und Instabilität untersucht. Das Ergebnis: Die jüngeren Generationen sind im Vergleich zu den älteren viel narzisstischer, egozentrischer, antisozialer, besorgter, trauriger und unzufriedener. Das bedeutet, das innerpsychische (seelische) Ungleichgewicht ist Normalität geworden.

Damit wird deutlich, dass dieser „flexible Kapitalismus" hervorragend zur Korrosion eines Charakters geeignet ist. Soziale Denkweisen und Verhaltensnormen bleiben unterentwickelt. In dieser postmodernen Ego-Gesellschaft verbindet sich Hedonismus mit Rücksichtslosigkeit. Korruption spielt eine große Rolle, der Einzelne wird bezahlbares Objekt. Gemeinsinn und Mitmenschlichkeit werden kaum gezeigt. Normale Arbeitsverhältnisse sind Ausnahmen, prekäre Beschäftigungen nehmen zu. Kinder sind in einer solchen Ego-Gesellschaft störend oder unerwünscht, Erziehung wird vernachlässigt. Der Mensch bleibt dabei auf der Strecke. Ob eine solche Gesellschaft überlebensfähig ist, ist fragwürdig.

Es gibt viele populäre Bücher über Erfolg. Dass aber aufgrund der neokapitalistischen Entwicklung für viele Menschen das Scheitern quasi vorprogrammiert ist, findet kaum Beachtung. Es ist ein modernes Tabu unserer Gesellschaft.

1.3.2 Unternehmensvernichtung

Was wurde aus Deutschlands Solarindustrie?

So titelt der Spiegel am 20.09.2014 und schreibt weiter:

> Gepäppelt von üppigen Subventionen, hat die deutsche Solarbranche den Fortschritt verschlafen.

Da verliert eine Branche die Wettbewerbsfähigkeit und vernichtet Tausende von Arbeitsplätzen. Q Cells, Solon, Solar Millenium, Sovello, Conergy und Odersun mussten Insolvenz anmelden. Solarworld überlebt, indem es seinen Gläubigern einen Schuldenschnitt zumutet. „Von einer Krise kann international keine Rede sein", sagt Stephan Wulf, Branchenexperte bei Warburg Research (Spiegel). Aber offensichtlich spielt Deutschland keine Rolle mehr in diesem Geschäftsfeld. Der Vorwurf: Die deutschen Unternehmen haben keine wettbewerbsfähigen Strukturen aufgebaut. Prominente Beispiele, die tausende Arbeitsplätze vernichtet haben, sind:

- Philipp Holzmann 2002 (11.000 Stellen)
- Fairchild-Dornier 2002 (3600 Stellen)
- Grundig 2003 (3800 Stellen)
- AgfaPhoto 2005 (1100 Stellen)
- Pfaff 2009 (Nähmaschinen, 700 Stellen)
- Rosenthal 2009 (Porzellan, 1700 Stellen)
- Wolf-Garten 2009 (Gartengeräte, 200 Stellen)
- Edscha 2009 (Autozulieferer, 6500 Stellen)
- Märklin 2009 (Modellbahnen, 700 Stellen)
- Schiesser 2009 (Wäsche, 600 Stellen)
- Hertie 2008 (Warenhäuser, 3200 Stellen)
- Qimonda 2009 (Speicherchips, 3200 Stellen)
- Karmann 2009 (Automobilbau, 5400 Stellen)
- Woolworth 2009 (Einzelhandel, 11.000 Stellen)
- Trevira 2009 (Textilfasern, 1800 Stellen)
- Wadan-Werften 2009 (Schiffsbau, 2500 Stellen)
- Arcandor, mit Karstadt 2009 (Einzelhandel, 40.000 Stellen)
- Quelle 2009 (Versandhaus, 1500 Stellen)
- Schlecker 2012 (Drogeriemärkte, 23.000 Stellen)
- Praktiker 2013 (Baumärkte, 7600 Stellen)
- Walter Services 2013 (Callcenter, 6000 Stellen)

- Weltbild 2014 (Verlag, 6800 Stellen)
- Scherer und Trier 2014 (Spritzguss, 2100 Stellen)

1.3.3 Schattenwelt – die dunkle Seite der Macht

Es sind viele Bereiche des öffentlichen Lebens, die sich durch das Verhalten der Führungskräfte und von Organisationen in eine Schattenwelt gewandelt haben. Maßgeblich verantwortlich dafür sind die Gier und das maßlose Streben nach Profitmaximierung. Selbst Staaten und Institutionen sind davon nicht ausgenommen. Sie profitieren davon, dass andere Menschen (z. B. die Kunden) zu vertrauensvoll sind, zu zögerlich und zu anständig.

1.3.3.1 Die dunkle Triade

Der Mittelpunkt der Schattenwelt wird gebildet aus dem, was die Psychologie als „dunkle Triade" bezeichnet. Es handelt sich dabei um ein Persönlichkeitskonstrukt von düsteren Eigenschaften eines Menschen, die in einer rechtsstaatlichen Gesellschaft als unerwünscht gelten, mit denen wir aber dennoch tagtäglich konfrontiert sind und die inzwischen fast als „normal" gelten. Das Konstrukt besteht aus drei Persönlichkeitsausprägungen: Narzissmus, Machiavellismus und Psychopathie, denen gemeinsam ist, das eigene Wohl über das der anderen zu stellen. Alle drei Typen gelten als emotional kalt, selbstgerecht und egoistisch.

Delroy Paulus und Kevin Williams, zwei Psychologen von der University of Britisch Columbia in Vancouver, waren die Ersten, die 2002 zu diesem Persönlichkeitskonstrukt publiziert haben (Paulus und Williams 2002). Sie konnten zeigen, dass es sich um drei verschiedene Eigenschaftskombinationen handelt, die oft zusammen auftreten. Wer hochgradig narzisstisch ist, neigt also auch eher dazu, starke psychopathische oder machiavellistische Züge in sich zu tragen.

Als Archetyp beschreibt der australische Sozialpsychologe Peter Jonason in einer Analyse die Filmfigur „James Bond" (Jonason 2010). Er verkörpert perfekt das, was Psychologen als „dunkle Triade" (s. Abb. 1.1) bezeichnen.

Er hat erstklassige Umgangsformen und weiß sich in jeder Lage zu benehmen. Immer der Gentlemen ist er höflich, gewinnend und charmant. Aber integer im Leben zu sein, ist nicht sein Motto, denn er hat unzählige Leben und Frauenherzen auf dem Gewissen. Ohne irgendeine erkennbare Moral ist ihm das, was Anstand bedeutet, weitgehend fremd.

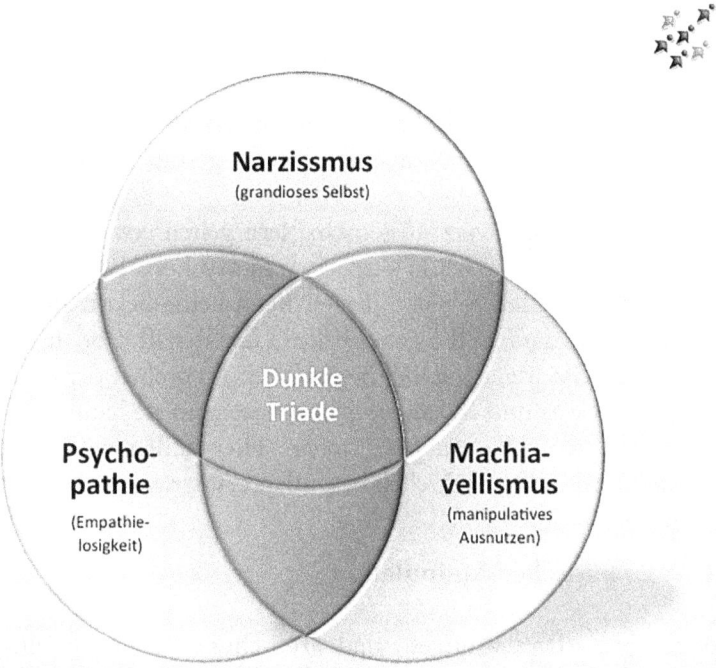

Abb. 1.1 Die dunkle Triade

Es ist die schillernde, verlockende, aber auch gefährliche Kombination aus den drei Persönlichkeitsmerkmalen Narzissmus, Machiavellismus und Psychopathie. Machthungrig, manipulativ und selbstherrlich sind solche Menschen in ihrem Wesen.

Narzissmus zeichnet sich durch eine ausgeprägte Anspruchshaltung und Selbstüberhöhung aus. Er ist geprägt von der Gier nach Bewunderung, Kritikunfähigkeit, Erlebnishunger und Extraversion. Der Narzisst hält sich für etwas Besseres und vertritt die Auffassung, dass ihm Anerkennung und Bewunderung durch andere zustehen.

Der **Machiavellist** stellt seine eigenen Regeln auf und geht, wenn nötig, über alle moralischen und gesetzlichen Grenzen hinweg. Der Zweck heiligt für ihn die Mittel. Er ist vor allem ein Manipulator, der sich ohne Mitgefühl für andere durchsetzt. Machiavellisten haben eine Hand zu geschickt geplanten und wohlkalkulierten Betrügereien, z. B. Wirtschaftskriminalität. Sie haben ein besonderes Talent dafür, sich nicht erwischen zu lassen.

Psychopathie ist das dunkelste der drei Merkmale. Psychopathen sind kaltherzig, impulsiv und angstfrei. Sie scheuen kein Risiko und fürchten keine Konsequenzen, was sie gefährlich macht. Reue kennen sie nicht.

Gemeinsam ist diesen drei Persönlichkeitsmerkmalen vor allem die niedrige soziale Verträglichkeit. Sie besteht aus Rücksichtslosigkeit, der Täuschung anderer und dem Unwillen zur Einhaltung von Regeln und moralischen Prinzipien. Nach Paulus und Williams sind die drei Eigenschaften in jedem Menschen zu einem meist gering ausgeprägten Grad vorhanden.

Nach Untersuchungen von Wissenschaftlern gelten etwa 6 % der Bevölkerung als narzisstisch. Etwa 1 % wird als stark psychopathisch eingeschätzt, und für die Machiavellisten liegen derzeit noch keine belastbaren Angaben vor. Interessant ist, dass es Bereiche in der Gesellschaft gibt, in denen die prozentualen Anteile weitaus höher liegen. Weil Menschen der dunklen Triade nach Geld, Status und Macht streben, findet man sie häufig dort, wo all das zu erreichen ist: in Führungspositionen. Hier fühlen sie sich nicht nur wohl, sie sind auch in ihrem Streben besonders erfolgreich.

1.3.3.2 Systematische Manipulation

Mogelpackungen, Irreführungen und Täuschung begleiten uns durch unseren Alltag. Fast jeder kennt die Preisausschreiben oder Gewinnspiele, die vom Erwerb einer Ware oder der Inanspruchnahme einer Dienstleistung abhängen. Sie zählen zum Katalog unlauterer geschäftlicher Handlungen. Darüber hinaus gibt es Bereiche des öffentlichen Lebens, in denen die Strafbarkeit noch nicht hinreicht, die aber dennoch fragwürdig sind. Die Wirtschaftswoche titelt „Von Mogelmilch bis Schummel-Schinken" in der Ausgabe vom 25.1.2016 über die Mogelpackungen des Jahres. Weiter schreibt sie: „Wenn die Cremedose kleiner wird, der Schinken schrumpft oder keine echte Milch mehr im Latte Macchiato steckt, ist das ein Fall für die Verbraucherzentrale." Ob eine Creme durch veränderte Füllmengen über 84 % teurer geworden ist, ein Konsumgüterriese die Tube Zahnpasta um 33 % verteuert oder ein Kaffeekonzern statt eines Vollmilchkonzentrats nun Mogelmilch verwendet – immer handelt es sich um bewusste Täuschungsversuche. Auch Verpackungen werden zum Nachteil der Verbraucher manipuliert. So wurde bei einem Marken-Deostick mit zähflüssigem Inhalt der abnehmbare Deckel abgerundet. Dieser Deckel war vorher flach und erlaubte es, den Stick auf den Kopf zu stellen und damit vollständig zu leeren. Mit diesem Marketingtrick erscheint der Stick bereits früher leer zu sein. Überhaupt können viele gebräuchliche Verpackungen von Cremes und Shampoos durch die Manipulation des Deckels nun nicht mehr auf den Kopf gestellt und demnach nicht richtig geleert werden. Auch ein Aufrollen von Tuben ist bei steifen Materialien nicht mehr möglich. Dies fördert den Verbrauch und erhöht den Absatz, da die Verpackungen früher entsorgt werden müssen. Diese Art der Irreführung und Täuschung ist inzwischen fast „normal". Nach dem Motto: Der Verbraucher ist selbst schuld, und niemand zwingt ihn, das Produkt zu kaufen.

„Der Selbstmord" – so titelt der Spiegel in seiner Ausgabe 40/2015 über die VW-Abgasaffäre, durch die der Konzern in eine existenzbedrohende Situation geraten ist. Das gesamte Ausmaß dieses kollektiven Verhaltens vieler leitender Mitarbeiter wird wohl nie vollständig aufgeklärt werden können. VW droht an seinen selbstherrlichen Managern und einer zentralistischen Führungskultur zu scheitern.

„Gleich und Gleich gesellt sich gern". Gemäß diesem Sprichwort hat sich eine Kultur von „geklonten Führungskräften und Managern" entwickelt. Der Vorstand oder Bereichsleiter sucht einen Kollegen oder Mitarbeiter, der so agiert wie er selbst. Der Neue soll zum Unternehmen passen. Doch „Gleich und Gleich passt manchmal nicht", weil dann die Heterogenität verloren geht. Die Führung von heterogenen Teams ist schwerer, aber sie bringt bessere Ergebnisse und fördert kritisches Denken.

Viele Unternehmen haben in ihren Führungsrichtlinien die Regeln guter Unternehmensführung – Compliance genannt – integriert. Doch in der täglichen Praxis wird meist nach dem alten Grundsatz von Machiavelli gearbeitet: „Der Zweck heiligt die Mittel." Und wer sich an die Compliance hält, wird in vielen Unternehmen keine Karriere machen. Befördert wird nur, wer die besten operativen Ergebnisse erzielt. Mit welchen üblen Mitteln dies erreicht wurde, interessiert die übergeordnete Führungsebene in der Regel nicht. Besonders schlimm wird es dann, wenn der Chef selbst sich danebenbenimmt oder erkennbares Fehlverhalten akzeptiert.

Der Libor-Skandal bezeichnet die im Jahr 2011 aufgedeckten betrügerischen Manipulationen des Referenzzinssatzes Libor sowie weiterer Zinssätze (Euribor, japanischer Tibor) im Interbankengeschäft. Die Referenzzinssätze haben großen Einfluss auf viele Finanzmarktgeschäfte. Durch Manipulation der Referenzzinssätze konnten sich die beteiligten Bankinstitute Vorteile verschaffen. Im Juni 2012 wurde bekannt, dass die Barclays-Bank den Libor jahrelang manipuliert hat. Die von den betroffenen Kreditinstituten angegebenen Zinssätze basierten dementsprechend nicht auf ihren tatsächlichen bankinternen Werten, sondern waren erfunden. Behörden in den USA, Europa und Japan argwöhnten dann, dass weltweit an den Manipulationen bis zu 20 Banken mitgewirkt haben könnten. Zu den möglicherweise beteiligten Instituten zählten am 12. Juli 2012 die Bank of America, Barclays,

Mitsubishi-UFJ, Citigroup, Crédit Suisse, die Deutsche Bank, HSBC, JPMorgan, Lloyds, Royal Bank of Scotland (RBS) und die Schweizer UBS.

Drei Banken einigten sich mit britischen und amerikanischen Behörden auf Vergleiche: Die britische Barclays-Bank zahlte 470 Mio. US$ (360 Mio. EUR), die RBS zahlte 612 Mio. US$ (455 Mio. EUR) und die UBS 1,2 Mrd. EUR Buße. Die niederländische Rabobank einigte sich im Oktober 2013 außergerichtlich mit britischen, amerikanischen und niederländischen Behörden auf ein Bußgeld von 774 Mio. EUR. Am 4. Dezember 2013 wurde bekannt, dass die EU-Kommission nach Ermittlungen der EU-Kartellbehörde, Generaldirektion Wettbewerb, wegen der Manipulation von Zinssätzen eine Rekordstrafe von 1,7 Mrd. EUR gegen mehrere Großbanken verhängt hat. Betroffen sind die Deutsche Bank (725 Mio. EUR Strafe), die französische Société Générale (fast 446 Mio. EUR), die Royal Bank of Scotland (391 Mio. EUR), die US-amerikanischen Geldhäuser Citigroup (80 Mio. EUR), JPMorgan Chase (70 Mio. EUR) und RP Martin (250.000 EUR). Teilweise räumten diese ihre Schuld ein, woraufhin die Geldbuße um 10 % gemindert wurde. Die Banken Barclays und UBS erhielten keine Geldbußen, da sie maßgeblich zur Aufklärung der Manipulationen beigetragen hatten.

Im April 2015 einigte sich die Deutsche Bank mit den zuständigen Aufsichtsbehörden der USA und Großbritanniens auf eine Strafzahlung von 2,5 Mrd. $. Weiterhin verpflichtete sie sich, verantwortliche Mitarbeiter zu entlassen und sich in den USA einer strengeren Überwachung zu unterziehen. Als Begründung für die hohe Strafe wurde angeführt, die Bank habe versucht, die Behörden bei der Aufarbeitung des Falles zu täuschen.

1.3.3.3 Medienmanipulation

Medienmanipulation ist die gezielte Beeinflussung von Medienkonsumenten durch den Autor. Sie wird angewandt, um die Meinung, Einstellung, Aufmerksamkeit oder Wertvorstellung von Menschen zu verändern oder in gewünschte Richtungen zu lenken. Dies geschieht beabsichtigt, weil die Medienanbieter daraus Vorteile ziehen wollen. Nachrichtenagenturen neigen zu einer der geografischen, ethnischen und nationalen Erwartung der Bevölkerung angepassten Berichterstattung.

Mediennutzung ist mit 9,5 h pro Tag ein wesentlicher Bestandteil im Leben der Menschen geworden. So hat es die aktuelle „ARD/ZDF-Studie Massenkommunikation 2015" mitgeteilt (Rüdel 2015). So heißt es: „Fernsehen und Radio behaupten sich trotz starken Wettbewerbs als nutzungsstärkste Medien. Dies gilt sowohl für die Tagesreichweite als auch für die tägliche Nutzungsdauer."

Zu den Bereichen, die Einfluss auf die Nachrichten- und sonstige Berichterstattung nehmen, gehören u. a.:

- Journalisten
- Verlage und Eigentümer
- Kunden oder Werbewirtschaft
- Politische Parteien
- Religionsgemeinschaften und Kirchen

Dabei erfolgt die Berichterstattung primär durch den Journalisten selbst. Doch aus den politischen Interessen, finanziellen Abhängigkeiten und Karrierevorstellungen eines Journalisten können Verstrickungen entstehen. Diese haben unter Umständen eine tendenziöse Berichterstattung zur Folge. Zu diesem Thema gibt es zahlreiche Untersuchungen, die auf eine vermehrte Vermischung von PR und redaktioneller Praxis hinweisen.

Gegen eine mögliche Manipulation der Medien existiert eine Reihe von Maßnahmen. So gibt es die Selbstverpflichtung der Medien, bei der Medienmanipulation im Widerspruch zum Berufsethos steht. In Deutschland ist dies der Pressekodex. Zudem gibt es den „öffentlich-rechtlichen Rundfunk". Dessen Organisation muss gemäß den Rundfunkurteilen des Bundesverfassungsgerichts eine „Binnenpluralität" der gesendeten Berichte sicherstellen.

Der öffentlich-rechtliche Rundfunk der ARD in Deutschland hat einen Programmbeirat, der sich kritisch mit dem Programmangebot auseinandersetzen soll. Kritisiert hat dieser z. B. 2014 die zu oberflächliche und parteiische Berichterstattung über den Konflikt in der Ukraine, der essenzielle Hintergründe ungenügend beleuchtete (Daniljuk 2014). Schon allein daraus kann geschlossen werden, dass Medienmanipulation durch Interessengruppen permanent stattfindet.

Wesentliches Instrument zur Beeinflussung von Menschen über die Medien ist der öffentlich-rechtliche Rundfunk. Er wird repräsentiert durch die Landesrundfunkanstalten und die bundesweiten Sender. Diese sind:

- Das Erste (Gemeinschaftsprogramm der ARD)
- ZDF
- Deutschlandradio
- Deutsche Welle (Auslandsrundfunk)
- Bayerischer Rundfunk (BR), München

- Hessischer Rundfunk (hr), Frankfurt
- Mitteldeutscher Rundfunk (MDR), Leipzig
- Norddeutscher Rundfunk (NDR), Hamburg
- Radio Bremen (RB)
- Rundfunk Berlin-Brandenburg (RBB), Berlin und Potsdam
- Saarländischer Rundfunk (SR), Saarbrücken
- Südwestrundfunk (SWR), Stuttgart
- Westdeutscher Rundfunk (WDR), Köln

Zudem bieten die öffentlich-rechtlichen Sendeanstalten noch Gemeinschaftsprogramme und Spartenkanäle an. Dazu gehören u. a. ARTE, Phoenix, 3sat, KiKA (Kinderkanal) und ein digitales Programmangebot (ARD digital, ZDFvision) mit jeweils drei Spartenkanälen.

Die Deutsche Welle mit Hörfunk und Fernsehprogramm nimmt als Sender des Auslandsrundfunks eine Sonderrolle ein. Sie wird von der Bundesregierung beaufsichtigt und aus Haushaltmitteln finanziert.

1.3.3.4 Nichtanwendungserlasse

Seit Jahrzehnten beschäftige ich mich mit Behörden und Institutionen, die ihre Bürger und Kunden systematisch um ihre Rechte bringen. Die Bürger sind überzeugt davon, dass in einem normalen Rechtsstaat die Behörden an Gesetze und Rechtsprechung gebunden sind. Doch weit gefehlt! In Deutschland sieht es da düster aus. Der Grund: Urteile und Gesetze, die Behörden nicht mögen, werden mit einem „Nichtanwendungserlass" ignoriert und ausgehebelt.

Der sogenannte Nichtanwendungserlass ist ein Schreiben des Bundesfinanzministeriums (BMF), das im Bundessteuerblatt (BStBl.) wie eine allgemeine Verwaltungsvorschrift veröffentlicht wird. Es verpflichtet die Finanzbehörden, eine bestimmte, gleichzeitig im BStBl. veröffentlichte Entscheidung des Bundesfinanzhofs (BFH) – also die darin enthaltenen Grundsätze – nicht über den entschiedenen Einzelfall hinaus anzuwenden.

So weist beispielsweise ein vom Bundesministerium der Finanzen veröffentlichter Nichtanwendungserlass die Finanzverwaltung an, die Grundsätze eines Urteils des Bundesfinanzhofes (BFH) nur in dem einen, konkret entschiedenen Sachverhalt zu berücksichtigen. Eine Anwendung auf vergleichbare Fälle wird damit ausgehebelt.

Die Praxis der Nichtanwendungserlasse im Steuerrecht wird von verschiedenen Seiten kritisiert, da sie – so der Vorwurf – die Rechtsprechung der Finanzgerichtsbarkeit faktisch aushebelt und die Finanzbehörden trotz anderslautender Urteile das machen, was sie wollen. In den Jahren 1998–2003 erging zu etwa jedem sechzigsten BFH-Urteil ein Nichtanwendungserlass. Rund 80 % dieser Urteile waren finanziell vorteilhaft für den Steuerzahler. Durch die Nichtanwendungserlasse entstanden somit erhebliche Nachteile für die Steuerzahler.

Das FG Düsseldorf hat sich in einem Urteil aus dem Jahr 2013 erneut in zwei Entscheidungen (10 K 2392/12 E und 15 K 2052/12 E) zugunsten der Steuerpflichtigen gegen einen Nichtanwendungserlass der Finanzverwaltung gewandt. An dieser Stelle sei dazu der Kommentar des Präsidenten des Düsseldorfer Finanzgerichts, Helmut Plücker, zitiert:

Es kommt im Steuerrecht häufig vor, dass die Finanzverwaltung ein nicht in ihrem Sinne ergangenes Urteil des BFH mit einem Nichtanwendungserlass belegt. Damit werden die Finanzämter angewiesen, eine für den Steuerpflichtigen im Regelfall günstige Rechtsprechung nicht anzuwenden. Die Finanzgerichte sind allerdings an eine derartige Verwaltungsanweisung nicht gebunden. Steuerpflichtige, deren Aufwendungen aufgrund eines Nichtanwendungserlasses von den Finanzämtern nicht zum Abzug zugelassen werden, sollten daher in einem solchen Fall mit fachkundiger Hilfe gegen den Steuerbescheid Einspruch und anschließend Klage einlegen (Finanzgericht Düsseldorf 2013).

1.3.3.5 Obliegenheiten

Bei einer Versicherung, wie bei den meisten anderen Schuldverhältnissen auch, unterliegt der Kunde Obliegenheiten. Dies sind im Vertrag festgelegte Verhaltensvorschriften, die zu beachten sind, damit der Versicherungsschutz erhalten bleibt. Ist eine Obliegenheitsverletzung festgestellt, kann sich der Versicherer von seiner Leistungsverpflichtung gänzlich oder zum Teil freisprechen und kündigen – je nach dem Grad der Verschuldung des Versicherten.

Bei einem Versicherungsfall wird geprüft, ob ein kausaler Zusammenhang zu einer grob fahrlässigen Obliegenheitsverletzung des Kunden besteht – das heißt, ob der Versicherungsfall dadurch ausgelöst wurde. Stimmt das, so muss der Versicherer den resultierenden Schaden nur teilweise bezahlen bzw. kann die Versicherungsleistungen entsprechend der Schwere des Verschuldens kürzen. Um das angemessene Verhältnis der Kürzung festzulegen, wird im Einzelfall nach den subjektiven und objektiven Faktoren eine Quote ermittelt. Wird ein Versicherungsnehmer mit der Verletzung der

Obliegenheiten durch grobe Fahrlässigkeit beschuldigt, liegt es an ihm, das Gegenteil zu beweisen.

Versicherte sind in einer Krisensituation, wenn sie auf den Versicherungsschutz zurückgreifen müssen. Eine Entscheidung des Versicherers über beanspruchte Leistungen wird dadurch geprägt, dass der Versicherer prüft, ob das Risiko überhaupt versichert ist und ob Ausschlussgründe greifen. Daraus hat sich die gängige Praxis herausgebildet, dass Versicherungen insbesondere prüfen, ob Gründe vorliegen, eine Leistung zu verweigern. Der Abschluss von Versicherungen wird oft mit der Argumentation des Versicherungsvertreters oder Maklers begründet, er habe Einfluss auf die Entscheidungen des Versicherungsunternehmens im Schadensfall. Dem ist leider nicht so. Schadenssachbearbeiter der Versicherung entscheiden in aller Regel unabhängig von der Einschätzung des Versicherungsvertreters. Auch wenn dieser den Eindruck vermittelt haben mag, Einfluss auf den Versicherer ausüben zu können. Vertrieb und Schadensregulierung sind zwei verschiedene Paar Schuhe.

Diese Erkenntnis gewinnen Versicherte erst, wenn sie Leistungen vom Versicherer in Anspruch nehmen wollen. Dann stellen sie fest, dass der Versicherer sein Augenmerk darauf legt, Gründe zu finden, warum er nicht leisten muss. Nicht immer überzeugen die Gründe, auf die sich Versicherungen berufen, wenn sie Leistungen ablehnen. Vielmehr erwecken Versicherer häufig den Eindruck, dass sie bei der Beurteilung von Leistungsansprüchen ihrer Versicherten den Fokus vorrangig auf ihre eigenen wirtschaftlichen Interessen richten. Als Begründung ihrer Zurückhaltung bei der Regulierung verweisen Versicherer gerne auf die „Versichertengemeinschaft", die man als Kollektiv (Gefahrengemeinschaft) schützen wolle oder müsse.

So ist zwischenzeitlich das Verhalten einer ganzen Branche von Profitmaximierung bestimmt. Zum Versicherungsrecht gehören dabei sämtliche Angelegenheiten, die auf einem Vertrag zwischen dem Versicherten/Versicherungsnehmer und der Versicherung/dem Versicherer beruhen, z. B.:

- Sachversicherungen
    - Fahrzeugversicherung (Kraftfahrzeughaftpflicht- und Kaskoversicherung)
    - Gebäudeversicherung
    - Hausrat- und Betriebsinventarversicherung
    - Reisegepäckversicherung
    - Bauwesenversicherung
    - Handy-/Smartphone-Versicherung

- Personenversicherungen
  - Lebensversicherung
  - Berufsunfähigkeitsversicherung (BU und BUZ)
  - Unfallversicherung
  - (private) Krankenversicherung (die gesetzliche Krankenversicherung zählt nicht zum Versicherungsrecht)
  - Reiserücktrittsversicherung
- Haftpflichtversicherung
  - private Haftpflichtversicherung
  - betriebliche Haftpflichtversicherung
  - Berufshaftpflichtversicherung
  - Umwelt- und Produkthaftpflichtversicherung
- Transport- und Speditionsversicherung
- Rechtsschutzversicherung
- Vertrauensschadensversicherung (VSV)
- Warenkreditversicherung
- D&O-Versicherung (Organ- und Managerhaftpflichtversicherung)

Da die Mittel der Versicherer, Versicherungsschutz bzw. Versicherungsleistungen abzulehnen, per se begrenzt sind, verbiegen Versicherer das Recht der Versicherungsnehmer, wo immer sie können, zu ihrem Vorteil. Verbraucher gewinnen dabei den Eindruck, der Versicherer sei übermächtig. Dies entspricht jedoch nicht den rechtlichen Rahmenbedingungen.

1.3.4 Das Ende des Shareholder Value

Es ist absolut legitim, wenn eine Unternehmensführung nach Gewinnen strebt und sich dabei ihrer ethischen, sozialen und ökologischen Verantwortung bewusst ist. Anders sieht es aus, wenn es Managern darum geht, rücksichtslose Profitmaximierung zu betreiben.

Die uneingeschränkte Gewinnmaximierung hat einen großen Anteil an fast allen unternehmerischen Problemen der letzten Jahre. Sie steht für die Ausblendung aller ethischen Fragen, die Unternehmen betreffen. Das fast altmodisch anmutende Wort Anständigkeit ist vielleicht der Begriff, der umschreibt, was Unternehmensethik ausmacht. Und wenn man sich als Unternehmen die Reputation der Anständigkeit erarbeitet hat, wird es zu einem schwer imitierbaren Wettbewerbsvorteil.

Seit der aktuellen Finanz- und Wirtschaftskrise hat bei vielen Anlegern ein Sinneswandel eingesetzt. Sie achten vermehrt darauf, ob ein Unternehmen seiner humanitären und sozialen Verantwortung gerecht wird. So gewinnen beispielsweise die Einhaltung von Menschenrechten, das Vermeiden der Ausbeutung von Menschen durch schlechte Arbeitsbedingungen und Hungerlöhne und umweltbewusstes Handeln zunehmend bei Investitionsentscheidungen an Bedeutung.

> Kapitalismus ist nicht das passende Wort für das, was kritisiert wird. Wir haben längst nichts mehr, was in einer sinnvollen Weise als Kapitalismus bezeichnet werden kann. Wir haben etwas Schlimmeres, nämlich einen primitiv-vulgären Geldökonomismus, das heißt, ein Wirtschaftsdenken, das alles auf nur gerade eine Größe reduziert, nämlich Geld. Geld, und nicht Kapital ist es, was Denken und Handeln dominiert (Malik, MM 2005).

So formuliert es Fredmund Malik in seiner Management-Schelte im Manager Magazin von 24.04.2005. Eine Fokussierung ausschließlich auf den Unternehmenswert lehnen die Kritiker des Shareholder Value ab. Grund ist die einseitige Sicht auf die Interessen der Eigenkapitalgeber als die alleinige Anspruchsgruppe. Demnach sollten bei unternehmerischen Entscheidungen auch die Auswirkungen auf Mitarbeiter, Kunden, Öffentlichkeit und Umwelt betrachtet werden. Diese Kritik hat zu alternativen Konzepten geführt, etwa dem ganzheitlichen Managementsystem „Balanced Scorecard".

So vertritt Peter Ulrich, ein Schweizer Wirtschaftswissenschaftler und Begründer der integrativen Wirtschaftsethik, die These, dass der Shareholder-Value-Ansatz unternehmensethisch nicht vertretbar und als Grundlage einer Unternehmensphilosophie ungeeignet ist. Unternehmen dürften keine Gewinnmaximierung betreiben „(…) und Gier hat zum schlimmsten Abschwung seit der großen Depression der dreißiger Jahre geführt", urteilt Papst Benedikt XVI in seiner in am 29.6.2009 veröffentlichten Sozial-Enzyklika (Enzyklika 2009).

Das zentrale Ziel eines gesunden Unternehmens ist die Schaffung zufriedener Kunden. Nur wer zufriedene Kunden hat, kann alle Stakeholder zufriedenstellen. Demnach ist der Maßstab aller Unternehmensführung, die Kunden spürbar besser zu bedienen, als es der Wettbewerb kann. Nach Hans-Jörg Vohl muss ein Unternehmen, soll keine Sklerose seine Wettbewerbs- und Innovationsfähigkeit einschränken, sowohl seine Strategie als auch seine Organisation und Kultur in einem dynamischen Gleichgewicht halten (Vohl 2015).

1.3.5 Grenzen des Wirtschaftswachstums

Das weltweite Wirtschaften kann nicht auf der Annahme vermeintlich unbegrenzter Ressourcen-Verfügbarkeit aufgebaut sein. Zahlreiche wissenschaftlich fundierte Beweise belegen die Endlichkeit unserer Ressourcen. Der „Peak-Oil", also der Höchststand der globalen Erdölförderung, wurde bereits 2006 erreicht. Durch die Erfolge beim Fracking hat er sich nur leicht verschoben. Der gnadenlose Preiswettbewerb um den Absatz, den die OPEC im Jahr 2015 begonnen hat, setzt sich im Jahr 2016 fort. Er führt zu niedrigen Ölpreisen – 37 US$ am 3.1.2016 – und zu einem verschwenderischen Umgang mit unserer vielleicht wichtigsten Ressource. In Bezug auf landwirtschaftliche Produkte, Fische, Holz und CO_2-Speicherung in der Biosphäre lebt die Welt auf „Pump".

Die Frage ist, wie gehen Industrie und Unternehmen mit diesen Herausforderungen um. Zunehmende Preis- und Versorgungsunsicherheiten erfordern ein Umdenken. Dies umfasst vor allem die Gewinnungsmethoden und den Bedarf. Dabei gilt es insbesondere, den absoluten Ressourceneinsatz und bestehende Abhängigkeiten zu reduzieren.

Wollen wir den Klimawandel wirklich ernst nehmen, würde das für einen Staat wie Deutschland eine Reduzierung der Emissionen an Klimagas bis 2050 um 95 % bedeuten. Darauf haben sich die Staaten weltweit im neuen Klimaschutzabkommen vom Dezember 2015 in Paris geeinigt. Dies würde allerdings in eine Welt ohne Wachstum führen. Die technischen Lösungen, die eine solche Reduktion von Emissionen zulassen, existieren nicht. Damit sind diese Ziele unerreichbar.

Vom Wachstum hängen gesellschaftliche Institutionen ab. Der Arbeitsmarkt, das Rentensystem, die Staatsverschuldung. Über unsere Arbeitsplätze, Rentenversicherungen und Konsumwünsche sind wir mit Wachstum verflochten. Und wir alle, einschließlich der Politiker, agieren nicht rational. Unser Verhalten verhindert einen grundlegenden Wandel. Nur im Wechselspiel verschiedener Marktteilnehmer können sich Werte und Vorstellungen weiterentwickeln und wandeln. Um zu überleben, müssen wir mittel- bis langfristig unser Verhalten ökologisch anpassen.

Vielleicht sollten wir langsam damit beginnen, uns zu schämen. Wir tun so, als gäbe es in unserem Land keine menschenverachtenden Arbeitsbedingungen, unbezahlte Überstunden und Arbeitszeiten jenseits gesetzlicher Bestimmungen. Doch in einer Gesellschaft, in der die Hersteller von Waren nur auf den Profit und die Konsumenten nur auf den Preis schauen, werden immer Bedingungen herrschen, die an moderne Sklaverei erinnern. Um diese Missstände zu beseitigen, bedarf es einer anderen Unternehmens- und Führungskultur.

1.4 Fazit

Jedes Problem auf diesem Planeten, das kein Naturereignis ist, ist ein Personalproblem (Peter Finckler)!

An den aktuellen Beispielen aus den letzten Jahren kann man gut erkennen, wohin eine Gesellschaft abgleitet, wenn sie Werte wie Ethik und Moral nicht zu einem Bestandteil der Organisationskultur machen kann. Einen Menschen um seiner selbst willen zu sehen und wertzuschätzen und ihn nicht auszunutzen oder zu benutzen, ist die Grundlage der Ethik. Der Konsens darüber scheint in unserer Gesellschaft verloren gegangen zu sein.

> Maßlosigkeit und Gier haben zu schweren sozialen, ökologischen und ökonomischen Verwerfungen geführt.

Es gibt allerdings auch viele Unternehmer und Führungskräfte, die diese Entwicklung ratlos macht. Sie wissen aber oft nicht, wie sie aus dieser Situation wieder herauskommen können. Dem versuche ich mit diesem Buch und meiner Arbeit abzuhelfen.

Es braucht neue Plausibilitäten des Wirtschaftens, Plausibilitäten, die bisher nicht oder zu wenig beachtet wurden: Beschränkung auf das, was sinnhaft ist, und Verzicht auf die in der Spitze machbaren Dimensionen des Profits um eines höheren Wertes willen.

Deutlicher denn je sehen wir die Folgen unkontrollierten Wachstums und radikaler Ausbeutung der Menschen und der Natur. Die Effizienz ist längst in Raubbau umgeschlagen. Und ob die ökonomischen Ideale, denen wir folgen, noch gültig sind, ist seit Langem fragwürdig. Die Parameter des Wirtschaftens müssen daher neu definiert werden.

Nachhaltigkeit in der Wertschöpfung und im Umgang mit den Ressourcen kann es nur unter der Einbeziehung aller Beteiligten geben. Der Wohlstand Weniger auf dem Rücken von Vielen ist unhaltbar. An den genannten und ungenannten Negativbeispielen lässt sich erkennen, dass ohne Maßhalten, Anständigkeit und Selbstbegrenzung Mensch und Gesellschaft verkommen. Die Wirtschaft und die Unternehmen müssen wieder dem Menschen und der Natur dienen und nicht umgekehrt.

All dies macht den Aspekt der Führung so bedeutungsvoll. Es ist unsere Aufgabe, uns wieder auf Anständigkeit und Tugendhaftigkeit zu besinnen und zu lernen, uns beständig weiterzuentwickeln. Der schnelle, nicht enden wollende Wandel in unserer Zeit macht es notwendig, uns immer wieder in unserer eigenen Form zu überdenken, uns mit unserem Fachwissen, aber auch mit unseren Werten zu beschäftigen. Analysiert man die Ursachen für die in diesem Kapitel beschriebenen Probleme in den Organisationen und Unternehmen, kommt man jedoch zu dem ernüchternden Schluss:

> Die meisten Führungskräfte und Manager sind für die verantwortungsvolle Ausübung ihrer Rolle nicht geeignet.

Die richtige Besetzung leitender Positionen ist jedoch entscheidend für den Bestand und die Wettbewerbsfähigkeit von Unternehmen. Nur: Wie kommen wir zu geeigneten Führungskräften? Wir müssen bereits bei der Einstellung bzw. Ernennung der Führungskräfte nicht nur auf ihre fachliche Qualifizierung, sondern auch auf ihren menschlichen Charakter achten und anschließend eine kontinuierliche persönliche Weiterentwicklung sicherstellen. Diese Weiterentwicklung darf sich nicht nur auf fachliche und sogenannte „soft skills" beziehen, sondern muss den Menschen als Ganzes, also auch seine Denk- und Glaubensmuster einbeziehen. Nur mit diesem neuen Bewusstsein können wir die drängenden Probleme unserer Zeit lösen.

Zusammenfassend können wir konstatieren: Der nachhaltige Unternehmenserfolg hängt von der gelebten Unternehmenskultur ab und damit auch von der Bedeutung, die die Unternehmensführung dem Talentmanagement beimisst.

> Leadership-Entwicklung als Grundlage für Unternehmenserfolg zu verstehen, erfordert eine Unternehmenskultur, die individuelle persönliche Weiterentwicklung antreibt, statt sie zu behindern. Damit wird Leadership Excellence und die Talentmanagementstrategie zum existenziellen Bestandteil einer Unternehmensstrategie.

2
Was Unternehmen brauchen

In diesem Kapitel geht es um die Frage, was Unternehmen brauchen, um in einer komplexen und dynamischen Welt zu überleben und erfolgreich zu agieren. Es geht darum, in unvorhersehbaren Situationen keine Fehler zu begehen. Und darum, mit einer mittelfristigen Entwöhnung vom Wachstum umzugehen, auf eine unplanbare Zukunft vorbereitet zu sein und nicht, sie vorherzusagen. Mit der Ungewissheit muss man leben, privat wie unternehmerisch. Vor allem in Krisenzeiten und bei kritischen Ereignissen. Viele Unternehmen haben kaum noch Zukunft. Es sind die, die sich über Vorhersagen steuern, hierarchische Strukturen kultivieren, den Blick auf Engpässe fokussieren und keine positive Fehlerkultur leben.

Was sind heute und morgen die Anforderungen an „gute Führung"? Wie agiere ich als Führungskraft im Sinne des Unternehmens und der Kunden? Wie verhalte ich mich gegenüber meinen Mitarbeitern? Welche Auswirkungen haben Klimaschutz und die Migration aus Krisengebieten und Schwellenländern auf meine Arbeit als Führungskraft?

> The most powerful leadership tool you have is your own personal example (John Wooden).

Mit diesen Fragen sollten sich alle Führungskräfte auseinandersetzen. Aber das setzt voraus, dass die Rolle der Führungskraft nicht nur als ein Job oder Beruf, sondern als Profession verstanden wird. Das heißt, bei einer Führungskraft sollte die gleiche fachliche und ethische Messlatte angelegt werden, wie sie auch für Ärzte, Richter oder Geistliche gelten. Das setzt eine fundierte Aus- und Weiterbildung voraus. Doch dieses Verständnis hat sich noch nicht vollends durchgesetzt.

Den „Führerschein für Führungskräfte" bzw. das „Flensburg für Führungskräfte", wie es 2012 ein Kollege (Martin Wehrle) gefordert hat, existiert noch nicht. „Stoppen Sie den Führungs-Irrsinn – mit dem Führerschein für Führungskräfte!", so schrieb er in einem offenen Brief an Minister Rösler. Leider gilt jedoch immer noch, dass schlechte Führung toleriert wird, solange die Zahlen stimmen (Steinert und Dominik 2011).

Um zu einer validen Aussage zum Thema „gute Führung" zu kommen, hat es in den letzten Jahren mehrere Studien gegeben. Eine der aktuellsten ist „Führungskultur im Wandel" der Initiative „Neue Qualität der Arbeit", gefördert vom Bundesministerium Arbeit und Soziales aus dem Jahr 2014 (Kruse et al. 2013). Ziel der Befragung war es, das immanente Wissen von Führungsverantwortlichen sichtbar zu machen und zu zeigen, welche Wertemuster ihr Führungshandeln beeinflussen. Die Ergebnisse überraschen in ihrer Deutlichkeit.

> Viele Führungskräfte erkennen Veränderungsbedarf und bestätigen ein Umsetzungsdefizit.

Führungskräfte sehen sich dabei einer sich dynamisch vernetzenden Arbeitswelt gegenüber, die hohe Eigensteuerungsfähigkeiten und Kooperationsanforderungen verlangt, fühlen sich ihr aber häufig nicht gewachsen. Sie stellen sich die Frage: Welches sind die Stellschrauben, die zukünftige Führungskonzepte erfolgreicher machen?

Zur Beantwortung dieser Frage seien folgende Erfolgsfaktoren definiert:

Prozesskompetenz

Mit diesem Begriff sind Fähigkeiten gemeint, die sich um die Arbeit in und mit Prozessen drehen. Dabei geht es vor allem um die Aspekte, die bei der Arbeit in prozessorientierten Unternehmen erforderlich sind. Diese Unternehmen sind beispielsweise durch Lean Management, ganzheitliche Produktion oder Business Process Management geprägt. Prozesskompetenz heißt,

- in Prozessen oder Abläufen zu denken,
- auch Tätigkeiten ausführen können, die nicht zum engeren fachlichen Kern gehören, z. B. Kalkulation, Qualitätskontrolle, Arbeitsorganisation,
- auf die Anforderung zur Übernahme von Verantwortung (Mitarbeiter als Unternehmer) geeignet zu reagieren,
- Kooperation und Kommunikation mit Kollegen, Lieferanten und Kunden angemessen zu handhaben,

- sich auf komplexe, sich immer wieder verändernde Arbeitsprozesse, Situationen und Tätigkeiten schnell einzustellen,
- eigene Arbeitsprozesse aktiv zu gestalten und zu bewältigen sowie
- Selbst gesteuert zu lernen.

Prozesskompetenz ist eine Ausprägung des agilen beruflichen Könnens.
100 % der für die o. a. Studie interviewten Führungskräfte halten die Fähigkeit zur professionellen Gestaltung ergebnisoffener Prozesse (agile Methoden) für eine Schlüsselkompetenz. Angesichts instabiler Marktdynamik und abnehmender Vorhersagbarkeit verspricht ein schrittweises Vortasten mehr Erfolg als die Ausrichtung an Planungen, deren Verfallsdatum ungewiss ist.

Flexibilität und Diversität

Flexibilität bedeutet zunächst nichts als Anpassungsfähigkeit. Man ist flexibel, wenn man sich schnell und problemlos auf geänderte Anforderungen und Gegebenheiten einstellen kann. Auf den Beruf bezogen heißt es, dass Bindungs- und Verhaltensstruktur eher lockeren Charakter haben und Raum für mögliche Handlungsalternativen in einer Entscheidungssituation bieten. Dies setzt voraus, dass die betroffene Person, die einem Wandel aufgeschlossen gegenübersteht, fähig zur schnellen Umstellung und bereit für Veränderungen ist.

Der Begriff Diversität bezieht sich darauf, dass sich Menschen in vieler Hinsicht unterscheiden. Neben schwer oder nichtveränderbaren Unterschieden (wie z. B. Geschlecht, Alter, ethische und religiöse Zugehörigkeit, sexuelle Orientierung oder Behinderung) gibt es solche, die sich erst im Laufe des Lebens entwickeln. Dies sind beispielsweise Wissen, Ausbildung, Erfahrung und als eines der wichtigsten die persönlichen Eigenschaften. Diversität (Diversity Management) ist ein Ansatz, bei dem Strukturen und Prozesse in Organisationen so gestaltet werden, dass individuelle Begabungen und Potenziale erkannt, anerkannt, gefördert und eingebracht werden können.

Das Arbeiten in flexiblen Führungsstrukturen, mit persönlicher Zeiteinteilung und in wechselnden Teams, ist aus Sicht der meisten Führungskräfte auf einem guten Weg. Die Idee der Förderung von Unterschiedlichkeit scheint demnach in den Unternehmen angekommen zu sein. Die Beiträge von Frauen zu einer Führungskultur werden äußerst positiv bewertet.

Früher wurde auf langfristige Werte gesetzt – Loyalität, Identifikation mit Arbeitgeber und Produkt, Beharrlichkeit, Selbstdisziplin, Stabilität etc. Nun wird von den Führungskräften verlangt, diese Werte auch unter sich ständig wechselnden Bedingungen an den Tag zu legen. So mancher Manager bleibt auf der Strecke, da er sich mit der Kurzlebigkeit und der Wechselhaftigkeit nicht anfreunden kann. Auch die Fähigkeit, sich stetig neues Wissen anzueignen, kann den einen oder anderen überfordern. Gefragt ist häufig eine möglichst breite Einsetzbarkeit und eben nicht die Beschränkung auf ein Spezialgebiet. Nicht jeder ist in der Lage, diese geistige Anpassungsfähigkeit zu leisten.

Selbstorganisierende Netzwerke
Selbstorganisierende Netzwerke sind das favorisierte Zukunftsmodell, um die Herausforderungen der modernen Arbeitswelt zu meistern. Mit der kollektiven Intelligenz selbstorganisierender Netzwerkstrukturen können kreative Impulse, Innovationskraft, Vereinfachung der Prozesse und Verringerung von Komplexität erreicht werden.

Selbstorganisierende Netze zeichnen sich dadurch aus, dass sie ohne die Direktiven seitens übergeordneter Strukturen auskommen. Die Kommunikation zwischen den Teilen erfolgt direkt, also ohne Umwege. Ressourcen, Ziele und Aufgaben werden kollaborativ verwaltet statt zentral.

Selbstorganisierende Netzwerke haben eine Reihe von charakteristischen Eigenschaften, die beachtet werden müssen:

- Autonomie: Es gibt keine oder kaum externe Kontrolle.
- Dynamische Operation: Das Hinzufügen, Ändern oder Entfernen von Ressourcen, Aufgaben, Zuständigkeiten und Verantwortungen ist jederzeit möglich. Auch das Verhalten der Teilnehmer und die Struktur des Netzwerks können sich ändern.
- Adaptivität und Selbstwartung: Das Netzwerk ist fähig, auf Störungen zu reagieren und Teile zu reparieren, zu erneuern oder zu ersetzen.
- Feedback: Zwischen den Elementen treten positive (effektverstärkende) und negative (effektschwächende) Reaktionen auf.
- Emergenz: „Das Ganze ist mehr als die Summe seiner Teile." (Aristoteles) Das Zusammenwirken der Elemente führt innerhalb des Systems zur Herausbildung von neuen Eigenschaften oder Strukturen. Dabei lassen sich die emergenten Eigenschaften des Systems nicht – oder jedenfalls nicht offensichtlich – auf Eigenschaften der Elemente zurückführen, die diese isoliert aufweisen.
- Kritizität: Hierunter versteht man den kritischen Zustand des Systems, der zu einer Kettenreaktion führt. Schon kleine Änderungen können dann eine große Wirkung haben.
- Stigmergie: Hierbei handelt es sich um eine Methode indirekter Kommunikation in einem dezentral organisierten System mit einer großen Anzahl von Individuen, wobei die Umgebung modifiziert wird. Ein Beispiel hierfür sind die Ameisen. Das gemeinsam Erstellte wird gleichsam zum

Auslöser (vergleiche Emergenz) von Anschlussaktivitäten und zur allgemeinen Anleitung dafür, wie mit ihnen fortzufahren ist.

Die meisten Führungskräfte sind sich sicher, dass eine Organisation in Netzwerkstrukturen am besten geeignet ist, um die Herausforderungen einer zukunftsweisenden Arbeitswelt zu bewältigen. Mit der kollektiven Intelligenz selbstorganisierender Netzwerke verbinden diese Führungskräfte die Hoffnung auf mehr kreative Impulse und höhere Innovationskraft. Doch Vorsicht vor unerwarteten Effekten durch Kritizität und Stigmergie ist angebracht.

Hierarchische Unternehmen als Auslaufmodell
Die Strukturen in den Organisationen ändern sich nur langsam. Noch werden sie überwiegend von den Menschen geleitet, die gelernt haben, Innovationen von der Organisationsspitze aus hierarchisch zu initiieren. Aber damit Innovationen erfolgreich und dauerhaft zum Tragen kommen und an der Basis nicht einfach abgleiten, müssen sie dort implementiert werden.

Mitarbeiter haben in jahrelanger Übung gelernt, wie sie von oben „befohlene" Neuerungen unterwandern und durch Boykott zum Scheitern bringen können. Zusätzlich ist meist der Weg von „oben nach unten" einfach zu lang, sodass Ideen ungenutzt verpuffen. Nur Innovationen, die in der Basis der Unternehmenskultur verankert werden, haben gute Chancen, den Erneuerungsprozess im Sinne von Organisationsentwicklung voranzutreiben.

Die Probleme, die sich den Organisationen stellen, sind zunehmend vernetzter und komplexer, bzw. die immer schon vorhandene Komplexität wird sichtbar und endlich erkannt. Um Änderungen zu bewirken, muss dieser Erkenntnis Rechnung getragen werden, indem die Entscheidungsprozesse selbst Veränderungen erfahren. Kein einzelner Mensch oder eine Führungsspitze kann den Wissensbedarf und Informationsüberfluss alleine bewältigen. Es wird für Organisationen überlebensnotwendig werden, sich dem Wissen und der Kompetenz der Fachleute verschiedener Systeme zu bedienen, um Innovationen zu ermöglichen. Informationsflüsse bedürfen neuer Kommunikationswege.

Die Unternehmen müssen lernen, neue Wege einzuschlagen, um innerhalb der Hierarchie die personellen Ressourcen effektiver zu nutzen und die Mitarbeiter zu motivieren, den Veränderungsprozess zu gestalten. Die hierarchischen Strukturen haben ausgedient und versagen zunehmend bei der Bewältigung der neuen Herausforderungen. Die Hierarchie in den Unternehmen kann aber nicht einfach wegrationalisiert werden. Jede Organisation muss lernen, partizipative Methoden einzusetzen, um die bestehende Hierarchie zu verflachen, aber eine traditionell entstandene positive Unternehmenskultur trotzdem zu nutzen. Viele Führungskräfte sind der Meinung, dass hierarchisches Management angesichts der Komplexität und Dynamik der zukünftigen Arbeitswelt nicht mehr angemessen ist. Zunehmende Volatilität und abnehmende Planbarkeit verringern die Tauglichkeit ergebnissichernder Managementwerkzeuge wie Zielmanagement und Controlling. In der Hauptsache wird die klassische Linienhierarchie klar abgelehnt und praktisch zum Gegenentwurf von „guter Führung" stilisiert.

Die Alphatiere an der Spitze einer Organisation haben ausgedient. Wer mit dem Prinzip „Macht und Gehorsam" seine Mitarbeiter zu führen versucht, verliert ihre Loyalität. Es kommt auf Kommunikation auf Augenhöhe an.

Im nächsten Jahrzehnt gehen viele Leistungsträger des Mittelstands in den Ruhestand. Sie zu ersetzen, ist ein zentrales Thema. Schon jetzt ist absehbar, dass aufgrund des demografischen Wandels einige Unternehmen künftig ohne ausreichend qualifizierte Mitarbeiter dastehen. Zwar rückt eine Generation nach – ebenfalls leistungsorientiert, aber mit einem anderen Wertesystem. Für sie ist Arbeit ein Instrument zur Existenzsicherung, sie soll befriedigend sein und Gestaltungsspielräume eröffnen.

Im Wettbewerb um Talente spielt Führung die zentrale Rolle. Nicht eine ausgefeilte Personalbeschaffung wird künftig der strategische Engpass sein, sondern eine moderne Führungskultur, die auf Kooperation und Verantwortung setzt. Das stellt die aktuellen Führungsmodelle vieler Unternehmen infrage. Ihre Leitbilder verweisen zwar oft auf einen kooperativen Führungsstil, doch die Führungsrealität sieht anders aus.

Kooperationsfähigkeit

Es gibt eine gute Nachricht: Den Willen zur Kooperation haben die meisten Mitarbeiter, denn sie wollen einer Gemeinschaft angehören. Sie sind aber kaum bereit, hierfür ihre Integrität sowie individuellen Werte, Bedürfnisse und Ziele aufzugeben. Früher mussten Menschen, um ihr Bedürfnis nach Gemeinschaft zu befriedigen, sich meist den von außen vorgegebenen Werten und Regeln unterordnen – nicht nur als Arbeitnehmer. Diese Denkweisen und diese Erwartungshaltung pflegen auch heute noch viele Unternehmenslenker. Für sie ist es ein Zeichen von Charakterstärke, wenn Mitarbeiter die eigenen Bedürfnisse den Vorgaben des Vorgesetzten oder den Zielen des Unternehmens bedingungslos unterordnen. Doch die Zeiten von bedingungslosem Gehorsam bzw. einer bedingungslosen Loyalität sind vorbei. Die Leistungsträger in der nachrückenden Generation wollen mitgestalten und erwarten mehr als ein gutes Einkommen. Außerdem wollen sie Perspektiven, Wertschätzung, Sicherheit und Fairness erfahren und das Gefühl haben, dass sie und das, was sie tun, eine Bedeutung haben.

Wer diese Vorstellungen verletzt, schöpft das Potenzial der Mitarbeiter nicht aus. Die Folgen sind spürbar, jedoch kaum bilanzierbar: wenig Loyalität, eine Überlastung von Führung und eine hohe Fluktuation. Denn die kommende Generation ist unabhängiger und gleichzeitig anspruchsvoller. Erfüllt ein Arbeitgeber oder Tätigkeitsfeld ihre Erwartungen nicht, wechselt sie zum Konkurrenten.

Persönliches Coaching als unverzichtbares Werkzeug für Führung
Mit der Wandlung zur Netzwerkorganisation reduziert sich die Schutzzone hierarchischer Strukturen. Eigene Vorstellungen durch Anweisungen umzusetzen wird schwieriger oder unmöglich. Kooperative Führung mit gegenseitigem Einverständnis kann nur durch Empathie und Einsichtsfähigkeit der Führungskräfte entstehen. Deshalb brauchen in den Organisationen alle Akteure, ob Führungskraft oder geführte Mitarbeiter, mehr Reflexion und intensive Entwicklungsbegleitung. Diese Begleitung kann durch Coaching geleistet werden.

Es existiert eine Vielzahl von Coaching-Definitionen. Einige Aspekte werden in den meisten Begriffsbestimmungen angegeben:

- Das klassische Führungskräfte- oder Business-Coaching ist ein dyadischer Beratungsprozess bezogen auf den Arbeitskontext.
- Es ist ein multidisziplinäres Beratungsangebot. Dabei werden verschiedene Methoden eingesetzt.
- Coaching findet zwischen einem Professionellen (Coach) und einem Klienten (Coachee) statt, und es liegt kein klinisches Anliegen vor.
- Das Ziel eines Coachings ist nicht, eine psychische Erkrankung zu behandeln. Coaching dient stattdessen der Entwicklung individueller Handlungskompetenz und der Persönlichkeitsentwicklung.
- Durch ein Führungskräfte-Coaching sollen zumeist die persönliche Zufriedenheit und Leistung einer Führungskraft und darüber die Leistung der Organisation verbessert werden.
- Die Ziele eines Coachings versucht man durch eine intensive und systematische Förderung ergebnisorientierter Problem- und Selbstreflexionen sowie Beratung zu erreichen.

Coaching wird von Beratern mit ganz unterschiedlichen Ausbildungshintergründen angeboten. Nicht nur Psychologen, sondern auch Pädagogen, Betriebswirte, Sportler, Künstler und andere bieten Coaching-Dienstleistungen an. Im Gegensatz zum Beruf des psychologischen Psychotherapeuten ist weder der Name noch der Zugang zum Beruf geschützt. Jeder kann sich damit selbst zum Coach ernennen und als Coach arbeiten.

Einzel-Coachings für Führungskräfte oder auch Business-Coachings grenzen sich von anderen Coaching-Angeboten ab. Beim Team-Coaching wird nicht eine einzelne Führungskraft, sondern das gesamte Team beraten. Sogenannte Life-Coachings beziehen sich weniger stark auf den Arbeitskontext, sondern auf die gesamte Lebensführung. Psychotherapie hingegen wird von spezifischem Fachpersonal durchgeführt (psychologische Psychotherapeuten und Mediziner mit staatlich anerkannter Zusatzausbildung), um Menschen mit einer psychischen Erkrankung zu behandeln.

Nach verschiedenen Studien zu urteilen, scheint sich Coaching positiv auf interpersonale Beziehungen auszuwirken. So erhöhen sich z. B. die Kommunikationskompetenzen in Verhandlungssituationen. Außerdem konnten positive Effekte zwischen Selbst- und Fremdwahrnehmung und auf die Motivation nachgewiesen werden (Greif 2008).

Motivation durch Selbstbestimmung und Wertschätzung

Umgebungen, die eine Befriedigung psychologischer Bedürfnisse ermöglichen, fördern die Entwicklung einer auf Selbstbestimmung beruhenden Motivation. Ein Eckpfeiler dieser Entwicklung ist, die eigene Handlung frei gestalten und wählen zu können. Entscheidend ist dabei auch, dass ein Ziel einer solchen Handlung nicht mit dem Wertesystem der jeweiligen Person kollidiert. Eine solche Umgebung bewirkt Engagement durch höhere Lernqualität und erfüllt die Bedürfnisse nach Autonomie, Kompetenz und Zugehörigkeit.

Die Mehrzahl der Führungskräfte geht davon aus, dass die motivierende Wirkung von Gehalt und anderen materiellen Anreizen zukünftig weiter abnimmt. Engagement der Mitarbeiter wird mit Wertschätzung, Entscheidungsfreiräumen und Eigenverantwortung assoziiert. Autonomie wird wichtiger als Statussymbole. Dabei bestimmt die Sinnhaftigkeit einer Tätigkeit den Grad der Einsatzbereitschaft.

Die persönlichen Ziele sind das verbindende Element zwischen der Motivation und dem Kern der Persönlichkeit. Das bedeutet, es geht nicht nur um die Eigenschaften einer Person, sondern auch darum, welche Ziele sie in ihrem Leben anstrebt. Wenn Menschen ihre Ziele und Pläne als hoffnungslos empfinden, werden sie unglücklich und sind nicht bereit, Ziele engagiert zu verfolgen. Ein unzufriedener Mensch, der die Möglichkeit bekommt seiner Arbeit Sinn zu verleihen, entwickelt eine Bindung an die Organisation.

Gesellschaftliche Themen im Fokus der Aufmerksamkeit

Unternehmen werden von äußeren Kräften, dem geschäftlichen Umfeld, beeinflusst. Dazu gehören die unterschiedlichsten Institutionen und

Personen (gruppen), die man auch Anspruchsgruppen nennt. Für die unternehmerische Berücksichtigung dieser Anspruchsgruppen hat sich der Begriff des Stakeholder-Konzepts durchgesetzt. Die Beachtung von unternehmensexternen Einflüssen und Stakeholdern nimmt in der Führungsarbeit einen wachsenden Raum ein, wie eine Studie belegt:

Über 15 % aller frei genannten Beschreibungen im Führungskontext beschäftigen sich mit Fragen der gesellschaftlichen Solidarität und der sozialen Verantwortung von Unternehmen (Kruse et al. 2013).

> Führungskräfte wünschen sich einen Paradigmenwechsel in der Führungskultur.

Dies ist das Ergebnis der Studie „Führungskultur im Wandel", die ich nachfolgend als Zitat wiedergebe:

Mehr als drei Viertel der interviewten Führungskräfte sind davon überzeugt, dass der Standort Deutschland ohne eine grundlegende Änderung in der aktuellen Führungspraxis weit unter seinen Möglichkeiten bleibt. In vollem Umfang deutlich wird die Notwendigkeit einer Änderung der Führungskultur in Deutschland vor allem, wenn man die von den 400 interviewten Führungskräften retrospektiv gesehene Entwicklung der Führungspraxis seit 1950 in Relation zu den Führungsanforderungen von gestern, heute und morgen setzt. Die Schere zwischen Führungspraxis und Führungsanforderungen öffnet sich seit Jahren immer stärker. Ein Großteil der Führungskräfte sieht den typisch deutschen Führungsstil als einen entscheidenden Nachteil im Ringen um Bindung und Gewinnung von Talenten. Sie vermuten auch bei den Mitarbeitenden ein vergleichbar hohes Kritikpotenzial an der Führungsrealität in den Unternehmen (Kruse et al. 2013).

> Führungskultur wird kontrovers diskutiert.

Zusammengefasst: Viele der 400 interviewten Führungskräfte sehen die Führungspraxis in Deutschland in großer Distanz zu den sich tatsächlich durch den Wandel der Arbeitswelt ergebenden Führungsanforderungen. Trotz der im europäischen Vergleich guten Wirtschaftslage sehen die Führungskräfte die Kriterien, die ihnen im Kontext ‚guter Führung' wichtig sind, nicht einmal zur Hälfte verwirklicht (mittlerer Erfüllungsgrad 49,3 %). Sie kritisieren eine seit Jahren bestehende Fehlentwicklung der Führungskultur. Die Situation sei mit einem anfahrenden Zug vergleichbar: Die Gefahr, den Anschluss zu verpassen, nehme kontinuierlich zu (Kruse et al. 2013).

2.1 Entwicklungsstufen auf dem Weg in die Zukunft

Will man eine Roadmap für die Entwicklung einer „guten Führung" gestalten, so kommt man um einen Stufenplan kaum herum. Da ein solcher Plan nur über einen längeren Zeitraum umgesetzt werden kann, habe ich ihn in drei Stufen gegliedert.

2.1.1 Stufe 1 – die Zukunft gehört den Netzwerken

Mit der Behauptung, dass die Zukunft den Netzwerken gehört, wird von zahlreichen Experten aus Politik, Wirtschaft und Wissenschaft ein großes Spektrum unterschiedlicher Netzwerkaktivitäten heraufbeschworen. Die Diskussion darüber hat fast alle gesellschaftlichen Gebiete erreicht.

Dabei liegt der Schwerpunkt des Führungshandelns heute noch in vielen Unternehmen auf Shareholder Value und Profitmaximierung. Diese Ziele werden durch Hierarchie, Zielmanagement und Controlling gestaltet und aufrechterhalten. An die Stelle dieser Organisationsformen soll zukünftig eine „agile Organisation in dezentralen Teamstrukturen" treten.

Um der Vielfalt aller mit dem Mythos „Netzwerk" verbundenen Phänomene nur ansatzweise gerecht zu werden, ist eine Differenzierung notwendig, die über allgemeine Aussagen hinausreicht. Dabei sollten die Fragen nach den Erfolgsfaktoren für die Arbeit im Mittelpunkt stehen. Es geht dabei um Instrumente, Methoden und das Organisieren von Netzwerken.

Dabei sind zwei Faktoren zu beachten, welche die Notwendigkeit von Netzwerken bestimmen: zum einen die exponentielle Entwicklung von Wissen als dem zentralen Produktionsfaktor, zum anderen die dramatische Zunahme eines neuen Analphabetismus. Wir Menschen verstehen die Technik, die wir nutzen, kaum noch. In einer Welt voller Elektronik, Algorithmen, Computer, Datenspeicher und Smartphones hat nur ein kleiner Teil der Menschen eine Vorstellung davon, wie diese Geräte funktionieren. Wer es weiß – ob NSA, Mafia, Entwickler, Hacker, unsere Experten oder die unserer Hauptwettbewerber – hat eine Machtposition und damit auch einen Wettbewerbsvorteil gegenüber den anderen. Wir müssen daher das technische Analphabetentum in unsere Managementüberlegungen einbeziehen.

Hinter dem Horizont des derzeitigen Entwicklungsstands warten neue Technologien wie Robotik, künstliche Intelligenz, Gentechnik, synthetische Biologie, Nanotechnologie, 3-D-Produktion, Kognitions- und Neurowissenschaften und virtuelle Realität. Sie werden in rasantem Tempo unsere

Welt verändern. Die nächste industrielle Revolution, die Informationsrevolution, ist bereits im Gange. Sie wird auch als „Industrie 4.0" bezeichnet. Gemeint ist damit die digitale Vernetzung aller an der Wertschöpfungskette beteiligten Entitäten (die Welt der Dinge) zur Schaffung eines autonomen, intelligenten Systems, dessen individualisierte Teilnehmer auf Basis des Netzzugriffs Information ein- und ausleiten sowie daraus höherwertige Funktionen, wie z. B. Handlungsanweisungen, generieren können. Sie stellt u. a. eine Digitalisierung der Fertigungstechnik und Logistik in der Maschine-zu-Maschine-Kommunikation dar.

Dieser unaufhaltsame Wandel und die zunehmende Präsenz der Technik in unserem Leben sind in einem Axiom mit dem Namen „mooresches Gesetz" zusammengefasst. Dieses Konzept ist benannt nach Gordon Moore, dem ehemaligen Vorsitzenden der Intel Corporation. Er sagte bereits 1965 voraus, dass sich die Anzahl von Transistoren pro Flächeneinheit eines integrierten Schaltkreises künftig jedes Jahr verdoppelt. Dieses Gesetz und die daraus folgenden Konsequenzen lassen sich auch auf die neuen wissenschaftlichen Erkenntnisse von der Robotik bis zur Biotechnologie voraussagen. Diese Auswirkungen reichen weit über die Wissenschaft hinaus. Insbesondere die Weltpolitik und die Wirtschaft sind betroffen, da das gesamte menschliche Dasein von der Technik durchdrungen wird. Wir leben heute in exponentiellen Zeiten. Ein Beispiel ist das iPhone, das hunderte Millionen Nutzer heute in der Jackentasche haben. Es hat eine höhere Rechenleistung als die Supercomputer der 1970er-Jahre und ist millionenfach billiger.

Damit lässt sich auch ein Zeitpunkt vorhersehen, in dem der Fortschritt so schnell wird, dass der Mensch nicht mehr in der Lage ist, ihn geistig zu erfassen. Die meisten Menschen können mit dieser Entwicklung schon heute nicht mehr Schritt halten.

> Im Vergleich zum technischen Fortschritt der vergangenen Jahre vollzieht sich die Entwicklung von Netzwerken eher im Schneckentempo. Dies gilt besonders in wissensintensiven Bereichen von Produktion und Dienstleistung.

Unternehmensnetzwerke sind auf die Realisierung von Wettbewerbsvorteilen ausgerichtet. Dabei geht es um die Bewältigung komplexer Anforderungen, die die Ressourcen einer Person weit übersteigen. Insbesondere für kleine und mittelgroße Unternehmen gewinnen Kooperationen zunehmende Bedeutung: Wo die Großen fusionieren, müssen die Kleinen kooperieren.

Es ist allerdings festzustellen, dass den Anforderungen an die Gestaltung von Netzwerken eine hohe Unkenntnis im Hinblick auf das „praktische Management" der Netzwerkstrukturen und -prozesse gegenübersteht. Die im betrieblichen Projektmanagement entwickelten Konzepte und Instrumente sind dafür kaum geeignet. Die Entwicklung von Führungsmethoden und Instrumenten für die Handhabung von Netzwerken steht noch ebenso am Anfang wie die Entwicklung von spezifischen Beratungs- und Qualifizierungsangeboten.

Bei allen vorgenannten Betrachtungen habe ich noch nicht auf die Allgegenwart der Computer- und Datenhaltungssysteme und die damit verbundenen Risiken hingewiesen. Ich war 25 Jahre in der IT-Branche mit der Entwicklung von Softwaresystemen befasst. Ich bin mir deshalb ziemlich sicher, das Softwarefehler und Sicherheitslücken einen kumulativen Effekt auf unser globales Informationsnetzwerk haben. Diese lassen es zu, dass 75 % aller Rechnersysteme in wenigen Minuten gehackt werden können.

2.1.2 Stufe 2 – komplementäre Führung

Unsere Beobachtungen und Erfahrungen im Rahmen der Beratung und Begleitung von Führungskräften und Unternehmen haben gezeigt, dass es ein deutliches Gefälle zwischen dem oberen und dem mittleren Management gibt, was die Teilnahme an Führungs- und Entwicklungsmaßnahmen betrifft.

Ein Widerspruch, der uns in unserer Arbeit regelmäßig begegnet: Die Notwendigkeit und Relevanz eines angemessenen und wirksamen Führungsverhaltens wird von der Unternehmensführung erkannt. Die Hauptverantwortung wird dann jedoch an die Personalabteilung delegiert, ohne sich für die weitere Umsetzung (mit) verantwortlich zu zeigen.

Die von Personalabteilungen (HR) angebotenen Maßnahmen und Programme richten sich in der Regel an Nachwuchskräfte im mittleren und unteren Management. Das obere Management scheint zu glauben, dass es keinen Entwicklungsbedarf hat. Ein HR-Manager umschrieb mir die aktuelle Situation wie folgt: „Meine Bereichsleiter vertreten die Ansicht, dass sie aufgrund ihrer Führungserfahrung keine weiteren Qualifizierungsmaßnahmen nötig hätten". Aber das ist das Gleiche, wie wenn ein erfahrener Pilot keine Trainings mehr absolvieren müsste.

Daraus resultiert eine problematische Dynamik: Nachwuchsführungskräfte nehmen an Förderprogrammen teil und entwickeln einen qualitativ hohen Anspruch an ihr eigenes Führungsverhalten. Dabei erleben sie dann, was es heißt, schlecht geführt zu werden. Oft ist Frustration bis hin zur Resignation auf diesen Führungsebenen die Folge.

Komplementäre Führung (Shared Leadership) bezeichnet die Beteiligung verschiedener Akteure am Führungsprozess. Aufgabenmodelle hingegen beschreiben Führung als ein Bündel normativ zu erfüllender Führungsaufgaben. Das hier beschriebene komplementäre (integrative) Führungsmodell erweitert beide Ansätze um zusätzliche Aspekte und kombiniert sie miteinander.

Neben dem Führen als Dienstleistung sollte Selbstführung das wesentliche Führungsprinzip sein. Nach meinem Verständnis ist Selbstmanagement die Wahrnehmung von Führung durch den Mitarbeiter selbst. Dabei hat das strategische Aufgabenmanagement dafür zu sorgen, dass die geführten Mitarbeiter möglichst viele Führungsaufgaben in möglichst großen Teilen selbst wahrnehmen.

Komplementäre Führung ist dadurch gekennzeichnet, dass Führungskräfte zwei grundlegende Fehler vermeiden, nämlich

- Mitarbeitern Maßnahmen aufzudrängen, die diese für sich bereits entdeckt haben und
- nicht zu agieren, wenn dies objektiv erforderlich ist

Zudem gilt es Maßnahmen zu verhindern, bei denen mit einem „Management by XYZ-Führungsstil" nur an wenige, vermeintlich maßgebliche Faktoren geknüpft wird.

So wird Führung immer indirekter und Führungskräfte brauchen selbst eine intensive, begleitende Reflexion, um diesen Anforderungen gerecht zu werden.

2.1.3 Stufe 3 – Stakeholder Value

Schaut man sich langfristig erfolgreiche Unternehmen an, beispielsweise 3M, BASF, Toyota oder Würth, so kann man erkennen, dass dort eine besondere Werteorientierung gelebt wird. Diese Unternehmen imponieren mit ethischer Führung. Mittlerweile besteht auch in den westlichen Gesellschaften Einigkeit darüber, dass der Verlust der „ethischen Orientierung" zu einer Umstrukturierung im Denken und Handeln der Unternehmen führen muss. Es ist ein erhebliches Unbehagen am gegenwärtigen Zustand unserer Wirtschaft und Gesellschaft entstanden.

Die oben genannten Unternehmen zeigen uns, dass es nicht die Beherrschung betriebswirtschaftlicher Regeln oder besondere Managementmethoden sind, die sie an die Spitze ihrer Branchen gebracht hat. Es ist die innere ethische Einstellung, also die Unternehmenskultur, mit der gewirtschaftet und gehandelt wird.

So erfolgt auch die Berufung von Führungskräften in diesen Unternehmen auf allen Ebenen nur mit Mitarbeitern, deren ethische Grundeinstellung und Loyalität zum Unternehmen sie langjährig unter Beweis gestellt haben.

Dazu gehört aber auch die Bevorzugung des Stakeholder Values vor dem Shareholder Value, ohne einen Abstrich an den angestrebten langfristigen Ertrags- und Renditezielen der Shareholder zu machen.

Es ist also erforderlich, „gute Führung" auch als Kopplung von Ertrags- und Beschäftigungsverantwortung, verbunden mit einer gesellschaftssolidarischen Grundhaltung zu verstehen.

Diese Art von Organisationen gibt es in Deutschland noch nicht allzu häufig. Doch wie man an den Zeichen der Zeit sehen kann, bewegen wir uns in vielen Bereichen bereits auf einem Sinkflug. Die Strukturreformen, die für eine Veränderung notwendig sind, damit wir als Deutschland AG international wettbewerbsfähig bleiben können, müssen heute in Angriff genommen werden.

Before we build cars, we build people (Leitspruch Toyota).

Die Erfolgsrezepte von BASF, Toyota und Co. zu übernehmen, ist nicht unmöglich. Der Schlüssel zum Erfolg liegt in der Haltung und den Einstellungen der Führungskräfte von morgen – sie müssen die Wege finden und zeigen.

2.2 Herausforderungen an Führungskräfte

Die meisten Unternehmen führen ihre Mitarbeiter wie vor 100 Jahren: transaktional. Die Mitarbeiter bekommen Anweisung, was zu tun ist. Wenn sie das brav machen, bekommen sie ihr Gehalt, Bonuszahlungen etc. Es ist die Perspektive eines Tauschgeschäftes: Geld gegen Leistung. Das ist erstens teuer, zweitens nach allen Forschungsergebnissen kaum effektiv.

Auch in der Praxis werden immer mehr Zweifel daran laut, ob dies der effektivste Führungsansatz ist. Es ist verständlich, dass Organisationen an Mitarbeitern interessiert sind, die mit hohem Engagement die Regeln und Anweisungen der Geschäftsleitung befolgen.

In einer Organisation verändern sich jedoch die Anweisungen auf dem Weg durch die Abteilungsstrukturen. Die Vorstellungen von CxOs (oberen

Führungskräften) werden von den Bereichsleitern in die Praxis umgesetzt und an die in den Bereichen herrschenden Bedingungen angepasst. Die Abteilungs-, Gruppen- und Teamleiter bemühen sich dann ihrerseits, den Anweisungen in ihrer Umgebung Bedeutung zu verleihen. Alle befolgen die Anweisungen, aber sie interpretieren sie auch. Daraus folgt: Je größer die Anzahl der Hierarchiestufen, desto größer wird die Notwendigkeit der Interpretation.

Immer noch klagen Führungskräfte darüber, wie die Anweisungen und Regeln von ihren Untergebenen boykottiert oder abgewandelt werden. Sie haben noch nicht realisiert, dass die persönliche Bindung eines Mitarbeiters an eine Organisation darauf beruht, wie hoch der Interpretationsspielraum in seinem Arbeitsbereich ist.

Nimmt man die Grundannahme der verhaltensorientierten Führungstheorien auf, nach der „effektives Führungsverhalten erlernbar" ist (Brodbeck 2016), so ergibt sich folgende Einschätzung oder Bewertung der klassischen Führungsstile:

- Jeder Mensch verfügt über ein gewisses Potenzial an autoritären, Laissez-faire- und kooperativen Verhaltensdispositionen.
- Autoritäres Handeln ist in Einzelfällen in Grenzen sinnvoll und auch notwendig, aber als durchgängiger Führungsstil ungeeignet.
- Der kooperative Führungsstil beginnt sich durchzusetzen. Er ist geeignet, die Motivation der Mitarbeiter längerfristig zu fördern.

Interessant ist dabei die Tatsache, dass sich viele Organisationen zum kooperativen Führungsstil bekennen. In der Realität ist man aber sehr weit davon entfernt.

2.2.1 Führungskonzepte

Die Wettbewerbsfähigkeit und die Erhaltung von Handlungsspielraum sind die wichtigsten Ziele, auf die jedes Unternehmen hinarbeiten muss. Nur durch sie wird hohe Autonomie und Souveränität erreicht. Daher stehen im Mittelpunkt aller Überlegungen zum Thema Leadership die Maßnahmen, die Führungskräfte in allen Unternehmen angehen.

Wettbewerbsfähigkeit entsteht durch die Steigerung der Produktivität und Senkung der Produktionskosten, sei es für Produkte oder Dienstleistungen. Demnach hat ein Manager sein Augenmerk auf Automatisierung und Innovation zu richten. Hierzu zählen auch unpopuläre Maßnahmen in

Krisensituationen wie Reduzierung der Löhne und Gehälter *aller* Mitarbeiter, also einschließlich der Führungsetage.

Zur Förderung selbstorganisierender Strukturen geht es um den Abbau und die Abflachung von Hierarchien und Übertragung von Verantwortung über jede Führungsebene bis hin zu jedem einzelnen Mitarbeiter. Dabei haben die Führungskräfte wieder vorbildlich und diszipliniert zu handeln.

In Bezug auf die Grundhaltung, Vorbildfunktion und Ethik sind an die Führungskräfte höchste Maßstäbe anzulegen. Es hat dabei sowohl eine Selektion als auch eine Talententwicklung zu erfolgen, die sicherstellt, dass nur geeignete Manager befördert oder berufen werden.

Führung muss berechenbar sein. Dazu führt eine offene Kommunikation und eine wahrheitsgetreue Darstellung der tatsächlichen Umstände, mit denen ein Unternehmen konfrontiert ist. Sei es die Wettbewerbsfähigkeit, rechtliche Auseinandersetzung, Gesetzesverstöße o. a. Jede falsche Darstellung hat zu unterbleiben. Visionen und Unternehmensziele sollten mit den Führungskräften und Mitarbeitern entwickelt werden. Mitarbeiter werden in die Entscheidungsprozesse einbezogen und damit gefördert und gefordert. Es soll dabei auch eine Kultur des gegenseitigen Vertrauens entstehen.

Die geltende Praxis unterschiedlicher Entgeltsysteme hat dazu geführt, dass viele Führungskräfte zu „Selbstoptimierern mit gieriger Anspruchshaltung" mutiert sind. Daraus hat sich die Profitmaximierung und eine Bonusmentalität entwickelt, die in vielen Unternehmen und Organisationen zu erheblichen Verstrickungen geführt hat. Die Entgeltsysteme der Zukunft müssen sich wieder stärker an dem Gedanken einer Solidargemeinschaft orientieren.

2.2.2 Corporate Governance

Bisher existiert weltweit noch kein einheitliches Verständnis oder eine einheitliche Definition, was Corporate Governance genau bedeutet oder umfasst. Ganz allgemein kann Corporate Governance aber als die Gesamtheit aller internationalen und nationalen Regeln, Vorschriften, Werte und Grundsätze verstanden werden, die für Unternehmen gelten und bestimmen, wie diese geführt und überwacht werden. In der Literatur wird regelmäßig (auch wenn dies selten explizit ausgewiesen wird) über gute Corporate Governance bzw. die Verbesserung der bestehenden Corporate Governance diskutiert.

Als Kennzeichen guter Corporate Governance gelten:

- Angemessener Umgang mit Risiken
- Formelles, transparentes Verfahren für Vorschlag und Wahl der Board-Mitglieder (z. B. breites Spektrum von Personen einbeziehen)
- Funktionsfähige Unternehmensleitung
- Keine Kreuzverflechtung zwischen den Vergütungsausschüssen verschiedener Unternehmensbereiche
- Auf langfristige Wertschöpfung ausgerichtete Managemententscheidungen
- Transparenz in der Unternehmenskommunikation
- Wahren der Interessen verschiedener Gruppen (z. B. der Stakeholder)
- Zielgerichtete Zusammenarbeit der Unternehmensleitung und -überwachung

Durch die Entwicklung der Kapitalmärkte und der damit verbundenen Besitzverhältnisse an den Unternehmen hat sich eine starke Orientierung an kurzfristigen Gewinnen entwickelt. Diese Orientierung ist die Grundlage des aktuellen Shareholder-Value-Denkens. Eine Unternehmensleitung sollte daher zukünftig bemüht sein, langfristig unternehmerisch orientierte Kapitalanleger zu gewinnen, die eine nachhaltige und sozialverträgliche Unternehmensentwicklung ermöglichen.

> Management is doing things right, leadership is doing the right things (Peter Drucker).

In vielen Unternehmen liegt die Ausübung der Exekutivgewalt in den Händen von Führungskräften und Entscheidungsträgern, die nur Eigeninteressen an der Ertrags- und Beschäftigungsentwicklung haben. Dies ist fatal und hat zu dem bekannten „Raubtierkapitalismus" geführt. Zukünftig muss die Entscheidungsverantwortung in Hände von Managern gelegt werden, die an einer erfolgreichen und nachhaltigen Entwicklung des Unternehmens und aller Beschäftigen interessiert sind.

2.2.3 Unternehmenskultur

Die Unternehmenskultur ist wichtiger Bestandteil einer Organisation, insbesondere wegen der dynamischen Umwelt, in denen sich Unternehmen bewegen und beweisen müssen. Die Kultur ist dabei der Stoff, der die Unternehmung in allen Phasen der Veränderungen begleitet und die innere Stabilität darstellt. Über eine Kultur gewinnt ein Unternehmen eine eigene unverwechselbare Identität; ohne Kultur fehlen Werte, Richtung und Zweck.

Kultur ist Gemeinschaft (Community) und Ausdruck dessen, wie Mitglieder sich zueinander verhalten. Basis sind oft gemeinsame Interessen, nämlich das Interesse an Zusammenarbeit und Freundschaft. Die Autoren Goffee und Jones (2015) verwenden zwei Kriterien, um Kulturen zu beschreiben: Zusammengehörigkeit und Solidarität. Zusammengehörigkeit ist dabei die Maßeinheit für die Freundlichkeit unter den Mitgliedern der Gemeinschaft. Mit Solidarität ist die Fähigkeit der Gemeinschaft gemeint, gemeinsame Ziele schnell und effektiv durchzusetzen, unabhängig von der Einstellung eines Einzelnen. Allgemein bezeichnet eine Solidargemeinschaft eine Gruppe von Menschen, die sich für ein gemeinsames Ziel einsetzt und auch dafür die Kosten und Pflichten trägt.

Diese Kriterien können in einer Matrix miteinander verbunden werden, wobei vier Arten von Kulturen entstehen (s. Abb. 2.1): Goffee und Jones nennen sie Netzwerk, Söldner, Fragment und Kommune (Community).

Netzwerkorganisation – hohe Zusammengehörigkeit und geringe Solidarität

Die Netzwerkorganisation ist vermutlich die Form von Kultur, die aktuell am bewusstesten wahrgenommen wird. Die Mitarbeiter gehen morgens in die Büros von anderen, um Hallo zu sagen, und verabreden sich nach der Arbeit für gemeinsame Aktivitäten. Es gibt Spitznamen, interne

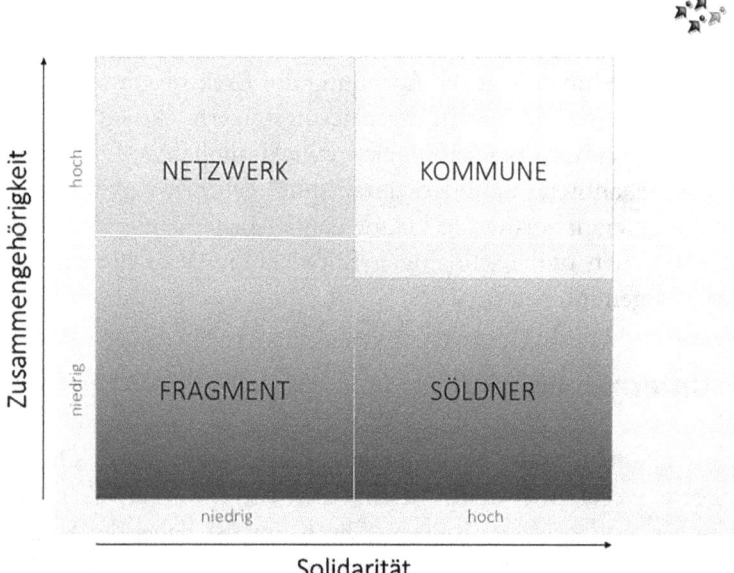

Abb. 2.1 Zwei Dimensionen – vier Kulturen

Unternehmenswitze und eine gemeinsame Sprache, in der sich Erfahrungen aus dem Zusammenleben widerspiegeln. Innerhalb des Unternehmens werden Entscheidungen ohne Beachtung der Hierarchie und der formalen Wege getroffen: Entscheidungen werden mit Kollegen vor der eigentlichen Sitzung abgestimmt, potenzielle Mitarbeiter bewerben sich über informale Wege – sie kennen jemanden innerhalb des Unternehmens.

Diese Eigenschaft kann der Organisation eine beachtliche Flexibilität verleihen und einen intakten Weg durch die Bürokratie darstellen. Die Mitarbeiter haben dabei zwei Kernkompetenzen entwickelt: die Fähigkeit, weiche Informationen zu sammeln und diese geschickt zu verwerten, sowie die Fähigkeit, Förderer für ihre Ideen und Interessen auf formaler und informaler Ebene zu finden.

Der Hauptnachteil liegt darin, dass aufgrund der geringen Solidarität zum Unternehmen Manager Schwierigkeiten haben, Mitarbeiter oder Unternehmensbereiche auf ein gemeinsames Ziel einzuschwören. Teilweise sind Netzwerkorganisationen so politisch, dass Mitarbeiter und Teams viel Zeit mit ihren persönlichen Teilplänen nutzlos verbringen. Oft gibt es in solchen Strukturen den Ruf nach starker Führung, um das Netzwerk aus Subkulturen und informalen Gruppen aufzulösen.

Die Netzwerkkultur ist gut geeignet für die folgenden Situationen:

- bei langfristig orientierten Unternehmensstrategien und Unternehmensplänen
- im Fall, dass detaillierte Kenntnisse eines lokalen Marktes erforderlich sind
- in Konstellationen, in denen der gesamte Erfolg nur eine Zusammenfassung der lokalen bzw. einzelnen Erfolge ist

Die Söldner-Kultur – niedrige Zusammengehörigkeit und hohe Solidarität

Am anderen Ende des Spektrums befindet sich die sogenannte Söldner-Kultur – es gibt kaum persönliche Gespräche, dafür aber viel informationsvolle Memos und Vermerke. Ein großer Teil der Kommunikation und des Informationsaustausches behandelt Geschäftsangelegenheiten. Individuelle Interessen und ihre Erfüllung, vor allem Gewinnsucht, sind dabei stark mit der Erreichung von Geschäftszielen verbunden. Diese sind wiederum mit einer relativ genauen Einschätzung des Gegners bzw. Wettbewerbers verbunden und den erforderlichen Schritten, diesen zu schlagen. Im Ergebnis ist die Söldner-Kultur in der Lage, Wettbewerbschancen schnell zu nutzen und Gefahren im Markt zu begegnen.

Hier findet man auch eine deutliche Trennung von Arbeit und privatem Leben. Aufgrund der fehlenden persönlichen Beziehungen der Mitglieder untereinander sind diese Organisationen im Allgemeinen intolerant gegenüber schwachen Leistungen. Wer nicht die erforderlichen Leistungen erreicht, wird entweder gekündigt oder erhält genaue Anweisungen (mit Fristsetzung), wie die gewünschten Leistungen erzielt werden sollen. Man kann diese Kultur sicher als hartherzig bezeichnen. In Söldner-Kulturen fehlt oft die Loyalität der Teilnehmer. Mitstreiter, die viele Standards und Erwartungen erfüllen, werden fair behandelt, aber persönliche Beziehungen zur Organisation entstehen dadurch nicht. Mitarbeiter verbleiben in der Unternehmung nur so lange, wie ihre persönlichen Interessen erfüllt werden.

Die Nachteile dieser Kultur liegen auf der Hand: Mitarbeiter, die spezifische Ziele erfüllen müssen, sind kaum bereit, andere zu unterstützen und auf ein gemeinsames Ziel hinzuarbeiten, das nicht ihren Interessen entspricht. Die Zusammenarbeit zwischen Unternehmenseinheiten mit unterschiedlichen Zielen ist auch sehr unwahrscheinlich.

Die Söldner-Kultur ist für folgende Situationen aber durchaus praktikabel:

- in radikalen Veränderungssituationen
- wenn durch die Einrichtung von „Centers of Excellence" Wettbewerbsvorteile erreicht werden sollen
- bei klaren und messbaren Unternehmenszielen
- in Situationen, in denen der Hauptwettbewerber identifiziert und Zielobjekt ist

Die Fragment-Kultur – wenig Zusammengehörigkeit und wenig Solidarität

Ein offensichtliches Merkmal der Fragment-Kultur ist, dass die Mitglieder die Zugehörigkeit zu der betreffenden Organisation von sich weisen. Ein Beispiel sind Führungskräfte von Banken seit der Bankenkrise. Viele bekennen sich nicht mehr gern als Führungskraft ihres Instituts, sondern verleugnen dieses, indem sie sich schlicht als „Kaufmann" bezeichnen. Oder sie grenzen ihre Abteilung zu dem in Verruf geratenen Unternehmen ab. Der Mangel an persönlicher Verbundenheit wirkt sich auch auf das Arbeitsverhalten aus. Die Mitarbeiter sind hinter geschlossenen Türen tätig oder arbeiten auch von zu Hause aus. Geheimhaltung wird großgeschrieben; Informationen werden nur auf unmittelbare Nachfrage geliefert. In Extremfällen kann der Gemeinschaftssinn so gering ausgeprägt sein, dass die Arbeit von „Kollegen" durch Gerüchte und Witze lächerlich gemacht oder sabotiert wird. Der Grad der Solidarität ist ebenfalls sehr gering. Die Mitglieder der

Fragment-Kultur haben Probleme, sich auf gemeinsame Ziele, Erfolgsfaktoren oder Leistungsstandards zu orientieren. Dies hat zur Folge, dass eine solche Organisation nur schwer im Top-Down-Verfahren strategisch zu steuern ist.

Die Fragment-Kultur kann in den folgenden Situationen sinnvoll sein:

- bei geringen Beziehungen und Abhängigkeiten zwischen den Mitgliedern (z. B. in einem Steuerbüro, wo jeder Mitarbeiter andere Kunden betreut)
- wenn Innovationen hauptsächlich von einzelnen Mitgliedern und nicht von Teams erzeugt werden
- wenn Ziele mittels Kontrolle der Ergebnisse erreicht werden (und nicht durch Kontrolle des Prozesses)
- wenn nur geringe Austausch- und Lernmöglichkeiten zwischen den Einzelnen bestehen (z. B. aufgrund starker Spezialisierung)

Die Kommune – hohe Zusammengehörigkeit und hohe Solidarität
Eine Kommunen-Kultur kann in jeder Phase des Lebenszyklus eines Unternehmens auftreten. Sie kann aber am besten mit einem kleinen, jungen und schnell wachsenden Unternehmen (neudeutsch: Start-up) beschrieben werden. Die Gründer und ersten Angestellten in solchen Unternehmen sind oft enge Freunde, die nicht selten bis spät in die Nacht zusammenarbeiten. Solch kleine Firmen haben nur wenige Produkte und auch nur ein paar Ziele – eines ist wahrscheinlich zu überleben. Da die Gründer und die ersten Mitarbeiter oft Anteile am Unternehmen haben, hat der Erfolg des gemeinsamen Unternehmens Vorteile für alle. Solche Zustände sind aber nicht nur für Start-ups typisch. Sie können auch in reiferen Unternehmen auftreten, in denen Mitarbeiter über Jahrzehnte zusammenarbeiten. Verbundenheit entsteht dadurch, dass die Mitarbeiter eine starke Identität mit ihrem Unternehmen und ein Gefühl der (exklusiven) Mitgliedschaft entwickelt haben. BASF, Toyota und Co. können hier wieder als Beispiel dienen.

Die hohe Solidarität wird oft auch durch das gemeinsame Teilen von Risiken und Vergütungen demonstriert. Öffentliche Organisationen schätzen Fairness und Gerechtigkeit. Solidarität wird auch erkennbar, wenn es um Unternehmensziele und -werte geht. Letztlich besteht unter den Mitarbeitern auch Klarheit über den Wettbewerb, die Konkurrenz und die Stärken und Schwächen des eigenen Unternehmens.

Die Kommunen-Kultur scheint aufgrund der beiderseitigen starken Ausprägung am besten in einem religiösen, politischen, sportlichen oder öffentlichen Umfeld zu funktionieren. Kommerzielle Unternehmen sind in diesem

Kultur-Quadranten nur zu finden, wenn sie es geschafft haben, diese Kultur zu verinnerlichen.

Die Kommunen-Kultur kann in den folgenden Konstellationen ideal sein:

- wenn Innovationen eine extensive Zusammenarbeit über Funktionen und Niederlassungen hinweg erfordert (z. B. Pharmaindustrie)
- wenn erhebliche Chancen für Synergien und Lernen (Wiederverwendbarkeit von Know-how) zwischen den einzelnen Einheiten eines Unternehmens bestehen
- bei langfristig orientierten Strategien
- in einem Geschäftsfeld, das sehr dynamisch und komplex ist (z. B. Technologie, Telekommunikation und chemische oder pharmazeutische Industrie)

Keine dieser Kulturen erscheint als „die Beste". Sie hat sich an den Umständen zu orientieren, denen ein Unternehmen ausgesetzt ist. Für eine Führungskraft ist es wichtig, die herrschende Kultur im Unternehmen wahrzunehmen und in ihren Wirkungen zu verstehen. Diese Unternehmenskultur wirkt mit einer erheblichen Kraft auf die Prägung aller Beschäftigten ein. Sie kann nur mittelfristig geändert werden und stellt besondere Fähigkeiten an das Führungsverhalten.

Erfolgreiche Unternehmen haben aber die Kultur im „Griff", und sie ist die Grundlage des Unternehmenserfolgs. Es handelt sich dabei um eine Kultur der Kommune.

Sie ist geprägt durch eine gelebte Solidargemeinschaft aller Mitarbeiter, durch Vorbild der Führungskräfte und die Re-Etablierung des Wir-Gefühls. Die Entlohnungssysteme sind solidarisch gestaltet. Die Mitarbeiter sind in ihrer Existenz so weit als möglich abgesichert durch Arbeitsplatzgarantie gegen Einsatz- und Einkommensflexibilität. Sie werden in Entscheidungen stark eingebunden und tragen mehr Verantwortung bei größeren Handlungsspielräumen. Es erfolgen regelmäßige Weiterbildung und Unterstützung bei der persönlichen Entwicklung. Fähige und willige Mitarbeiter finden Möglichkeiten zur Selbstverwirklichung in der Arbeit.

2.2.4 Kooperation

Kooperation ist zumindest für deren Dauer ein Zusammenschluss im Sinne von Systembildung. Die Teilnehmer des Systems – die Kooperationspartner – erwarten ein der Kooperation entsprechendes Verhalten (ein Quidproquo – einen Ausgleich von Nutzen und Kosten). Diese Erwartungen können als Rechte und Pflichten verhandelt und vereinbart werden.

Mit der Kooperation von Unternehmungen sind vielfältige volks- und betriebswirtschaftliche sowie steuer-, gesellschafts- und kartellrechtliche Probleme verbunden. Während manche Kooperationen, etwa von kleinen und mittleren Unternehmen, zu einer spürbaren Wettbewerbsbelebung führen, können von anderen Kooperationen Wettbewerbsbeschränkungen ausgehen, die das Marktergebnis negativ beeinflussen. Aufgrund der oben aufgezeigten großen Vielfalt an Kulturen und Intensitätsstufen von Kooperationen ist daher von den Kooperationsteilnehmern in jedem Einzelfall selbst zu prüfen, ob die Kooperation gegen Verbote verstößt oder ob eine Legalisierung in Betracht kommt.

Je nachdem, welcher Art die Kooperation ist, können Unternehmen eine Menge Vorteile daraus ziehen. So können sie beispielsweise

- Ressourcen bündeln und auf diese Weise größere Aufträge gemeinsam stemmen
- das Risiko eines Auftrags auf mehrere „Schultern" verteilen
- Abläufe rationalisieren und damit Kosten senken
- günstigere Preise durch größere, gemeinsam beauftragte Einkaufsmengen realisieren
- die Kosten für Entwicklung und Fertigung senken
- die Produktionszeiten verringern und gleichzeitig die Produktivität steigern
- die Kapazitäten der Kooperationspartner besser nutzen und Kapazitätsengpässe ausgleichen
- eine größere Angebotspalette anbieten
- das zur Verfügung stehende Know-how erweitern
- den Maschinenpark für die Produktion vergrößern und neue Technologien nutzen
- große Aufträge übernehmen, ohne sie in Teilaufträge splitten zu müssen
- die Marktposition ausbauen
- niedrigere Preise kalkulieren
- neue Kunden gewinnen

Mit einer Kooperation geht man aber auch Risiken ein, die beträchtlich sein können. Immerhin tun Unternehmen sich mit einem Partner zusammen, den sie unter Umständen vielleicht noch nicht einmal allzu gut kennen. Führungskräfte sollten sich am besten im Vorfeld Gedanken über diese Aspekte machen:

- Sie können die Entscheidungen häufig nicht mehr alleine treffen, sondern müssen abstimmen und des Öfteren auch Kompromisse schließen.

- Eine exakte Aufteilung der Kooperationsaufgaben ist schwierig, weshalb häufig eine Seite mehr für die Kooperation leistet als die andere.
- Wenn gemeinsam Innovationen entwickelt werden, können diese auch später nicht alleine genutzt werden – der Partner bleibt daran beteiligt.
- Die Beteiligten müssen die Gewinne teilen, aber im Zweifelsfall auch Verluste gemeinsam tragen.
- Oft arbeiten die Mitarbeiter von kooperierenden Unternehmen nicht mehr so motiviert wie vorher.
- Je nachdem, welche Form der Kooperation gewählt wird, kann ein Teil der Autonomie verloren gehen – sowohl rechtlich als auch wirtschaftlich.

Für die Probleme in Kooperationen mag aktuell die Zusammenarbeit zwischen Apple und Samsung ein Beispiel sein. Hier wird um Schadensersatz im Milliarden-Dollar-Bereich prozessiert.

Erfolgreiche Unternehmen haben im Umgang mit Kooperationen besondere Erfahrungen gemacht und bemerkenswerte Lösungen mit ihren Zulieferern entwickelt. So sehen sie ihre Stammlieferanten als vollgültige Mitglieder ihrer „Unternehmensfamilie", denen sie hohes Vertrauen entgegenbringen. Sie setzen auf Fairness im Umgang und verzichten auf Preisdrückerei oder das gegenseitige Ausspielen von Wettbewerbern. Dabei garantieren sie auch die „Intellectual Property Rights" der Geschäftspartner. Die Verhandlungen sind hart, aber realistisch in Bezug auf die zugestandenen Preise und Gewinne. Zulieferer finden Planungssicherheit und erhalten ausreichend Zeit für Nachbesserungen. Dies wird auch im Hinblick auf Investitionen in Produktionsanlagen garantiert. Niemand bleibt im „Regen stehen".

2.3 Unplanbare Welt

Wir leben in einer unplanbaren und ständig komplexer werdenden Welt. Prognosen werden immer unzuverlässiger. Und mit steigender Dynamik und Komplexität nimmt die Vorhersehbarkeit weiter ab. Unternehmen mit einer hierarchisch arbeitsteiligen Organisation funktionieren in planbaren Umgebungen ausgezeichnet. Stellen und Prozessbeschreibungen erlauben nutzbringendes Arbeiten. Bereiche, Abteilungen und Teams sind klar beschrieben. Wie aber müssen Organisationen arbeiten, die in einem stark dynamischen Umfeld erfolgreich sein wollen oder komplexen Bedingungen ausgesetzt sind?

Die Produktentwicklungszyklen werden immer kürzer. So produziert die IT-Branche ein Produkt wie ein Smartphone oder einen PC in zwei jährlichen

Ausgaben mit neuen Funktionen und Eigenschaften. Das Gleiche gilt für Softwaresysteme. Die Textilindustrie gibt eine Kollektion zu jeder Jahreszeit heraus, also viermal jährlich. In anderen Branchen ist das Innovationstempo ähnlich hoch. Prognosen, die uns vernünftig erscheinen, sind mit hoher Wahrscheinlichkeit falsch. Eine Umkehr dieser Tendenz ist durch zunehmend globale Entwicklungen wie Industrialisierung, Spezialisierung und Flexibilisierung nicht in Sicht.

Die Schere zwischen den in den Organisationen vorhandenen Kompetenzen und dem, was wir wissen und können müssten, öffnet sich mit besorgniserregender Geschwindigkeit. Damit Staaten, Industrien, Unternehmen und Organisationen aller Art ihre Funktions- und Wettbewerbsfähigkeit nicht in kürzester Zeit verlieren, müssen sie reagieren.

2.4 Fokus: Führungsverhalten

Um in einer unplanbaren Welt erfolgreich zu sein, bedarf es einer neuen Kategorie von Führungskräften. Diese unterscheiden sich im Bereich der persönlichen Eigenschaften und des Führungsverhaltens von den Führungskräften des letzten Jahrtausends erheblich.

So hat man vor der Jahrtausendwende bei der Personalqualifikation den Schwerpunkt auf die fachlichen Eigenschaften gelegt. Fachlich gute Mitarbeiter hat man dann in Führungspositionen befördert und versucht, ihnen Managementwissen zu vermitteln. Doch in den Managementwissenschaften hat man Führung über lange Zeit ausschließlich funktional und rational gesehen. Da ging es um Planung, Entscheidung, Umsetzung und Kontrolle in allen möglichen Differenzierungen.

Mit der Zeit gewannen auch „Soft-skill"-Seminare und Verhaltenstrainings immer mehr an Bedeutung. Weil dabei aber der gesamte Bereich der persönlichen Eigenschaften (Denkmuster, Charakter, mentale Verfassung etc.) kaum Beachtung findet, sind die antrainierten Verhaltensweisen oftmals nur aufgesetzte Verhaltenskosmetik. Sie führen nicht zu einem tragfähigen und nachhaltig erfolgreichen Führungsverhalten, da sich die Kompetenzen der Person ja nicht verändern. Und so ist es nicht der Mangel an Fachwissen, Rhetorik oder selbstbewusstem Auftreten, der den größten wirtschaftlichen Schaden anrichtet, sondern das Fehlen von notwendigen und wünschenswerten persönlichen Kompetenzen der Führungskräfte. Hier einige Beispiele für die Folgen menschlichen Fehlverhaltens der Führungsriegen:

- Umsatzverluste/Strafzahlungen (Beispiel: VW, Deutsche Bank)
- Leistungsverweigerung, Dienst nach Vorschrift (Beispiel: öffentlicher Dienst, ehemalige Staatsunternehmen etc.)

- Hohe Fluktuation (Beispiel: Niedriglohnsektor, Aircraft-Industrie)
- Fehlende Motivation, kaum Engagement (fast überall)
- Stressbedingte Ausfälle (fast überall)

Egal ob früher als CEO oder heute als Berater und Coach, mein Eindruck ist immer wieder:

> Die Mehrzahl der Führungskräfte in Organisationen aller Art ist für die derzeitigen und zukünftigen Führungsaufgaben des Unternehmens ungeeignet oder nicht ausreichend qualifiziert.

Zum Glück sehen dies auch immer mehr Organisationen so und beginnen nun, den Fokus auf die persönlichen Eigenschaften und damit das tatsächliche Führungsverhalten ihrer Führungskräfte zu legen. Sie haben erkannt:

> Nachhaltiger und kontinuierlicher Unternehmenserfolg erfordert exzellentes Führungsverhalten.

Allerdings ist die Entwicklung von Führungsverhalten und die Prägung der damit zusammenhängenden Denkmuster nicht Gegenstand des Bildungssystems. Die Verhaltensfehler, die durch Lücken im Bildungssystem und in der Erziehung entstanden sind, lassen sich auch nicht durch einige wenige Trainings- und Schulungsmaßnahmen beseitigen. Daraus ergibt sich für die meisten Führungskräfte ein erhebliches Defizit – es sei denn, sie gehören zu den wenigen, die mit einem gewissen natürlichen Talent für richtiges Führungsverhalten ausgestattet sind.

Um die persönlichen Eigenschaften und Verhaltensausprägungen messen zu können, bieten sich geeignete Persönlichkeitsinventare an. Diese erstellen ein umfassendes Porträt der Person, das Stärken, Schwächen und Widersprüche offenlegt. So können die Führungskräfte ihre eigene Persönlichkeitsstruktur besser kennenlernen und entdecken, was ihr Denken und Handeln prägt. Dadurch sind sie dann in der Lage, neue Wege für ihre Führungsarbeit und Kommunikation einzuschlagen. Mit diesem Wissen können sie hinderliche Gewohnheiten ablegen und den Umgang mit anderen bewusster gestalten. Dies setzt allerdings die Bereitschaft zu intensiver Arbeit an der individuellen Persönlichkeitsstruktur voraus.

2.5 Mentale Agilität

The ability to learn is the most important quality a leader can have (Sheryl Sandberg).

Mentale Agilität bedeutet geistige Beweglichkeit. Damit ist die Fähigkeit beschrieben, mit den Einflüssen unserer Welt umzugehen. Überall läuft der technische Fortschritt mit exponentieller Geschwindigkeit ab. Alles dreht sich schneller, Wege verkürzen sich, Daten häufen sich an, und die Anforderungen an die Mitarbeiter in einem Unternehmen steigen unaufhörlich. Eine Person, die diesen Anforderungen gut standhält, nennt man resilient. Sie besitzt psychische Widerstandsfähigkeit, die auch extremen Herausforderungen gewachsen ist.

Wir stehen vor dem Dilemma, das wir die Probleme des 21. Jahrhunderts nicht mit dem Verhalten des 19. Jahrhunderts lösen können. Wir brauchen eine Anpassungsfähigkeit, um schnell und mit hohem Regenerationsvermögen mithalten zu können. Dabei geht es um die Frage, wie wir uns vor uns selbst schützen und gleichzeitig dem Druck von außen standhalten können.

Um über eine gute mentale Agilität zu verfügen, braucht es große mentale Stärke (vulgo: psychische Widerstandsfähigkeit).

> Mentale Stärke bedeutet Gelassenheit und verantwortliches und souveränes Verhalten aus dieser Gelassenheit heraus.

Sie bedeutet, sich ohne innere Zwänge seinen Aufgaben zu widmen und dabei nicht durch äußere Umstände „aus der Fassung" gebracht zu werden. Um diese Fähigkeiten zu entwickeln, ist regelmäßiges Selbstcoaching unerlässlich. Deshalb sei an dieser Stelle ein Hinweis auf mein Buch zum Thema Selbstcoaching gestattet (Finckler 2016).

2.6 Leadership-Kompetenzen

Zunächst muss festgehalten werden, dass fachliche Anforderungen nicht Gegenstand dieser Publikation sind. Sie sind ohnehin erforderlich, branchen- und hierarchieabhängig und nicht diskutierbar. Sie müssen in jedem Fall vorhanden sein und lassen sich leicht aus dem beruflichen Werdegang rekonstruieren. Das gilt ebenfalls für Sprachkenntnisse und den allgemeinen Bildungsstand (Hochschul- oder Fachhochschulreife, Weiterbildungen etc.).

Leadership setzt aufgeklärte und mündige Führungskräfte voraus. Nach Immanuel Kant ist Aufklärung der Ausgang des Menschen aus seiner selbst verschuldeten Unmündigkeit. Unmündigkeit ist das Unvermögen, sich seines Verstandes ohne die Leitung eines anderen zu bedienen.

Wenn man sich mit der Entwicklung von Führungskräften beschäftigt, gelangt man schnell an einen Punkt, an dem man Leadership-Kompetenzen definieren muss. Nur dann kann bewertet werden, ob diese vorhanden und ausreichend für eine bevorstehende oder zu leistende Aufgabe entwickelt sind.

Leadership-Kompetenzen sollten auch im Hinblick auf die Umgebungsbedingungen bewertet werden. Damit sind z. B. „normale Umstände" und/oder „höhere Stressbelastungen" gemeint. Erfahrungsgemäß führen solche Einwirkungen zu erheblichen Verschiebungen in den persönlichen Reaktionen und Handlungsmustern.

In der Führungskräfteentwicklung wird heute der Ansatz der Management- oder Führungskompetenz angewendet. Dieser Ansatz umfasst folgende Schritte:

- Ableitung von Anforderungen an das Management auf der Grundlage der Unternehmensstrategie und zukünftiger Herausforderungen
- Festlegung der Soll-Kompetenzen mit Verhaltensbeschreibungen
- Einschätzung der Ist-Kompetenzen der Führungskräfte (Management-Audit)
- Durchführung von Entwicklungsmaßnahmen für Potenzialträger, um sie auf die Aufgaben vorzubereiten

Dies setzt voraus, dass jeder Kandidat eine klare Vorstellung von seiner eigenen persönlichen und beruflichen Entwicklung hat. Anschließend kann die Übereinstimmung von persönlichen Zielen mit den Zielen des Unternehmens festgestellt werden. Diese Maßnahme dient der Vermeidung von Unzufriedenheit, denn Manager werden nur dann nachhaltig und erfolgreich Unternehmensziele verfolgen, wenn ihr Engagement auch den persönlichen Werten, Motiven oder Zielen dient.

Im Folgenden habe ich versucht, die Leadership-Kompetenzen (LK) anhand einzelner Begriffe zu fokussieren. Diese Liste ist unvollständig und in Bezug auf die Einzel-Skills hierarchieabhängig zu gewichten. Das bedeutet, dass im mittleren Management andere LK im Vordergrund stehen als beim Topmanager:

- **LK – Kommunikation**: Kommuniziert effektiv, indem Informationen und neue Ideen gut strukturiert und für alle verständlich aus der Perspektive der Mitarbeiter übermittelt werden. Ermuntert so andere zum Mitmachen und Mitdenken. Spricht Ideen oder auch Bedenken anderer offen

an, die für den eigenen Einflussbereich wichtig werden können. Informiert andere, wenn sich etwas ergibt, was ihre Arbeit betrifft.
- **LK – Gewicht und Einfluss:** Übt in schwierigen Situationen gezielt Einfluss auf andere aus, sodass sie ein gemeinsames Interesse entwickeln, die Schwierigkeiten zu überwinden. Kümmert sich bevorzugt um die schwierigen Situationen zuerst.
- **LK – Innovation:** Ist aktiv auf der Suche nach neuen Möglichkeiten, ein bestimmtes Ziel oder eine Aufgabe besser zu erreichen, ohne den Fokus zu verlieren. Ist stets offen für Prozessverbesserungen und Vereinfachungen und ist ein großer Förderer von kontinuierlichen Verbesserungen in der Organisation.
- **LK – Lernfähigkeit:** Ergreift jede Gelegenheit, etwas für sich hinzuzulernen, und ist in allen Situationen in der Lage, Möglichkeiten zur Verbesserung zu erkennen und zu reflektieren. Verfügt über eine schnelle Auffassungsgabe. Analysiert Situationen auf der Suche nach Verbesserungsmöglichkeiten.
- **LK – Menschlich führen:** Fördert die Zusammenarbeit und das Gemeinschaftsgefühl im Team durch seine Mitarbeit. Hat das Bedürfnis, andere zu führen und anzuleiten. Ist entscheidungsfreudig und übernimmt für die getroffenen Entscheidungen auch die Verantwortung.
- **LK – Motivationsexperte:** Motiviert andere zur Höchstleistung. Kann Teams zu einem gemeinsamen Ziel motivieren und dieses auch erreichen. Hat das Bedürfnis, anderen zu helfen, besser zu werden. Behält die vorhandenen Projekte und Initiativen für laufende Veränderungen und kontinuierliche Verbesserung im Blickfeld.
- **LK – Problemlöser:** Löst Probleme in einer effektiven Kombination aus gründlicher Analyse und Erfahrung/Intuition. Berücksichtigt unterschiedliche Sichtweisen bei der Konzeption einer Lösung und erkennt bereits bei der Planung die Schwierigkeiten während der Umsetzung. Diese werden durch entsprechende Gegenmaßnahmen Schritt für Schritt überwunden.
- **LK – Resilienz und Durchhaltevermögen:** Behält eine optimistische und positiv konstruktive Sichtweise, selbst wenn unerwartet Schwierigkeiten auftreten. Ist ausdauernd und letztlich erfolgreich, trotz Hindernissen und Rückschlägen das gesteckte Ziel zu erreichen.
- **LK – Strategisches Denken:** Durchdringt gedanklich eine Situation im Hinblick auf ein übergeordnetes Ziel und schlägt nachhaltige Konzepte zur Lösung vor. Diese berücksichtigen auch die Interessen und Ideen anderer im Team und dienen als Basis für die (taktische) Maßnahmenplanung.

- **LK – Interkulturelle Anpassungsfähigkeit:** Kann sich auf die Arbeitsweisen, Kommunikationserfordernisse und Verhaltensmuster anderer Kulturen flexibel einstellen. Arbeitet im Team mit unterschiedlichsten Nationalitäten und Kulturen effizient, ohne die eigenen Wertvorstellungen und Ziele dabei aufzugeben. Reagiert ruhig, optimistisch und bleibt auch entspannt, wenn im Team Spannungen auftreten.
- **LK – Regelkonformes Verhalten:** Hat die Tendenz, die Lösungen gemeinsam mit anderen innerhalb der vorgegebenen Regeln, Absprachen und Gesetze zu suchen. Hierzu gehört auch die Bereitschaft, bereits vorhandene Teillösungen, die später jedoch absehbar eine Regelüberschreitung nach sich ziehen, wieder zu verwerfen.

In dem von mir verwendeten Kontext umfasst Leadership im Prinzip all jene Wesensmerkmale, die zusammengenommen eine integre, kraftvolle, glaubwürdig und dynamisch auftretende Führungspersönlichkeit beschreiben. Diese Merkmale sind nur wenigen Menschen mit in die Wiege gelegt worden. Den meisten bleibt daher nur eines: konsequent und beharrlich an sich arbeiten und dann sehen, welche Fortschritte sich damit erzielen lassen.

2.7 Die Führungskraft von morgen

Nur wenige Unternehmen haben damit begonnen, Mitarbeiter transformational zu führen. Anstelle von kühler Berechnung setzen sie auf Begeisterung, Ideologie und den Wandel der Geführten zu überzeugten Anhängern. Sie verstehen es, ihre Geführten für das Unternehmen und dessen Ziele zu begeistern. Dabei üben sie einen besonderen Einfluss auf die Mitarbeiter aus, der sich in überdurchschnittlichem Engagement sowie hoher Loyalität und Bindung zeigt. Aus motivationspsychologischer Sicht – insbesondere in Zeiten des Kampfes um die besten Köpfe – ist dies eine wirksame Führungsmethode.

> Become the kind of leader that people would follow voluntarily even if you had no title or position (Brian Tracy).

Dabei stellt sich die Frage: Was macht diese Führungskräfte besonders? Meist werden dabei folgende Aspekte bei derartigen Führungskräften genannt:

Starke kommunikative Fähigkeiten

Charismatische Personen können sich gut auf die Zielgruppen einstellen, mit denen sie zu tun haben, und finden die richtigen Worte und Symbole in der Kommunikation.

Eine klare Vision
Führungspersonen haben eine klare Vorstellung von der Zukunft der Organisation und können diese präzise und bildhaft darstellen. Ein Beispiel hierfür kann die bekannte Rede von Martin Luther King sein: „I have a dream …".

Symbolisches Verhalten
Bei sehr einflussreichen Persönlichkeiten sind häufig ungewöhnliche Handlungen zu beobachten wie z. B. ein Gehaltsverzicht in Krisenzeiten oder extreme Auftritte, um die Firma zu vermarkten. Beispielsweise hat Steve Jobs mehrere Jahre zur Rettung von Apple für einen Dollar im Jahr gearbeitet.

Emotionale Ansprache der Geführten
Der starke Einfluss transformationaler Führungspersonen beruht auch darauf, dass sie weniger die rationalen Motive und Gedanken als vielmehr die Gefühle und Emotionen ansprechen.

Großes Selbstvertrauen
Transformationale Führer haben Vertrauen in ihre Überzeugungen und Fähigkeiten und strahlen dies auch aus. Dies hilft ihnen dabei, andere zu überzeugen.

Hohe Erwartungen an die Geführten
Transformationale Führer haben hohe Leistungserwartungen an die Geführten und vermitteln diesen den Optimismus, dass die Aufgaben erreicht werden können.

> For most jobs, suitability factors are about 50 % of the job success factors (Dan Harrison).

Experimente haben gezeigt, dass transformationale Führungseigenschaften erworben werden können. Dabei wurde eine Hälfte von Führungskräften darin geschult, charismatisches Verhalten zu zeigen, die andere Hälfte bekam kein Training. Dabei war festzustellen, dass die trainierten Führungskräfte bessere Ergebnisse erzielten (Conger und Kanungo 1989).

> Transformationale Führungseigenschaften können erworben werden. Führungskräfte können also gezielt ihre Kompetenzen trainieren, insbesondere Visionen formulieren, Emotionen ansprechen, Aufgaben ideologisieren und hohe Erwartungen zeigen.

Die Transformation eines Menschen wirft aber auch ethische Fragen auf. Sie stellt schließlich einen tief greifenden Eingriff in dessen Erleben und Verhalten dar.

2.8 Supersurfer und Champions League

Je ruhiger der Geist, desto mehr emotionale Ressourcen, und je klarer der Fokus, desto größer ist die Fähigkeit, eine Herausforderung zu meistern und eine Aufgabe zu lösen. Dies ist die Faustregel für die Supersurfer unter den Führungskräften.

> Surfen in einer kaum berechenbaren Welle, souverän die Balance zu halten, Wettbewerber ständig im Auge zu haben und als anständige Gewinner stets vorne dabei zu sein – das sind die Supersurfer in den Organisationen der Zukunft.

Das Ziel für die Führungskräfte von heute und morgen ist es, „reif für die Aufgabe zu sein". Reife ist die Herausforderung für alle, die Führen zu ihrem Beruf oder noch besser zu ihrer Profession gemacht haben. Nur wer es schafft, dieses Stadium fortgeschrittener Erfahrung und Erkenntnis zu gewinnen, wird über das Führungsverhalten verfügen, das ihn als Mensch und Unternehmer besonders wertvoll macht.

3
Anthropologie – die Lehre vom Menschen

Die Qualität des Managements und der Führung trennt die nachhaltig erfolgreichen von den weniger erfolgreichen Organisationen. Ob ein Unternehmen in die Spitze seiner Branche aufsteigen kann, darüber entscheiden die außergewöhnlichen Leistungen ungewöhnlich denkender Führungskräfte. Neue Methoden allein können kaum einen entscheidenden Wettbewerbsvorteil generieren. Daher will dieses Kapitel in Erinnerung bringen, wie außergewöhnliche Denker im Lauf der Geschichte erfolgreiche Denkstrategien für nachhaltige Wirtschaftsstrategien geschaffen haben. Daneben wird das Angebot der psychologischen Beratung im Bereich der Führungskräfteentwicklung beschrieben.

> Das Glück Deines Lebens hängt von der Beschaffenheit Deiner Gedanken ab (Marc Aurel).

Dem Wort nach ist „Anthropologie" zusammengesetzt aus dem altgriechischen „anthropos" (Mensch) und „logos" (Rede, Wissen, Lehre). Ganz allgemein formuliert, geht es also um das Wissen über Menschen in all seinen Formen.

Entsprechend vielfältig und weitreichend sind die Fragen und Forschungsfelder, mit denen sich die Anthropologie beschäftigt. Sie reichen von der menschlichen Evolution und der biologischen Varianz des Menschen über die Auseinandersetzung mit verschiedenen Menschenbildern, wie sie sich in Texten, künstlerischen und wissenschaftlichen Darstellungen finden, bis hin zur Untersuchung sozialer und kultureller Praktiken, symbolischer Formen und deren historischem Wandel.

Die philosophische Anthropologie ist die Disziplin der Philosophie, die sich mit dem Wesen des Menschen befasst. Die moderne philosophische Anthropologie ist eine sehr junge philosophische Fachrichtung, die erst im frühen 20. Jahrhundert als Reaktion auf den Verlust von Weltorientierung entstand.

Die philosophische Anthropologie sucht vom einzelnen Menschen zu abstrahieren und zielt auf Allgemeingültigkeit. Die tatsächliche Bindung jedes menschlichen Individuums an die jeweils zeitspezifischen und kulturellen Daseinsbedingungen wird dabei vorausgesetzt. Indem die Grundsituation der philosophischen Anthropologie davon bestimmt ist, dass der Mensch nach dem Menschen fragt, geht es um Selbstreflexion als Anliegen und Auftrag. Dies ist aber nur möglich, wenn der Mensch seine Innenperspektive (Subjektivität) mit der Außenperspektive von Beobachtern abgleicht (Multiperspektivität).

Wo Menschen sich selbst zu einem Rätsel oder Problem werden, sich selbst befragen oder infrage stellen und die eigene Existenz betreffende Annahmen oder Antworten entwickeln, berühren sie das Feld der philosophischen Anthropologie. Die Spannbreite menschlicher Handlungsfelder und Möglichkeiten wirft u. a. Fragen nach dem ethisch richtigen oder guten Leben, nach dem Sinn des Lebens überhaupt, nach dem Stellenwert von Egoismus und Altruismus, nach dem „Wesen" von männlichem und weiblichem Geschlecht, nach sozialen Anpassungszwängen und individuellem freiem Willen auf.

> Die Beschäftigung mit philosophischen Fragen kann für Führungskräfte im beruflichen Alltag eine große Hilfe sein.

Entwicklungsprogramme für Führungskräfte dienen normalerweise dem Ziel, etwas am Verhalten der Manager zu ändern: Sie sollen hinderliche Verhaltensweisen erkennen und verändern und stattdessen ein Führungsverhalten entwickeln, das sie Mitarbeiter effektiver führen lässt. Aber was ist mit den inneren Überzeugungen und Wertvorstellungen, die hinter dem Verhalten eines Managers stecken?

Mittlerweile häufen sich die Beweise dafür, dass man sich intensiv um diese Denkmuster und die philosophische Weltanschauung der Führungskräfte kümmern sollte. Dafür sprechen die neurowissenschaftlichen Untersuchungen zum Thema Selbstreflexion.

Vielen Menschen wird bewusster, welche Vorteile Introversion und Achtsamkeitsaktivitäten (beispielsweise Yoga und Meditation) bringen. Trotzdem werden Selbstreflexion und das Nachdenken über philosophische Fragen – z. B. über Wertvorstellungen, günstige Charaktereigenschaften und

Klugheit – nach wie vor vernachlässigt. Und in den Führungsetagen finden Selbstreflexionsprozesse kaum statt – sie sind noch nicht für die Beratung von Managern übersetzt.

3.1 Philosophien für Leader

Die philosophische Beratung stützt sich auf die Lehren alter östlicher und westlicher Philosophen (von Konfuzius bis Sokrates), aber auch zeitgenössischer Denker. Sie unterstützt Menschen bei der Entwicklung ihrer persönlichen Lebensphilosophie und befähigt sie dazu, ihre höchsten menschlichen Ziele und Ideale zu verwirklichen. Nachfolgend sollen daher einige Richtungen beschrieben werden.

3.1.1 Laotse – der rechte Weg der Führung

Laotse (auch Lao-Tse, ca. 570–490 v. Chr.) ist einer der einflussreichsten chinesischen Philosophen. Über sein Leben ist nur wenig bekannt, und es wird vermutet, dass seine Lehren erst um das Jahr 300 v. Chr. niedergeschrieben wurden. Ungeachtet dessen gilt Laotse als eine der Hauptquellen und damit als Begründer des Taoismus, auf dem das Tao Te King beruht.

Im Tao Te King wird die Selbstsucht der Herrscher in der damaligen Zeit getadelt. Laotse und seine Anhänger glauben an das Gute im Menschen und sind der Auffassung, dass alle Menschen nur dieser inneren Richtung folgen müssten. So könnte sich das Gemeinwesen in einem Zustand von Ordnung positiv entwickeln. Laotse sieht die Moralentwicklung als eine Ursache dafür an, dass die Menschlichkeit verloren gegangen ist. Daraus entwickelt er eine Theorie, die nicht durch das Tun, sondern durch das Lassen gekennzeichnet wird. Sie wird als „WuWei" (chin.) bezeichnet und wird definiert als Nichthandeln im Sinne von „Enthaltung eines gegen die Natur gerichteten Handelns".

> Immer weniger musst du die Dinge erzwingen, bis du schließlich beim Nichthandeln ankommst. Wenn nichts getan wird, bleibt nichts ungetan (Mitchell 2003).

Interessant ist, dass das gesamte Tao Te King wie eine Anleitung für Führungskräfte verstanden werden kann. Demnach sollte jede Führungskraft mit Zurückhaltung und Weisheit agieren und keine Aufmerksamkeit auf sich lenken. Dann wäre sie in ihrer Rolle erfolgreich.

Für das Führungsverhalten bedeutet es in erster Linie ein Prinzip der Nichteinmischung. Eine Führungskraft, hier der CxO, sollte im Hintergrund wirken und den Entwicklungen einen möglichst freien Lauf lassen. Dabei besteht die Aufgabe darin, Unterstützung zu geben und viel Freiraum zu schaffen.

> Der Meistertöpfer hinterlässt keine Spur (Tao Te King).

Taoistische Grundsätze erscheinen erstaunlich modern angesichts der gegenwärtigen Entwicklungen im Management. Auch hier begegnen wir beispielsweise erneut der Firma Toyota. Der Erfolg der Teams in japanischen Unternehmen beruht weitgehend auf taoistischer Philosophie und hat längst einen Siegeszug um die Welt angetreten. Die folgenden Texte aus dem Tao Te King, übersetzt von Stephen Mitchell und Peter Kobbe, halte ich für erwähnenswert:

> Hervorbringen und nähren,
> haben ohne zu besitzen,
> handeln ohne Erwartungen,
> führen ohne zu herrschen:
> Das ist die höchste Tugend.
> (Tao Te King, Kapitel 10)

Wer sich reflektiert in Bescheidenheit übt, erreicht mehr als derjenige, der mit aller Macht die Führung an sich reißen will.

> Vertraust du den Leuten nicht,
> machst du sie nicht vertrauenswürdig.
> (Tao Te King, Kapitel 17)

Der Aufbau einer unternehmensweiten Vertrauenskultur ist ein entscheidender Erfolgsfaktor. Ohne Vertrauen ist die Versuchung groß, ständig einzugreifen. Damit lässt man den Entwicklungen keinen freien Lauf.

> Erkennst Du klar, dass sich alle Dinge verändern,
> dann wirst Du an nichts festhalten wollen.
> Hast Du keine Angst vor dem Sterben,
> dann gibt es nichts, was du nicht erlangen kannst.
> (Tao Te King, Kapitel 74)

3.1.2 Konfuzius – Ausgewogenheit als Erfolgsfaktor

Zeitgleich zum Taoismus entwickelte sich der Konfuzianismus. Ohne sich mit Konfuzius zu befassen, ist es nicht möglich, die chinesische Denkweise zu verstehen. Wenn heute von Wachstum die Rede ist, blicken wir verwundert nach Ostasien. Dort expandiert die Wirtschaft, dort gibt es Zuwachsraten, von denen wir nur noch träumen können. Und dort erwartet man die schnell wachsenden Märkte der Zukunft, auf denen Europa und Amerika präsent sein müssen. Schon allein diese Tatsachen sind Grund genug, sich mit dem Gedankengut der Chinesen zu befassen. China ist der größte Wachstumsmarkt der Welt und steht im Mittelpunkt der Wirtschaftserwartungen für Ostasien.

So sind in der Ära von Konfuzius (ca. 551–479 v. Chr.) auch die ältesten militärtechnischen Abhandlungen der Welt entstanden. Sie gehen zurück auf einen Zeitgenossen des Konfuzius, nämlich Sun Wu (oder Sun Zi) und beinhalten geheime Kriegslisten, die als „Strategeme" bezeichnet werden. Einen interessanten ersten Einstieg in die Weisheit Ostasiens bietet das Buch *Die Klaviatur der 36 Strategeme* von Harro von Senger (von Senger 2013). Beide – Konfuzius und Sun Zi – sind für das Verständnis der asiatischen Mentalität, die von China wesentlich beeinflusst ist, unverzichtbar.

Konfuzius kann ohne Übertreibung als der einflussreichste Lehrer der chinesischen Geschichte bezeichnet werden. Mit etwa 20 Jahren gründete er eine Schule, in der er das Bewahren und Vermitteln ehrwürdiger Traditionen lehrte. Etwa um 518 v. Chr. soll es zu einer Begegnung mit Laotse gekommen sein, der die Harmonie- und Traditionslehre von Konfuzius als zentrales Handlungsprinzip kritisiert hat. Konfuzius bleibt aber bei seiner Wertschätzung der alten Traditionen mit dem Herzstück seiner Lehren: dem Prinzip „Maß und Mitte".

Er übernimmt öffentliche Ämter und wird ab 498 v. Chr. auch für einige Jahre Justizminister seines Heimatstaates Lu. In diesem Amt kann er seine Vorstellungen von einer gerechten öffentlichen Ordnung erfolgreich umsetzen.

Konfuzius gilt als der erste Denker der chinesischen Geschichte, der die Meinung vertrat, dass jeder Mensch eine Erziehung erhalten sollte. Damit schaffte er die Grundlagen, die heute in China, Taiwan und bei Millionen von Auslandschinesen noch nachwirken. Er definiert Regeln für das harmonische Zusammensein in Familie und Gesellschaft als Gebote für Gerechtigkeit. Jeder soll sich demnach bemühen, das zu tun, was recht ist. Zentrale

Aufgabe eines Menschen sei es, dem Ideal der Menschlichkeit zu folgen. Dafür definiert er fünf Reifestufen, die Menschen erreichen können:

Der Gemeine
Er ist vor allem auf Eigennutz bedacht, notfalls ohne ethische Bedenken. Lohn und Strafe sind die einzige Sprache, die er versteht, und so muss er durch diese angeleitet werden.

Der Würdige
Dieser kennt den rechten Weg noch nicht, bemüht sich aber um diese Erkenntnis, indem er dem Vorbild des Edlen zu folgen versucht.

Der Edle
Er kennt den richtigen Weg und versucht, seinem Leben einen positiven Sinn zu geben, indem er den rechten Weg lebt. Dies ist nach Konfuzius die höchste Form der Selbstentwicklung.

Der Berufene
Der Berufene bemüht sich nicht nur dem rechten Weg zu folgen, sondern er hilft anderen Menschen dabei, selbst zu Edlen zu werden.

Der heilige Weise
Die höchste Stufe stellen die heiligen Weisen dar. Sie sind die Verkörperung des wahren Wissens und orientieren sich ausnahmslos ohne eigene Interessen an den wahren Grundprinzipien des rechten Lebens. Selbst eine Bedrohung ihrer Existenz kann sie nicht von diesem Weg abbringen (z. B. Ghandi, Mandela).

Die Kriterien des wahren „Edlen" sind für Konfuzius Selbstreflexion und die achtsame Hinwendung zu den Grundregeln des menschlichen Lebens.

Für Führungskräfte lohnt sich die Kenntnis konfuzianischer Lehren in zweierlei Hinsicht: Zum einen entsteht ein Verständnis von ostasiatischen Geschäftspartnern, zum anderen kann es wertvolle Impulse für die eigene Führungshaltung bieten.

So liegt die wichtigste Aufgabe einer Spitzenkraft in einem vorbildlichen und integren Verhalten. Diese Vorbildfunktion hat auch einen kulturellen Aspekt. Nur eine von den Führungskräften gepflegte und gelebte Vorbildfunktion führt zu einer glaubwürdigen und überzeugenden Unternehmenskultur. Dabei gleicht eine ideale Führungskraft dem konfuzianischen „Edlen", der versucht, fair und mit Menschlichkeit zu führen und Extreme zu meiden.

Zeitgemäß ist auch die Erkenntnis des Konfuzius, dass der Sprachgebrauch unser Denken beeinflusst und die Sprache als Manipulationsinstrument missbraucht werden kann. Demnach muss es eine Übereinstimmung von Worten und Taten geben, sonst sind keine positiven Ergebnisse zu erwarten.

Wenn die Sprache nicht stimmt, dann ist das, was gesagt wird, nicht das, was gemeint ist (Konfuzius).

Viele Menschen halten sich in ihrem Denken und Handeln für analytisch, klug und weise. Da kann man sich ebenfalls an Konfuzius halten, der zur Vorsicht rät.

Nenne keinen klug, ehe er nicht bewiesen hat, dass er eine Sache von wenigstens vier Seiten her beurteilen kann.
Nenne keinen weise, ehe er nicht bewiesen hat, dass er eine Sache von acht Seiten her beurteilen kann.

Zusammenfassend beschreibt Konfuzius den Edlen, der die vorbildliche Führungskraft darstellt, folgendermaßen:

Neun Dinge sind es, auf die der Edle sorgsam achtet: Beim Sehen achtet er auf Klarheit, beim Hören auf Deutlichkeit, in seiner Miene auf Freundlichkeit, im Benehmen achtet er auf Höflichkeit, im Reden auf Ehrlichkeit, im Handeln auf Gewissenhaftigkeit. Wenn ihm Zweifel kommen, fragt er andere. Ist er im Zorn, bedenkt er die Folgen. Angesichts eines persönlichen Vorteils fragt er sich, ob er auch ein Anrecht darauf hat.

3.1.3 Sokrates – Meister des Dialogs

Für das abendländische Denken war Sokrates (ca. 470–399 v. Chr.) der bedeutendste griechische Philosoph. Er lebte und wirkte in Athen, hinterließ jedoch keine schriftlichen Werke. Die Überlieferung seines Lebens und Denkens beruht hauptsächlich auf den Schriften seiner Schüler Platon und Xenophon.

Methodisch neu zu seiner Zeit war die Mäeutik (Hebammenkunst), das von Sokrates eingeführte Verfahren des philosophischen Dialogs. Er benannte es nach dem Beruf seiner Mutter. Es diente dem Erkenntnisgewinn in einem ergebnisoffenen Erforschungsprozess. Originär sokratisch war ferner das Fragen und Forschen zur Begründung einer philosophischen Ethik. Zu den von Sokrates erzielten Ergebnissen gehörte, dass richtiges Handeln aus der richtigen Einsicht folgt und dass Gerechtigkeit Grundbedingung des Seelenheils ist. Daraus ergab sich für ihn: Unrecht tun ist schlimmer als Unrecht erleiden.

Wer nichts weiß und weiß nicht, daß er nichts weiß, ist ein Tor – meide ihn. Wer nichts weiß und weiß, daß er nichts weiß, ist bescheiden – belehre ihn. Wer etwas weiß und weiß nicht, daß er etwas weiß, ist im Schlafe – wecke ihn. Wer etwas weiß und weiß, daß er etwas weiß, ist weise – folge ihm (Sokrates).

Sokrates sah seine Aufgabe darin, wie ein Geburtshelfer durch seine Fragen die (eine) Wahrheit ans Tageslicht zu bringen. Dabei handelt es sich um die Kunst, einem Gesprächspartner Wissen – beispielsweise mathematische Kenntnisse – zu vermitteln, indem man ihn nicht belehrt. Durch geeignete Fragen hat er seine Gesprächspartner dazu gebracht, vorhandene irrige Vorstellungen zu beseitigen und den tatsächlichen Sachverhalt selbst zu entdecken und damit das Wissen aus dem eigenen Geist herauszuholen. Sokrates betont, er teile nicht anderen Wissen mit, sondern leiste ihnen nur „Geburtshilfe", wenn ihre Seelen gleichsam schwanger seien und bereit, eine Einsicht zu „gebären". Die Hilfe beim Suchen und Finden von Erkenntnissen, wobei auf Belehrung konsequent verzichtet wird, erscheint in Platons Darstellung als spezifisch sokratische Alternative zur konventionellen Wissensvermittlung durch Weiterreichen und Einüben von Lehrstoff.

Der wichtigste Teil der Hebammenkunst des platonischen Sokrates besteht aber nach seiner Darstellung nicht in der Technik des zielführenden Fragens, sondern in seiner Fähigkeit einzuschätzen, welche „schwangeren" Seelen in der Lage sind, wertvolle Erkenntnisse hervorzubringen, und welche nur Untaugliches „gebären" können. Nach dieser Einschätzung wählte er die aus, denen er „Geburtshilfe" leistet.

> Zum richtigen Zeitpunkt die richtigen Fragen stellen zu können, ist ein Erfolgsfaktor für jede Führungskraft. Wer fragt, der führt!

Menschen halten einen Gesprächspartner für umso kompetenter und intelligenter, je mehr dieser sie selbst zum Reden bringt und auch reden lässt. So ist die Kunst einer richtigen Fragetechnik eines der wichtigsten Führungsinstrumente. Mit der Formulierung geeigneter Fragen kann eine Führungskraft seine Mitarbeiter dazu bewegen, Entscheidungen zu treffen, die auch aus Managementsicht richtig sind. Positiv dabei ist auch, dass die Mitarbeiter an der Entscheidungsfindung beteiligt sind. Das steigert die Motivation und verbessert die Ergebnisse.

Der sokratische Dialog stellt die Basis der „systemischen Fragen" dar. Damit soll in erster Linie ein Denkanstoß bei dem Befragten erfolgen. Im Gegensatz zu üblichen Fragen geht es beim systemischen Fragen primär nicht um den Erkenntnisgewinn des Fragenden. Systemisches Fragen dient viel mehr dazu, den Gesprächspartner zum Nachdenken anzuregen, auf neue Möglichkeiten aufmerksam zu machen und die eingefahrenen Bahnen zu verlassen. Damit ist die Methode auch besonders geeignet, festgefahrene Diskussionen in Teams neu zu beleben und Denkblockaden aufzulösen. Einige Fragen funktionieren sogar besser in einer Gruppensituation.

Häufige systemische Fragen sind:

Zirkuläre Fragen

Diese Fragen dienen dazu, die aktuelle Situation mit einer geänderten Perspektive zu betrachten und dadurch neue Ideen und Ansätze zu entwickeln. Eine zirkuläre Frage könnte beispielsweise heißen: „Wie sieht die Sachlage nach Meinung von Kollege XY aus?" oder „Wie würde Ihr Vorgesetzter das sehen und beurteilen?". Besonders effektiv sind diese Fragen, wenn die Personen anwesend sind, deren Perspektive eingenommen werden soll. Dann kann nicht nur der Befragte seine Perspektive verlassen, die einbezogene Person erhält indirekt auch Feedback über ihre Wirkung auf andere.

Hypothetische Fragen

Diese Fragen stellen die Einladung zu Vorstellungen dar. Sie führen zwar nur selten direkt zur Lösung eines bestehenden Problems, können dafür aber ein Weg zu neuen Ansätzen und Richtungen sein. Klassische hypothetische Fragen lauten: „Was wäre, wenn das Problem plötzlich gelöst wäre?" oder „Wie würden Sie das Problem mit unlimitiertem Budget angehen?". Limitierende Faktoren in solchen Experimenten auszuschalten kann oft kreative Energien freisetzen.

Lösungsorientierte Fragen

Viel zu oft kreisen Fragen in Diskussionen um Probleme und Defizite eines Projekts oder einer Situation. Mit lösungsorientierten Fragen kann die Aufmerksamkeit auf mögliche Ergebnisse gelenkt und zusätzlich die Diskussion positiv gestaltet werden. Typische lösungsorientierte Fragen sind beispielsweise: „Wann lief oder läuft es gut?" oder „Was ist für einen unproblematischen Ablauf notwendig?". Mit solchen Fragen können auch bisher ungenutzte Ressourcen und Chancen identifiziert werden.

Skalierende Fragen

Dieser Frageansatz bewirkt zweierlei: Erstens wird die Kompliziertheit einer Situation vorübergehend reduziert, und zweitens werden Probleme in die angemessene Perspektive gesetzt. Was beispielsweise überwältigend wirkt, wird durch die richtigen Fragen relativiert und machbarer. Skalierende Fragen lauten beispielsweise: „Wie beurteilen Sie das aktuelle Problem auf der Schwierigkeitsskala von 1 bis 10?" oder „Wie ordnen Sie das Problem im Vergleich zu zurückliegenden Problemen ein?".

Paradoxe Fragen

Mit paradoxen Fragen können zum einen Ursachen und Hintergründe eines Problems bewusst gemacht werden. Sie können darüber hinaus sehr kreative

Lösungsansätze hervorbringen. Nicht alle so entstehenden Ideen sind umsetzbar, sie stellen jedoch meist brauchbare Ansätze dar. Paradoxe Fragen könnten sein: „Wie könnten wir das Projekt zum Scheitern bringen?" oder „Wie ließe sich das Problem noch ausweiten?". Eine Wirkung kann allerdings nur eintreten, wenn die Befragten sich ernsthaft auf die Fragen einlassen.

Welche Fragen in der jeweiligen Situation sinnvoll und effektiv sind, ist spontan zu entscheiden. Wichtig ist, dass man im Vorfeld alle Fragearten geübt hat und sich damit sicher fühlt. Die potenzielle Wirkung des systemischen Fragens ist enorm, die Nebenwirkungen können es jedoch auch sein. Der Einsatz bietet sich daher vor allem dann an, wenn die Gesprächspartner über eine ausgeprägte Diskussionskultur verfügen und bereit sind, sich aus bekannten Denkmustern zu lösen. Dann ist die Methode jedoch sehr gut, um kreative Ansätze und Lösungen zu entwickeln.

Interessierte Leser sollten sich mit dem Thema Fragetechnik und dem Einsatz von offenen und geschlossenen Fragen zur gezielten Gesprächsführung befassen. Das Thema ist maßgebend für das Führungsverhalten, kann aber im Rahmen dieser Publikation nur gestreift werden.

3.1.4 Marcus Aurelius Antonius – Meister der Reflexion

Marc Aurel (auch Mark Aurel oder Marcus Aurelius, * 26. April 121 in Rom, † 17. März 180 in Vindobona oder Sirmium) war von 161 bis 180 römischer Kaiser und als Philosoph der letzte bedeutende Vertreter der jüngeren Stoa. Als Princeps – also Erster unter Gleichen – und Nachfolger seines Adoptivvaters Antoninus Pius nannte er sich selbst Marcus Aurelius Antoninus Augustus. Mit dem Ende seiner Regierungszeit endete in vielerlei Hinsicht auch eine Phase innerer und äußerer Stabilität und Prosperität für das Römische Reich, die Ära der sogenannten Adoptivkaiser.

Das Adoptivkaisertum umfasst eine Periode der römischen Kaiserzeit, in der die Nachfolge der Herrschaft regelmäßig durch Adoption bestimmt wurde (98–180 n. Chr.). Nach der damals offiziell verbreiteten Auffassung ging es hierbei um die Auswahl des jeweils geeignetsten Kandidaten als Nachfolger. Marc Aurel war der letzte von ihnen, denn mit seinem Sohn Commodus stand ein leiblicher Erbe der Herrscherfunktion bereit.

Innenpolitische Akzente setzte Marc Aurel in Gesetzgebung und Rechtsprechung, indem er das Los der in der damaligen römischen Gesellschaft am meisten Diskriminierten, vor allem Sklaven und Frauen, erleichterte. Außergewöhnlichen Herausforderungen hatte er sich im Zusammenhang mit einer katastrophalen Tiberüberschwemmung zu stellen sowie in der

Konfrontation mit der antoninischen Pest und angesichts spontaner Christenverfolgungen innerhalb des Römischen Reiches. An den Grenzen musste er nach einer längeren Friedenszeit wieder an mehreren Fronten gegen eindringende Feinde vorgehen. Insbesondere waren der Osten des Reiches durch die Parther, über die Marc Aurels Mitkaiser Lucius Verus triumphierte, und der Donauraum durch diverse Germanenstämme bedroht. Sein letztes Lebensjahrzehnt verbrachte Marc Aurel daher vorwiegend im Feldlager. Hier verfasste er die *Selbstbetrachtungen* (Marc Aurel 1977), die ihn der Nachwelt als Philosophenkaiser präsentieren und die zur Weltliteratur gezählt werden.

Die stoischen Philosophen unter Marc Aurels Lehrern haben seine Neigungen nachhaltig unterstützt, die er bereits als Zwölfjähriger an den Tag gelegt haben soll. Er kleidete sich in den Mantel der Philosophen und nächtigte auf einer unbequemen Bretterunterlage. Hier hat offenbar eine Lebenshaltung ihren Anfang genommen, die in den auf Altgriechisch verfassten *Selbstbetrachtungen* der späten Jahre festgehalten wurde. Dabei dürften die Grundlagen der dort formulierten Überzeugungen bereits frühzeitig gegolten haben, denn sie fußten auf einer bald 500-jährigen und gleichwohl lebendigen Tradition stoischen Philosophierens. Qualifizierungsprozess und Herrschaftspraxis sind gerade darum in engem Zusammenhang mit seinen *Selbstbetrachtungen* zu sehen, weil die Einheit von Denken und Handeln sowie von Wort und Tat für seine Daseinsauffassung vorrangig war:

> Es kommt nicht darauf an, über die notwendigen Eigenschaften eines guten Mannes dich zu besprechen – vielmehr ein solcher zu sein (Aurel X-16, 1977).

Für das Führungsverhalten:

> Du kannst nicht im Schreiben und Lesen unterrichten, wenn du es nicht selber kannst; viel weniger lehren, wie man recht leben soll, wenn du es nicht selber tust (Aurel XI-29, 1977).

Ebenso deutlich akzentuiert hat Marc Aurel das Bewusstsein für Wahrheit und Wirklichkeit, das schon Hadrian an ihm geschätzt haben soll:

> Kann mir jemand überzeugend dartun, daß ich nicht richtig urteile oder verfahre, so will ich's mit Freuden anders machen. Suche ich ja nur die Wahrheit, sie, von der niemand je Schaden erlitten hat. Wohl aber erleidet derjenige Schaden, der auf seinem Irrtum und auf seiner Unwissenheit beharrt (Aurel VI-21, 1977).

> So oft du an der Unverschämtheit jemandes Anstoß nimmst, frage dich sogleich: Ist es auch möglich, daß es in der Welt keine unverschämten Leute gibt? Das ist nicht möglich. Verlange also nicht das Unmögliche (Aurel IX-42, 1977).

Der Stellenwert dieser Notizen für die Lebenspraxis Marc Aurels erschließt sich aus dem Entstehungszusammenhang der *Selbstbetrachtungen*. Es handelte sich um eine Form geistiger Übungen, die darauf zielten, eine mit den Grundsätzen der Stoa übereinstimmende Lebensführung im Bewusstsein wachzuhalten und zu aktualisieren sowie abweichende Emotionen zu kontrollieren. Seine Einstellung zu den Mitmenschen drückt sich wie folgt aus:

> Die Menschen sind füreinander da. Also belehre oder dulde sie (Aurel VIII-59, 1977).
> Willst du dir ein Vergnügen machen, so betrachte die Vorzüge deiner Zeitgenossen, so die Tatkraft des einen, die Bescheidenheit des andern, die Freigebigkeit eines Dritten und so an einem Vierten wieder eine andere Tugend. Denn nichts erfreut so sehr wie die Muster der Tugenden, die aus den Handlungen unserer Zeitgenossen uns in reicher Fülle in die Augen fallen. Darum habe sie auch stets vor Augen (Aurel VI-48, 1977).

Um viel Unangenehmes zu verarbeiten, Schicksalsschläge durchzustehen und mit der eigenen Unvollkommenheit auszukommen, auch dazu qualifizierten den Thronanwärter und späteren Kaiser seine Reflexionen im Geiste der Stoa in besonderem Maße:

> Rührt ein Übel von dir selbst her, warum tust du's? Kommt es von einem andern, wem machst du Vorwürfe? Etwa den Atomen oder den Göttern? Beides ist unsinnig. Hier ist niemand anzuklagen. Denn, kannst du, so bessere den Urheber; kannst du das aber nicht, so bessere wenigstens die Sache selbst; kannst du aber auch das nicht, wozu frommt dir das Anklagen? Denn ohne Zweck soll man nichts tun (Aurel VIII-17, 1977).
> Empfinde keinen Ekel, laß deinen Eifer und Mut nicht sinken, wenn es dir nicht vollständig gelingt, alles nach richtigen Grundsätzen auszuführen; fange vielmehr, wenn dir etwas mißlungen ist, von neuem an und sei zufrieden, wenn die Mehrzahl deiner Handlungen der Menschennatur gemäß ist, und behalte das lieb, worauf du zurückkommst (Aurel V-9, 1977).

Für die Vorbereitung von Führungskräften auf ihre Aufgaben ist Marc Aurel sicher ein Paradebeispiel. Eine bessere Vorbereitung auf politische Verantwortungsübernahme, als sie Marc Aurel durchlaufen hat, ist in Hinblick auf die römische Innenpolitik kaum vorstellbar. Bis zum Antritt der eigenen Herrschaft hatte er 23 Jahre lang (138–161) die umfassend genutzte Gelegenheit, sich auf die Anforderungen des Amtes einzustellen, sich in die Verwaltungsstrukturen des Römischen Reiches einzuarbeiten und alle wichtigen Bewerber und Inhaber einflussreicher Ämter kennenzulernen. Er erlangte dabei angeblich einen so sicheren Blick für die menschliche und aufgabenbezogene Eignung der Amtsträger und Postenkandidaten, dass Antoninus Pius sich schließlich in allen Stellenbesetzungsfragen auf das Urteil des Marc Aurel gestützt haben soll. Die von Hadrian aufeinander Verwiesenen harmonierten laut den Quellen auch von ihrem Naturell her. Die Charakterisierung des Antoninus, die Marc Aurel im Ersten Buch der *Selbstbetrachtungen* gibt, dürfte sowohl die Vorbildfunktion als auch die Wesensverwandtschaft zum Ausdruck bringen, die den Jüngeren mit seinem Adoptivvater verbunden hat:

> An meinem Vater bemerkte ich Sanftmut, verbunden mit einer strengen Unbeugsamkeit in seinen nach reiflicher Erwägung gewonnenen Urteilen. Er verachtete den eitlen Ruhm, den beanspruchte Ehrenbezeigungen verleihen, liebte die Arbeit und die Ausdauer, hörte bereitwilligst gemeinnützige Vorschläge anderer, behandelte stets jeden nach Verdienst, hatte das richtige Gefühl, wo Strenge oder Nachgiebigkeit angebracht ist, verzichtete auf unnatürliche Liebe und lebte nur dem Staatswohl. (…) Niemand konnte sagen, er sei ein Sophist, ein Einfältiger, ein Pedant, sondern jeder erkannte in ihm einen reifen und vollkommenen Mann, erhaben über Schmeicheleien, fähig, sowohl seine eigenen Angelegenheiten, als die der andern zu besorgen. Dazu ehrte er die wahren Philosophen und zeigte sich nichtsdestoweniger nachsichtig gegen diejenigen, die es nur zum Scheine waren. Im Umgang war er höchst angenehm, er scherzte gern, jedoch ohne Übertreibung (Aurel I-16, 1977).

Das über alle geschichtlichen Epochen hinweg fortwirkende Charisma Marc Aurels liegt nicht zuletzt begründet in dem mit ihm verbundenen Bild des „Philosophen auf dem Thron". Es war die als beispielhaft angesehene Verknüpfung von politischer Philosophie und Herrschaftspraxis. Die Belege für das politische Denken Marc Aurels und für seine Selbstdarstellung sind den *Selbstbetrachtungen* zu entnehmen. Manches davon erscheint zeitlos und ist auch heute noch aktuell. In welchem Maße die Aussagen des Kaisers als authentische Selbstzeugnisse seiner Regierungspraxis zu gelten haben, bleibt offen; die historische Quellenkritik stößt hier an ihre Grenzen. Von Bedeutung ist, dass das Ideal eines Philosophenherrschers zu allen Zeiten die Fantasie der Menschen bewegt hat und dass Marc Aurel für viele zur

Verkörperung dieses Leitbilds wurde. Sein politisches Denken spiegeln u. a. folgende Auszüge aus den *Selbstbetrachtungen:*

> Severus war mir ein Beispiel in der Liebe zu unseren Verwandten wie auch in der Wahrheits- und Gerechtigkeitsliebe (…), durch ihn bekam ich einen Begriff, was zu einem freien Staate gehört, wo vollkommene Rechtsgleichheit für alle ohne Unterschied herrscht und nichts höher geachtet wird als die Freiheit der Bürger (Aurel I-14, 1977).

Freiheit und Gerechtigkeit, vor allem im Sinne gleichen Rechts für alle, gehörten also zu den stets propagierten politischen Leitvorstellungen Marc Aurels. Gegen die Versuchungen absolutistischen Machtmissbrauchs, denen er in seiner Stellung unvermeidlich ausgesetzt war, schützten ihn, so seine Behauptung, sein philosophischer Reflexionshintergrund und Selbstermahnungen wie die folgende:

> Hüte dich, daß du nicht ein tyrannischer Kaiser wirst! Nimm einen solchen Anstrich nicht an, denn es geschieht so leicht. (…) Ringe danach, daß du der Mann bleibest, zu dem dich die Philosophie bilden wollte (Aurel VI-30, 1977).

Nur zu sehr war Marc Aurel sich der Grenzen seiner politischen Gestaltungsmöglichkeiten und der Hinfälligkeit utopischer Gesellschaftsmodelle bewusst:

> Hoffe auch nicht auf einen platonischen Staat, sondern sei zufrieden, wenn es auch nur ein klein wenig vorwärts geht, und halte auch einen solchen kleinen Fortschritt nicht für unbedeutend. Denn wer kann die Grundsätze der Leute ändern? Was ist aber ohne eine Änderung der Grundsätze anders zu erwarten als ein Knechtsdienst unter Seufzen, ein erheuchelter Gehorsam? (Aurel IX-29, 1977).

Dass Mentalitäten nicht ohne Weiteres formbar und disponibel sind und daher im politischen Handeln berücksichtigt werden müssen, war für Marc Aurel klar, weil er der senatorischen Freiheit gerade auch in der Meinungsäußerung Priorität einräumte. Damit folgte er im Grunde der bereits unter Augustus und anderen Kaisern formulierten Idee, dass die aristokratische *libertas* unter einem guten Princeps geachtet werden müsse. Gemeint war damit, wie gesagt, das Recht der freien Meinungsäußerung.

Worauf es ihm nach eigener Aussage ankam, war in hellenistischer philosophischer Tradition ein vernunftgeleiteter und gemeinwohlorientierter

Machtgebrauch, der mit den Grenzen der eigenen Kompetenz rechnete und dem größeren Sachverstand den Vortritt ließ bzw. die Problemlösung übertrug:

> Reicht mein Verstand zu diesem Geschäft hin oder nicht? Reicht er hin, so verwende ich ihn dazu als ein von der Allnatur mir verliehenes Werkzeug. Im entgegengesetzten Falle überlasse ich das Werk dem, der es besser ausrichten kann, wenn anders es nicht zu meinen Pflichten gehört, oder ich vollbringe es, so gut ich's vermag, und nehme dabei einen andern zu Hilfe, der, von meiner Geisteskraft unterstützt, vollbringen kann, was dem Gemeinwohl gerade jetzt dienlich und zuträglich ist (Aurel VII-5, 1977).

In der Rechtspflege lag für Marc Aurel, wie für die Principes vor ihm, der Kern der guten gesellschaftlichen Ordnung und der Bereich, für den er sich persönlich am meisten verantwortlich fühlte:

> Wenn du Scharfsinn besitzest, so zeige ihn in weisen Urteilen (Aurel VIII-38, 1977).

Marc Aurel hat seinem Dasein auch eine kosmopolitische Komponente zugeordnet und sogar bereits ein ökologisches Bewusstsein aufscheinen lassen:

> Meine Natur aber ist eine vernünftige und für das Gemeinwesen bestimmte; meine Stadt und mein Vaterland aber ist, insofern ich Antonin heiße, Rom, insofern ich ein Mensch bin, die Welt. Nur das also, was diesen Staaten frommt, ist für mich ein Gut (Aurel VI-44, 1977).

Von der Neuzeit bis in die Gegenwart haben sich bedeutende Persönlichkeiten als seine Anhänger bekannt, darunter politisch Verantwortliche wie der aufgeklärte preußische Monarch Friedrich II. oder der deutsche Altbundeskanzler Helmut Schmidt, aber auch russische Literaten wie Anton Tschechow oder der Literaturnobelpreisträger Joseph Brodsky.

3.1.5 Zwischenfazit

Nachhaltiger Unternehmenserfolg ist nach meinen Erkenntnissen immer das Resultat von herausragenden Strategien und ungewöhnlichen Überzeugungen. Dabei gibt es eine bedeutsame Erkenntnis: Wissen kann man erwerben, Fertigkeiten kann man trainieren, Charakter aber muss man haben oder über einen langen Zeitraum entwickeln.

> Es ist die Philosophie, also die Kultur des Denkens, die eine Führungskraft oder Organisation entwickelt hat, die den entscheidenden Unterschied ausmacht.

Für interessierte Leser zum Thema Philosophien für Manager verweise ich auf die Handelsblatt Management Bibliothek und das dort erschienene Werk *Die wichtigsten Philosophien für Manager* (Campus 2005). Es reicht von Sokrates, Platon, Aristoteles, Heraklit, Konfuzius, über Montesquieu, Rousseau, Kant, Hegel, Arendt, Derrida und andere bis hin zu den noch Lehrenden der Neuzeit wie Jürgen Habermas und Peter Sloterdijk.

Das Büchlein *Selbstbetrachtungen* von Marc Aurel habe ich von einem meiner Lehrmeister im Jahr 1977 bekommen. Seit fast 40 Jahren liegt es auf meinem Nachttisch. Es hat mir in all diesen Jahren Orientierung gegeben und mich auf meinem Weg gehalten. Ich kann es als Philosophiehandbuch für Führungskräfte nur wärmstens empfehlen.

3.2 Neues aus dem Römischen Reich

Römisches Reich (lat. Imperium Romanum) bezeichnet das von den Römern, der Stadt Rom bzw. dem römischen Staat beherrschte Gebiet zwischen dem 8. Jahrhundert v. Chr. und dem 7. Jahrhundert n. Chr.

Im 3. Jahrhundert v. Chr. begannen die Römer ihre Macht über das italienische Festland hinaus auszuweiten, die ersten Provinzen waren Sizilien und Sardinien. Zum Zeitpunkt seiner größten Ausdehnung unter Kaiser Trajan erstreckte sich das Römische Reich über Territorien auf drei Kontinenten rund um das Mittelmeer: von Gallien und großen Teilen Britanniens bis zu den Gebieten rund um das Schwarze Meer (siehe auch bosporanisches Reich). Damit beherrschte Rom den gesamten Mittelmeerraum. Das Reich blieb bis in die Spätantike in Provinzen unterteilt. Das eigentliche Rückgrat der Verwaltung bildeten allerdings die Städte des Imperiums, die als halbautonome Bürgergemeinden organisiert und insbesondere für die Steuererhebung zuständig waren. Diese Delegation von Aufgaben ermöglichte es den Römern, mit einer sehr kleinen zentralen Administration operieren zu können.

In den ersten 700 Jahren seiner Geschichte hat sich Rom als ein straffes Staatswesen mit schlagkräftiger Armee und starkem Drang zur Ausdehnung entwickelt. Damit waren die Grundlagen für seinen weiteren Aufstieg geschaffen. Das Rechts- und Staatswesen Europas, insbesondere das Zivilrecht, ist maßgeblich vom römischen Recht geprägt. Das Rechtswesen im antiken Rom beinhaltete elementare zivil- und strafrechtliche

Verfahrensvorschriften in der Rechtsordnung, die vom Grundsatz her in die modernen Rechtsnormen eingeflossen sind.

Für mich ist es immer wieder interessant zu erkennen, dass nachhaltig erfolgreiche Unternehmen meist eine Organisationsform ähnlich einer Armee praktizieren. Daran hat sich seit den Erkenntnissen im Römischen Reich nicht viel geändert. Schon damals hat man erkannt, dass eine Führungskraft maximal zehn andere Menschen führen kann.

Ein Decurio („Zehnschaftsführer", von lat. decem = zehn) war in der römischen Frühzeit der Führer einer Gruppe von zehn Legionären (Decurie) in der römischen Armee. Später war die kleinste Einheit einer Legion die Zeltgemeinschaft Contubernium von acht Mann, in der es keinen leitenden Dienstgrad mehr gab. Ursprünglich kannte auch die römische Reiterei eine Untergliederung jeder Turma in drei Decurien mit jeweils einem Decurio. Centurio oder auch Zenturio („Hundertschaftsführer", von lat. centum = hundert), in altgriechischen Quellen auch als Hekatontarch genannt, war die Bezeichnung für einen Offizier des Römischen Reiches, der normalerweise eine Centuria („Hundertschaft") der römischen Legion oder eine vergleichbare Einheit der Auxiliartruppen (Hilfstruppen) befehligte. Es gab jedoch vielfältige Abstufungen innerhalb des Ranges. Der Name deutet zwar auf „hundert" hin, jedoch bestand eine reguläre Centuria schon in der frühen Republik nur aus etwa 80 Legionären.

Ich erlebe immer wieder Führungskulturen, in denen eine Führungskraft glaubt, viel mehr Personen führen zu können. Spitzenerlebnis war ein Team von 30 Führungskräften, die von einer überstellten Person (vermeintlich) geführt wurden. Intensive Führung bedeutet allenfalls die Lenkung und den Austausch mit idealerweise acht, maximal zehn Menschen. Eine Lenkung von mehr Menschen ist kaum sinnvoll möglich, wenn man davon ausgeht, dass neben regelmäßigen Führungsgesprächen auch noch andere Aufgaben durch die Führungskraft wahrzunehmen sind.

Dies ist auch die Grundlage der funktionsfähigen Gestaltung von leistungsfähigen Teams. Ein Zug im militärischen Bereich (ODA oder A-Team) ist die kleinste taktische Einheit der Special Forces (US-Armee). Dies entspricht der Zugebene bei konventionellen Armee-Einheiten. Sie besteht nominell aus zwölf Mann, dabei sind jeweils zwei Spezialisten pro militärischer Kernkompetenz vertreten. Die Führung besteht aus dem Kommandanten (Captain) und seinem Stellvertreter (Warrant Officer). Das A-Team kann sich bei Bedarf in zwei Untergruppen teilen.

An dem vorgenannten Beispiel kann man gut die Zusammensetzung, die Vertretung und den hohen Spezialisierungsgrad der Teammitglieder erkennen. Wer glaubt, mit größeren Teams nennenswerte Erfolge in kurzer Zeit zu erzielen, hat funktionierende Führungsstrukturen noch nicht verinnerlicht.

Daraus folgt, dass leistungsfähige Teams aus zehn bis zwölf Mitarbeitern bestehen und die Führungskraft einen geeigneten Stellvertreter (oder zwei) entwickeln muss.

Erfolgreiche Unternehmen von heute beherzigen offenbar einige weitere zentrale Erkenntnisse der Römer. So bilden sie ihre Führungskräfte in einem langjährigen Ausbildungs- und Entwicklungsprozess zumeist intern heran. Potenzielle Führungskräfte haben eine Vielzahl unterschiedlicher Funktionen zu durchlaufen, bevor sie in eine Führungsposition kommen.

Künftige Führungskräfte werden in den erfolgreichen Unternehmen alle drei bis fünf Jahre an eine andere Stelle (Delegationsprinzip) versetzt. Wer zweimal ablehnt, dessen Karriere ist meist beendet. Die Entscheidung wird von der Personalabteilung getroffen, wobei die Führungskraft kaum Mitspracherecht hat.

Dadurch kennen und leben sie die Unternehmenskultur. Diese Unternehmen setzen auch viel daran, die Abwanderung eigener Führungskräfte zu anderen Unternehmen mit fast allen Mitteln zu verhindern.

Im Rahmen der Führungskräfteentwicklung wird in den vorgenannten Unternehmen großer Wert auf das Führungsverhalten gelegt.

> Wer Führungskraft sein oder werden will, muss zu seinem Fachwissen auch sein Führungsverhalten entwickeln.

Dies ist nur möglich, wenn man als Nachwuchsführungskraft viel Geduld hat. Bis ein Absolvent nach einer universitären Ausbildung in eine erste Führungsposition kommt, dauert es mindestens drei bis fünf Jahre. Die weitere Entwicklung erfolgt in keinem Fall in einem „Schnellwaschgang". Akademiker, die zehn Jahre im Unternehmen sind, gelten häufig noch als Nachwuchsführungskraft.

Dies entspricht nicht den Vorstellungen der heutigen Absolventen unserer Universitäten. Sie wollen schnell Karriere machen und erwarten die erste Führungsposition sofort. Das Führungsverhalten ist bei diesen Kräften allerdings noch völlig unentwickelt.

Die Ausbildung der Mitarbeiter muss folglich im Mittelpunkt eines strukturierten Anstellungs- und Beförderungssystems stehen. Ein Weiterkommen ist an permanente Weiterentwicklung zu koppeln.

Die Ausbildung und Entwicklung von Führungskräften, in der Regel Hochschulabsolventen, dauert dabei länger und ist intensiver als bei den Angestellten mit Lehre. Sie müssen sich auch mit Ethik, Philosophie und Kommunikation intensiv beschäftigen. Die Entwicklung von Führungskräften unterliegt in erfolgreichen Unternehmen einer intensiven Beobachtung und Gestaltung.

Der Tüchtige freut sich über Kritik, doch gerade die größten Stümper lassen sich nicht korrigieren (Seneca der Jüngere).

Der Schlüssel zum nachhaltigen Unternehmenserfolg liegt in einem strategisch agierenden und professionellen Personalmanagement. In den kommenden Jahren werden administrative Aufgaben wie Gehaltsabrechnung und Zeitwirtschaft aus dem HR-Management ausgelagert werden, sofern dies nicht bereits erfolgt ist. Dies macht den Weg frei für den Beitrag, der durch modernes HR-Management zum Unternehmenserfolg und zur Wertschöpfung geleistet werden muss.

Die neue Rolle des Personalmanagements wird das strategische HR-Management sein. Im Rahmen einer „Organisation of Talents" wird es auf folgende Faktoren ankommen:

- Leistungsverbesserung (insbesondere im Führungsverhalten)
- Geringe Fluktuation
- Sicherung der Leadership-Pipeline
- Professionelle HR-Services wie Coaching, Konfliktmanagement, Assessments
- langfristige Leadership-Entwicklung (nicht nur Kurse oder Trainings)

Ein besonderer Schwerpunkt in der strategischen Personalentwicklung hat dabei auf Ethik, Talent, Vision und Führung zu liegen.

3.3 Prometheus

Prometheus (griech. „der Vorausdenkende") ist in der griechischen Mythologie der Freund und Kulturstifter der Menschheit. Prometheus wollte die Menschen auf der Erde erwecken. Also ging er auf die Erde und formte sie aus Ton. Da sie noch leblos waren, gab er ihnen von verschiedenen Tieren je eine Eigenschaft (z. B. vom Hund die Klugheit, vom Pferd den Fleiß, vom Eber die Wildheit etc.), und Athene, unter den Göttern seine Freundin, gab ihnen den Verstand und die Vernunft. Von da an lebten die Menschen, und Prometheus war ihr Lehrmeister, so übermittelt es die Sage.

Die Götter wurden auf die Menschen aufmerksam und verlangten von ihnen Opfer und Anbetung. Da verfiel Prometheus auf eine List: Er schlachtete im Namen der Menschen einen Stier und machte daraus zwei Haufen, einen größeren aus den Knochen und einen kleineren aus dem Fleisch. Dann umhüllte er beide mit Stierhaut, um den Inhalt zu verbergen.

Schließlich forderte er Zeus auf, einen der Haufen zu wählen. Dieser wählte den größeren, durchschaute aber den Betrug und wollte die Menschen und Prometheus dafür bestrafen.

Als erste Strafe versagte Zeus den Sterblichen das Feuer. Um das Feuer für die Menschen wiederzuerlangen, hob Prometheus einen langen Stängel des Riesenfenchels in den Himmel, um ihn am vorüberrollenden Funken sprühenden Sonnenwagen des Helios zu entzünden. Mit dieser lodernden Fackel eilte er zur Erde zurück und setzte einen Holzstoß in Flammen.

Als Zeus den Raub sah und erkannte, dass er den Menschen das Feuer nicht mehr nehmen konnte, sann er auf Rache: Er befahl seinem Sohn, dem Gott der Schmiedekunst Hephaistos, das Trugbild einer schönen Jungfrau zu gestalten. Hephaistos formte sie aus Lehm, Athene schmückte sie mit einem Gewand aus Blumen, Hermes verlieh ihr eine bezaubernde Sprache, Aphrodite schenkte ihr holdseligen Liebreiz. Man nannte sie Pandora, die Allbeschenkte. Zeus aber reichte ihr eine Büchse, in die jeder der Göttlichen eine Unheil bringende Gabe eingeschlossen hatte. Zeus stieg mit Pandora zur Erde hinab und überreichte sie als Geschenk Prometheus' Bruder Epimetheus, der sie entgegen einer früheren Warnung Prometheus' auch annahm. Da hob Pandora den Deckel, und alle Laster und Untugenden schwebten hinaus, und nur die Hoffnung blieb in der Büchse zurück, als sie diese schnell wieder schloss. Seit dieser Stunde – so erzählt uns die Sage – rasen bei Tag und Nacht Krankheit, Leid und plötzlicher Tod über den Erdkreis, und die Welt wurde ein trostloser Ort (Wiki: Prometheus).

Es wird Zeit, dass wir uns daranmachen, die Untugenden wo immer möglich wieder einzufangen. Es sind Hass, Geiz und vor allem die Gier und Verblendung, die wir wieder in der Büchse verschließen müssen.

Die gesellschaftlichen Verwerfungen sind weit gediehen.

> Dem Führungsverhalten – sogar und gerade von Topmanagern – fehlt oft jedes ethische Fundament.

Immer häufiger erleben wir, dass sich Spitzenkräfte aus Wirtschaft und Politik vor Gericht für ihre Verhaltensweisen rechtfertigen müssen. Dem Streben nach Gewinn und hohem Einkommen wird ohne Rücksicht auf Moral und Anstand nachgegangen. Dies ist ein weltweites Phänomen. Die neuesten Enthüllungen zu den „Panama Papers" sind hierfür eine traurige Bestätigung.

Vielleicht ist es die Erziehung zum selbstherrlichen Egoisten, die in den Familien, Schulen und in der Gesellschaft seit Langem erfolgt und die Werte und Integrität für Relikte des rückständigen letzten Jahrtausends hält. Der Kinderpsychiater Michael Winterhoff schlägt in seinem neuen Buch Alarm:

Eltern zögen Generationen von Narzissten und Egomanen heran (Winterhoff 2010). Weiter führt er aus, dass viele Eltern in eine Symbiose gerutscht seien. Das bedeute heute, das Kind sei ein Teil von ihnen, so wie ein Körperteil, wie ein Arm. Die Eltern in einer Symbiose halten Spannungen nicht aus, deshalb lesen sie ihren Kindern jeden Wunsch von den Augen ab. Diese Kinder haben keine Frustrationstoleranz, kein Unrechtsbewusstsein, keine Empathie oder sehen sich dauernd als Opfer. Und vor allem denken sie, alles würde sich um sie und das Stillen ihrer Bedürfnisse drehen. Und weiter führt er aus: Eltern wollen ihren Kindern vermeintlich Gutes tun, indem sie sich pausenlos um deren Bedürfnisse kümmern – das sind unbewusste Kompensationen. Das gilt für fast alle, die mit Kindern zu tun haben, auch für Lehrer und Großeltern: Sie wollen von den Kindern unbedingt geliebt werden. Das führt zu einer Machtumkehr: Der Erwachsene ist bedürftig und braucht das Kind, um dieses Bedürfnis zu stillen.

An dieser Stelle sei auch nochmals auf die Ursachen hingewiesen, die in Abschn. 1.3.3.1 beschrieben sind.

3.4 Fazit

Wir müssen im kollektiven Denken der westlichen Organisationen – also in den Unternehmenskulturen – mit Veränderungen ansetzen. Nachhaltiger Unternehmenserfolg kann als Maßstab nicht mehr am kurzfristigen Shareholder Value und möglichst hohen Quartalsergebnissen orientiert werden. Dazu braucht es die Orientierung an langfristigem Erfolg, wie sie die Firmen 3M, BASF, Toyota und andere zeigen.

Im Mittelpunkt des Geschehens steht die Führungskraft. Die Integrität der Führungsperson wird durch die Vorstellungen und Erfahrungen der Person geprägt. Sie muss verantwortlich handeln und bereit sein, für die Folgen geradezustehen. Gleichzeitig soll eine Führungskraft motivieren und Vorbild für Mitarbeiter, Kollegen und Vorgesetzte sein.

Die entscheidende Voraussetzung ist dafür eine ethisch fundierte Unternehmenskultur. Dabei gilt, dass keine Personalabteilung eine Führungskräfteauswahl nach ethischen Gesichtspunkten treffen kann, wenn sie selbst das Vermögen dazu nicht mitbringt.

Ein Problem sind auch Führungscliquen (Seilschaften), die den Blick für die Unternehmensrealität verlieren. Es gibt viele Firmen, die eine sehr politische Kultur haben, in der es um Rang und Geltung geht. Die Manager verhalten sich wie Politiker. In dieser Kultur gedeihen die informellen Netzwerke der Macht, und man agiert schnell mal an den Unternehmenszielen vorbei. Das ist auch für den Vorstand oder die Geschäftsführung beim flüchtigen Hinschauen nicht unbedingt ersichtlich. Mitunter wollen sie es auch nicht sehen. Es heißt dann: „Der führt seinen Bereich doch erfolgreich, jetzt kann ich ihn doch wegen so einer Kleinigkeit nicht anzählen." Es handelt sich dabei also auch um ein Führungsproblem.

Der CxO, der Software oder Zinsen manipulieren lässt, braucht dazu gleich gesinnte Mitarbeiter, die dies umsetzen: Vorstände und Betriebsräte, die private Spesenausgaben auf Firmenkosten abrechnen, und alle anderen Mitwisser, die das akzeptieren. Betrugs- und Korruptionsfälle und Selbstbereicherung haben sich in den letzten Jahren weltweit in der Wirtschaft und in der Politik gehäuft. Überall wird versucht, sich etwas aus dem System herauszunehmen. Der Werbespruch „Geiz ist geil" hat offensichtlich die Habgier der Menschen beflügelt.

> Wir stehen selbst enttäuscht und sehn betroffen, den Vorhang zu und alle Fragen offen (Bertolt Brecht).

4

Wissenschaftliche Grundlagen

4.1 Ich-Entwicklung von Führungskräften

In diesem Kapitel werden die wissenschaftlichen Grundlagen beschrieben, die für die Entwicklung von Führungspersönlichkeiten von Bedeutung sind. Einleitend geht es um 40 Jahre Forschung und Konsequenzen für die Ich-Entwicklung. Anschließend werden transformative Lernprozesse von Erwachsenen erörtert. Ein weiterer Schwerpunkt sind psychologische und neurowissenschaftliche Ansätze, insbesondere die Selbstbestimmungstheorie. Des Weiteren wird das Wissensmanagement für Führungskräfte analysiert und in den Zusammenhang mit philosophischem Dialog und Coaching gesetzt. Schließlich wird die Methodik transformationaler Führung als valider Expertisenansatz dargestellt.

Der Begriff der Ich-Entwicklung wurde von der Entwicklungspsychologin Jane Loevinger 1966 geprägt (Loevinger 1966). Bei ihren Studien und den dabei erhobenen Daten entdeckte sie spezifische familiäre Interaktionsmuster und strukturelle Verhaltensmerkmale. Daraus entwickelte sie im Zeitraum von über 40 Jahren ein System, das sich mit der Messung und der Erforschung von „Personality Traits" der Menschen befasste.

Demnach ist die Ich-Entwicklung das typische Muster, wie eine Person sich selbst und die Welt wahrnimmt und interpretiert. Dieses Muster (Ich-Struktur) unterliegt im Zuge der persönlichen Entwicklung mehrfachen Transformationen, die zu einer Veränderung des Bewusstseins führen. Es handelt sich dabei nicht um eine psychische Instanz (wie z. B. in der

Psychoanalyse), sondern stellt den Prozess dar, der die Gedanken und Erfahrungen eines Menschen ausmacht.

Dem Ich-Entwicklungsmodell liegt ein konstruktivistisches Entwicklungsverständnis zugrunde, das auf dem Ansatz des Entwicklungspsychologen Jean Piaget gründet. Dieser Ansatz geht davon aus, dass ein Mensch Denkstrukturen aufbaut, mit denen er sich ein Verständnis der (seiner) Welt erarbeitet. Von Entwicklung wird dann gesprochen, wenn diese Strukturen differenzierter und integrierter werden und damit ein immer stimmigeres Abbild der Wirklichkeit möglich wird. Im Zuge dieser Veränderung erfolgen qualitative Sprünge, bei denen es jeweils zu einer neuen internen Struktur kommt, die sich als Entwicklungsstufen beschreiben lassen. Geschieht dies, spricht man von einer Transformation, denn eine neue und umfassendere Art und Weise, sich selbst und die Welt zu betrachten, ist entstanden.

> Als ich vierzehn war, war mein Vater so unwissend. Ich konnte den alten Mann kaum in meiner Nähe ertragen. Aber mit einundzwanzig war ich verblüfft, wieviel er in sieben Jahren dazu gelernt hatte (Mark Twain).

4.1.1 Stufen der Ich-Entwicklung

Das Besondere am Ich-Entwicklungsmodell von Loevinger ist, dass es zugleich eine Persönlichkeitstypologie und eine Entwicklungssequenz darstellt:

- Als Persönlichkeitstypologie beschreibt es typische Funktionsweisen bzw. Muster von Persönlichkeit und wodurch sich diese auszeichnen (z. B. Gemeinschaftsorientierung, Eigenbestimmtheit).
- Als Entwicklungssequenz ordnet es diese Persönlichkeitstypen zu einer aufeinander aufbauenden Reihenfolge, die Menschen – wenn sich ihre Persönlichkeit entwickelt – durchlaufen.

Die qualitativen Schritte in der Ich-Entwicklung werden als Stufen bezeichnet. Im Modell der Ich-Entwicklung von Loevinger werden insgesamt neun Stufen unterschieden (von der Geburt bis in das Erwachsenenalter).

Ab der impulsiven Stufe (E2) können diese mittels eines Satzergänzungstests zuverlässig gemessen werden. Nachfolgend werden die einzelnen Stufen kurz durch zentrale Merkmale beschrieben. Die letzten beiden Stufen werden sehr selten erreicht. Sie sind erst in den letzten Jahren Gegenstand empirischer Forschung geworden.

4.1.1.1 Frühe Stufen der Ich-Entwicklung

Wenn ein Mensch auf die Welt kommt, hat er im eigentlichen Sinne noch kein eigenes Ich. Loevinger bezeichnet diesen Zustand als präsozial-symbiotische Stufe (E1), erläutert diesen jedoch nicht näher, da diese Stufe nicht im Geltungsbereich ihres Ich-Entwicklungsmodells liegt. Hier kennt ein Säugling noch nicht den Unterschied zwischen sich und der Umwelt und auch nicht zwischen belebten und unbelebten Elementen. Ein Kind kann beispielsweise nicht zwischen der Ursache des Unbehagens durch kaltes Wasser und durch Hunger unterscheiden. Erst später lernt der Säugling, sich selbst als getrennt von der Umwelt wahrzunehmen, und entdeckt, dass es eine stabile Welt von Dingen gibt (Objektpermanenz). Und er lernt, die Mutter von der Umgebung zu unterscheiden, wobei er noch eine symbiotische Beziehung zur Mutter hat. Erst am Ende dieser Stufe kann man von einem eigenen Ich sprechen, wobei der Spracherwerb offensichtlich eine starke Rolle spielt. Im Gegensatz zur Konzeption von Loevinger wird in der psychoanalytischen Literatur meist nur diese kurze Phase als Ich-Entwicklung bezeichnet.

Zusammenfassung der Merkmale der E1 – Präsozial-symbiotische Stufe:

- Keine Unterscheidung von Quellen des Unwohlseins
- Unterscheidung der Mutter von der Umgebung (noch mit symbiotischer Beziehung)
- Entdeckung der Welt von Objekten (Objektpermanenz)
- Erkennen von belebten und unbelebten Objekten
- Nimmt sich als getrennt von der Umwelt wahr
- Ich-Entwicklung am Ende der Stufe E1 (abhängig vom Spracherwerb)

Darauf folgt die impulsive Stufe (E2) der Ich-Entwicklung. Hier grenzt sich das Kind zunehmend von der zentralen Bezugsperson ab und übt seinen eigenen Willen aus. Physische Bedürfnisse und eigene Impulse werden uneingeschränkt ausgedrückt. Es bleibt dabei in hohem Maße abhängig von anderen und ihnen gegenüber fordernd. Regeln werden noch nicht verstanden. Andere Menschen werden danach beurteilt, wie sie den eigenen Wünschen dienen. Bestraft zu werden gilt als schlechtes Verhalten des anderen. Daher wird die Einschätzung „gut" oder „schlecht" eher damit verwechselt, wie nett oder nicht nett das Gegenüber zu einem selbst ist. Emotionen sind noch undifferenziert und eher körperlicher Natur. Die Zeitorientierung ist noch ausschließlich auf die Gegenwart bezogen.

Zusammenfassung der Merkmale E2 – Impulsive Stufe:

- Abgrenzung von Bezugspersonen
- Eigene Willensausübung
- Ungehindertes Zeigen von psychischen Bedürfnissen und eigenen Impulsen
- Fehlendes Verständnis für Regeln
- Andere verhalten sich schlecht, wenn sie strafen
- Andere Menschen werden danach eingeordnet, wie sie eigenen Wünschen dienen
- Emotionen sind undifferenziert und eher körperlicher Natur
- Zeitorientierung ausschließlich auf Hier und Jetzt bezogen

Indem ein Mensch lernt, wie Belohnung und Bestrafung funktionieren, erkennt er, dass es Regeln gibt. Die selbst orientierte Stufe (E3) ist somit ein weiterer Schritt in der Entwicklung, der eine erste Form von Selbstkontrolle beinhaltet. Regeln werden jetzt befolgt (oder gebrochen), weil sie eigenen Vorteilen dienen. Insofern steht die Maximierung des eigenen Nutzens im Vordergrund. Auch zwischenmenschliche Beziehungen werden vorwiegend an den eigenen Vorteilen gemessen, wobei die in der vorherigen Stufe vorhandene Abhängigkeit schwindet und Dinge lieber selbst gemacht werden. Ein längerer Zeithorizont fehlt, und der Wunsch nach unmittelbarer Bedürfniserfüllung bleibt vorhanden, im Zweifelsfall auf Kosten anderer. Es herrscht eine sich selbst schützende Orientierung vor, bei der Ursachen und Schuld außerhalb des eigenen Selbst verortet werden. Projektionen sind an der Tagesordnung (z. B. „Der Lehrer mag mich nicht…"). Selbstkritik ist noch kaum vorhanden oder bezieht sich auf Aspekte, für die man sich nicht verantwortlich fühlt.

Zusammenfassung der Merkmale E3 – Selbst orientierte Stufe:

- Eigener Vorteil im Vordergrund (Regeln werden befolgt oder gebrochen)
- Andere Menschen sind Mittel zu eigener Bedürfnisbefriedigung
- Eher kurzer Zeithorizont
- Konkrete Dinge im Fokus (weniger Abstraktion)
- Feedback wird meist zurückgewiesen (Kritikunfähigkeit)
- Stereotypes Handeln
- Auge-um-Auge-Mentalität
- Externale Schuldzuweisungen (Projektionen)

Die vorstehenden Stufen werden auch als „vorkonventionelle Stufen" bezeichnet.

4.1.1.2 Mittlere Stufen der Ich-Entwicklung

Ein weiterer qualitativer Schritt erfolgt mit der gemeinschaftsorientierten Stufe (E4), auf der das eigene Wohlergehen mit dem einer Gemeinschaft oder einer anderen Autorität (z. B. Familie, Peergroup, Arbeitsgruppe, Lehrer, Vorgesetzter) verbunden wird. Man assoziiert sich jetzt mit diesen und akzeptiert – weitgehend ohne infrage zu stellen – deren Werte, Meinungen und Weltbilder. Regeln werden eingehalten, weil sie in der Gruppe so gelten. Anerkennung durch die jeweilige gewählte Bezugsgruppe ist wichtig, daher ordnet man sich den dort geltenden Regeln unter und versucht, ein akzeptiertes Mitglied zu sein. Damit ist verbunden, dass man die Welt in einfache Kategorien einteilt und klare Vorstellungen und Regeln hat, wie etwas zu sein hat oder wie mit etwas zu verfahren ist. Man sieht sich selbst und andere Personen eher so, wie man sein sollte, und nicht, wie man vielleicht ist. Das Bewusstsein ist dabei auf Äußerliches ausgerichtet (z. B. Kleidung, Aussehen, guter Ruf), und es gibt noch kein ausdifferenziertes Innenleben.

Zusammenfassung der Merkmale E4 – Gemeinschaftsbestimmte Stufe:

- Denken und Handeln an Normen der relevanten Bezugsgruppe ausgerichtet
- Eigene Identität, Zugehörigkeit und Unterordnung durch diese Gruppe geprägt
- Das Gesicht zu wahren ist wichtig
- Starke Schuldgefühle, wenn Erwartungen anderer verletzt werden
- Konflikte werden vermieden, Kontakte sind oberflächlich
- Entweder-oder-Kategorien bestimmen das Denken und Handeln

Mit der Ausprägung einer eigenen Identität, die unabhängig von anderen wird, beginnt der nächste Schritt zur rationalistischen Stufe (E5), die eigentlich eine Übergangsstufe ist. Personen auf dieser Stufe haben erkannt, dass Menschen vielschichtiger sind und häufig nicht mit den sie betreffenden Stereotypen übereinstimmen. Dadurch erweitert sich auch die Fähigkeit, das eigene Innenleben zu reflektieren. Aber auch Beziehungen zu anderen werden jetzt nicht mehr nur in Form von gemeinsamen Aktivitäten oder dem Teilen gemeinsamer Bezugsgruppen verstanden, sondern auch danach, was dies für einen selbst bedeutet und welche Gefühle damit verbunden sind.

In diesem Zusammenhang werden auch früher als fest und unverrückbar geltende Regeln eingegrenzt. So werden jetzt beispielsweise unterschiedliche Bedingungen für verschiedene Situationen oder Gruppen geltend gemacht. Insgesamt geht damit eine höhere kognitive Flexibilität einher. Meinungen, Dinge und Situationen werden jetzt zunehmend hinterfragt. Man beginnt Gründe für Verhalten zu suchen, selbst wenn sich diese noch häufig auf einfache Aspekte beziehen (z. B. „...weil ihm etwas widerstrebt"). Selbstkritik ist in Ansätzen erkennbar, geht aber in sozialen Situationen meist mit einem Gefühl der Gehemmtheit oder Verklemmtheit einher. Bestimmend ist der Aspekt, sich nun von anderen zu unterscheiden, wobei man sich häufig noch an einzelnen (zuweilen einseitigen) Standards orientiert.

Zusammenfassung der Merkmale E5 – Rationalistische Stufe:

- Orientierung an klaren Standards
- Rationales Denken, kausale Erklärungen
- Motivation, sich von anderen abzuheben
- Feste Vorstellungen, wie Dinge laufen sollen
- Beginnende Selbstwahrnehmung, Selbstkritik
- Sehen verschiedener Perspektiven
- Suche nach Motiven für Verhalten
- Noch fachlich enges Denken
- Betonung von Effizienz und Effektivität

Ein einschneidender Wechsel in der Ich-Entwicklung ist der Übergang zur eigenbestimmten Stufe (E6). Mit dieser ist erstmals ein Ich entstanden, das unabhängig von anderen „konzipiert" ist. Es ist gekennzeichnet durch selbst evaluierte Standards und Werte, an denen die eigene Verantwortung festgemacht wird. Eine Entscheidung wird nicht getroffen, weil andere Menschen es so wollen, sondern weil man sie selbst als richtig sieht und fühlt. Ein Mensch auf dieser Stufe erkennt immer mehr (seine) Wahl- und Gestaltungsmöglichkeiten und betrachtet Regeln in Bezug auf ihre Angemessenheit. Es werden Motive und andere innere Handlungsgrundlagen bei der Betrachtung von Personen gewürdigt, was dazu führt, dass man sich selbst und andere differenzierter beschreiben kann. Eine Person auf dieser Stufe ist daher reflektierend und zur Selbstkritik fähig. Damit geht ein längerfristiger Zeithorizont, das Bestreben, weiterzukommen und ein breiterer Blick auf die Welt einher, bei dem das Ich nicht mehr ausschließlich im Zentrum stehen muss.

Zusammenfassung der Merkmale E6 – Eigenbestimmte Stufe:

- Entwickelte, selbst definierte (eigene) Werte, Vorstellungen und Ziele (ausgebildete Identität)
- Starke Zielorientierung und Selbstoptimierung
- Akzeptanz der Komplexität von Situationen
- Reiches Innenleben
- Achtung und Respekt vor individuellen Unterschieden
- Eigene Subjektivität ist noch prägend

Die mittleren Stufen der Ich-Entwicklung werden auch als „konventionelle Stufen" bezeichnet.

4.1.1.3 Späte Stufen der Ich-Entwicklung

Mit der nächsten Stufe der Entwicklung, der relativierenden Stufe (E7), kann ein Mensch individuelle Unterschiede jetzt in größerer Breite und Tiefe erkennen. Er gelangt sozusagen zu einem den Tatsachen entsprechenden Blick auf die Individualität eines Menschen. Zudem wird die eigene Subjektivität zunehmend gesehen und in Bewertungen einbezogen. Somit kann man auch Unterschiede leichter tolerieren als auf früheren Stufen. Menschen auf dieser Entwicklungsstufe relativieren mehr und berücksichtigen auch den jeweiligen Kontext. Innere und äußere Konflikte und Widersprüche werden eher zugelassen, allerdings noch häufig projiziert, also außerhalb von sich selbst gesucht. Situationen und Menschen werden jetzt situationsabhängig und damit weniger statisch wahrgenommen, sodass auch insgesamt mehr auf Entwicklungstendenzen geachtet wird. Es werden unterschiedliche Arten von Abhängigkeiten abgegrenzt und mehr Unterschiede zwischen dem benannt, wie etwas äußerlich erscheint und wie es möglicherweise tatsächlich ist.

Zusammenfassung der Merkmale E7 – Relativierende Stufe:

- Beginnendes Bewusstsein, wie die eigene Wahrnehmung die Sicht prägt
- Hinterfragen eigener Sichtweisen, relativierende Weltsicht
- Bewusstheit gegenüber inneren/äußeren Konflikten und Paradoxien (ohne diese integrieren zu können)
- Sehr individuelle/persönliche Art

Die relativierende Stufe ist im Wesentlichen noch eine Übergangsstufe zur systemischen Stufe (E8), in der sich viele der dort schon angelegten Aspekte erst im ganzen Umfang zeigen. Menschen auf dieser selten erreichten Entwicklungsstufe können die Unterschiedlichkeit anderer Menschen akzeptieren und schätzen deren Bedürfnis nach Selbstbestimmung. Dies steht im Gegensatz zur moralischen Empörung von Menschen auf früheren Stufen. Damit verschwindet auch das zuweilen exzessive Verantwortungsgefühl in mittleren Entwicklungsstufen (E4–E6). Fehler anderer können daher leichter aus einer wohlwollenden Distanz betrachtet werden, um Lernen zu ermöglichen, anstatt vorher einzugreifen. Dies gelingt vor allem, weil innere Konflikte und Widersprüche anerkannt und nicht mehr nach außen projiziert oder zurückgewiesen werden. Damit ist man nun in der Lage, widersprüchliche Ideen oder Konzepte zu vereinen, die vormals als gegensätzliche Alternativen erschienen sind. Trotz der bereits erworbenen inneren Unabhängigkeit herrscht ein tiefer Respekt vor gegenseitigen Abhängigkeiten und Vernetzungen. Dies geht einher mit einer breiteren Sicht auf die Welt und dem inneren Wunsch, sich weiterzuentwickeln.

Zusammenfassung der Merkmale E8 – Systemische Stufe:

- Ausgebildete Multiperspektivität
- Gleichzeitige Prozess- und Zielorientierung
- Systematisches Erfassen von Beziehungen (Zirkularität)
- Fähigkeit, sich widersprechende Aspekte und Meinungen zu integrieren
- Offene, kreative Auseinandersetzung mit Konflikten
- Hohe Toleranz für Mehrdeutigkeit
- Hoher Respekt vor Autonomie anderer Personen
- Aussöhnung mit eigenen negativen Anteilen

Die letzte von Loevinger herausgearbeitete Stufe ist die integrierte Stufe (E9), die allerdings, so betont sie selbstkritisch, auch am schwersten zu beschreiben ist. Menschen, die diese Stufe erlangt haben, sind ihrer Ansicht nach in vielem vergleichbar mit dem „selbstverwirklichenden Menschen", wie ihn Maslow in seinen Untersuchungen beschrieben hat. Loevinger hat diese Stufe nie weiter erforscht und sah eine Begrenzung darin, überhaupt eine ausreichende Fallzahl zu finden, um Gemeinsamkeiten und Charakteristika dieser Entwicklungsstufe hinreichend genau herausarbeiten zu können.

Dennoch gab es immer Interesse an dieser Stufe und Kritik an Loevingers Haltung. Andere nahmen dieses Thema auf und erforschten insbesondere die späten Entwicklungsstufen in Loevingers Modell. Die über viele

Jahre zusammengetragene umfangreiche Datenbasis führte schließlich zu einer Neuformulierung der späten Entwicklungsstufen. Hier sind vor allem Cook-Greuter und Binder zu erwähnen, die mit ihren Arbeiten zum Thema wesentliche und aktuelle Beiträge geliefert haben (Binder 2016).

Auf der integrierten Stufe (E9) realisiert ein Mensch für sich, dass das Ich zentraler Bezugspunkt ist (Ich = Repräsentation aller Lebenserfahrungen) und gleichzeitig alle inneren und äußeren Reize verarbeitet (Ich = Prozess). Die dadurch gegebene Egozentrik wird als Beschränkung des eigenen Erlebens und als Hindernis für weiteres Wachstum empfunden. Infolgedessen kehrt sich die Aufmerksamkeit immer mehr darauf, die Grenzen des stets wachsamen und alle Erfahrungen strukturierenden Ichs zu überwinden. Man versucht zunehmend, den eigenen automatisierten Denkmustern und Denkprozessen auf die Spur zu kommen. Menschen auf dieser Stufe spüren nun, dass es nahezu unmöglich ist, nicht zu denken und zu analysieren und dass Sprache an sich immer schon ein Vorsortieren und Abstrahieren von der zugrunde liegenden Realität ist. Ihnen wird gewahr, dass die weitere Verfeinerung von Beschreibungen sie immer weiter weg von der als zugrunde liegend gespürten Einheit führt. In Bezug auf sich selbst fühlen sie die Vergeblichkeit, sich selbst adäquat zu beschreiben. Sie sehen diesen Versuch zunehmend als Selbstbeschränkung an und stellen die Vorstellung, dass es einen solchen stabilen Kern der eigenen Persönlichkeit gibt, immer mehr infrage.

Zusammenfassung der Merkmale E9 – Integrierte Stufe:

- Frei von Bindung an ein explizites System (Werte, Einstellungen, Praktiken etc.)
- Erfahrungen werden laufend neu bewertet und in andere Zusammenhänge gebracht („reframing")
- Kann Paradoxien integrieren
- Bewusstheit gegenüber eigenem Aufmerksamkeitsfokus
- Gespür für Symbolik

Die fließende Stufe (E10) stellt bereits einen Übergang zur Ich-transzendenten Ebene dar und kann vielleicht am prägnantesten anhand ihrer zentralen Motivation des Seins beschrieben werden (Cook-Greuter 2000). Menschen auf der fließenden Stufe streben nicht mehr wie diejenigen auf der systemischen Entwicklungsstufe (E8) danach, sich maximal selbst weiterzuentwickeln, noch danach, „bewusst zu sein" wie auf der integrierten Entwicklungsstufe (E9), sondern vielmehr nur „zu sein". Sie erleben den Wunsch, frei zu sein von jeder selbsteinschränkenden Selbst-Definition, ebenso wie von exzessiven Kategorisierungen und Bewertungen anderer. Die Selbst-Identität auf dieser Stufe ist vielmehr fließend. Die Funktion des Ichs, sich durch Abgrenzung von anderen zu definieren und zu vergegenständlichen, wird durchschaut. Damit geht eine Erweiterung und neue Qualität des Ichs einher, denn man erlebt sich und andere nun als ein Teil der Menschheitsgeschichte, eingebettet in den Fluss der Ereignisse und nicht mehr getrennt von ihnen. „Gefühle der Zugehörigkeit und Gefühle des Getrenntseins und Einzigartigkeit werden ohne übermäßige Spannung empfunden". Menschen auf dieser Stufe scheinen offensichtlich fließend zwischen verschiedenen Perspektiven, Ebenen, Zeitfenstern oder zwischen Groß und Klein ihren Fokus verändern zu können. Ebenso akzeptieren sie alle Formen des Bewusstseins als gleichartige Erfahrungen. Sie empfinden weniger, Dinge kontrollieren zu müssen oder immer exaktere Beobachtungen anzustellen, sondern vielmehr „Zeuge" dessen zu sein, was gerade passiert. Ihr Ich, das zunehmend weniger eigene Grenzen kennt, scheint diesen Menschen eine Freiheit zu ermöglichen, andere wirklich so lassen zu können oder gar eine Einheit mit ihnen zu spüren, weil sie sich selbst in Einheit mit allem erleben. Diese Stufe liegt insofern am Ende eines langen Weges der Ich-Entwicklung, auf dem zunächst überhaupt ein „Ich" aufgebaut wird (bis Stufe E6), um es dann wieder zu verflüssigen oder zu dekonstruieren. Kaum jemand hat dies so treffend auf den Punkt gebracht wie Jack Engler (Engler 2014): „You have to be somebody before you can be nobody."

Zusammenfassung der Merkmale E10 – Fließende Stufe:

- Kein Streben nach weiterer Entwicklung
- Wunsch frei zu sein von Selbstdefinition und Kategorisierung sowie Bewertung anderer
- Die Funktionen des Ichs, sich durch Abgrenzung zu definieren, wird durchschaut
- Man erlebt sich und andere als ein Teil der Menschheitsgeschichte im Fluss der Ereignisse
- Keine Spannung mehr durch Gefühle der Zugehörigkeit und des Getrenntseins
- Fokus kann fließend zwischen Perspektiven, Ebenen, Zeitfenstern, Groß und Klein verändert werden
- Erlebt sich in Einheit mit allem, ist Zeuge dessen, was gerade passiert, Ich verflüssigt sich langsam

Loevinger selbst kommentierte 1996 das wachsende Interesse in Verbindung mit der Mahnung, die eigene Position auf der Entwicklungsebene richtig einzuschätzen:

> Es ist nachvollziehbar, dass gerade die niedrigsten und die höchsten Stufen besonderes Interesse auslösen, weil beide eine Art mystischer Aura umgibt. (…) Die höchsten Stufen sind zum Teil faszinierend, weil sie so viel davon beinhalten, was jeder von uns auch anstrebt oder glaubt, dass er oder sie es erreicht hat.

Einige Forscher (Cook-Greuter, Pfaffenberger, Wilber) äußerten ebenfalls Skepsis gegenüber der aktuellen Forschung zu postkonventionellen Stufen der Ich-Entwicklung. Denn bei all diesen Studien steht immer die Frage im Raum, in welchem Ausmaß die Forscher selbst eine Entwicklungsstufe erreicht haben, die ausreicht, um diese Art der Forschung wirklich in ihrem Kern verstehen und auch selbst betreiben zu können.

Die späten Stufen der Ich-Entwicklung werden auch als „postkonventionelle Stufen" bezeichnet.

4.1.1.4 Transformative Bereiche der Ich-Entwicklung

Die Vielzahl von Aspekten, die sich in der Reihenfolge der Ich-Entwicklung zeigen, kann man vier Bereichen zuordnen:

- Charakter (Umgang mit eigenen Impulsen und Maßstäben)
- Interpersoneller Stil (Art und Weise, mit anderen umzugehen)
- Bewusstseinsfokus (Bereiche, auf die sich die Aufmerksamkeit richtet)
- Kognitiver Stil (Art und Weise der Denkstrukturen)

In ihren Forschungen erkannte Loevinger, dass diese Bereiche nicht isoliert voreinander bestehen, sondern sich in einem gemeinsamen Ganzen organisieren. Die Entwicklung in jedem dieser Bereiche verhält sich wie folgt:
Der **Charakter** der frühen Stufen (vorkonventionell) ist durch eine starke Impulssteuerung geprägt und stark beeinflussbar durch Strafe (bei „falschem" Verhalten) und Lob (bei „richtigem" Verhalten). Er entwickelt sich in den konventionellen Stufen hin zu einer immer stärkeren Selbstregulation und der Suche nach eigenen Maßstäben für sich. In den späteren Stufen (postkonventionell) werden diese Maßstäbe wieder aufgelöst oder über alle Grenzen hinweg erweitert – also transzendiert.

Der **interpersonelle Stil** entwickelt sich von stark manipulativer zu einer immer mehr die Autonomie anderer berücksichtigenden Haltung, bei der auf eine für alle Seiten tragfähige interpersonelle Vereinbarung geachtet wird.

Der **Bewusstseinsfokus** ist bei frühen Stufen stärker auf externe Dinge und eigene Bedürfnisse gerichtet. In späteren Stufen wird dieser auch mehr auf interne Aspekte (Motive, Gefühle etc.) sowie Individualität und Entwicklung hin ausgerichtet.

Der **kognitive Stil** entwickelt sich vom sehr einfachen und undifferenzierten Denken zu immer größerer konzeptioneller Komplexität, Multiperspektivität und der Fähigkeit, mit Widersprüchen umzugehen.

Das Ich-Entwicklungsmodell beschreibt also eine qualitative Veränderung von einer zur nächsten Stufe im Sinne vertikaler Entwicklung. Das, was von einer Entwicklungsstufe zur nächsten passiert, bezeichnet Kegan (2002) als Transformation.

Beim Übergang von einer Stufe der Entwicklung zur folgenden verändert sich die Struktur, wie eine Person sich selbst, andere und die Welt insgesamt deutet. Kegan bezeichnet dies als Organisieren von Erfahrung, sodass jede Stufe ein System darstellt, mit dem ein Mensch Bedeutung für sich schafft. Kegan unterscheidet zwischen zwei verschiedenen Arten von Veränderung, die er als Information und Transformation bezeichnet. Abb. 4.1 verdeutlicht diesen Unterschied anhand des Bildes zweier Behälter und der Bedeutung der beiden Begriffe, wenn man diese in ihre Bestandteile zerlegt: In-Formation und Trans-Formation.

Nach Kegan ist Lernen vor allem In-Formation. Diese kann man sich so vorstellen, dass immer mehr Themen und Aspekte in eine bestehende Form

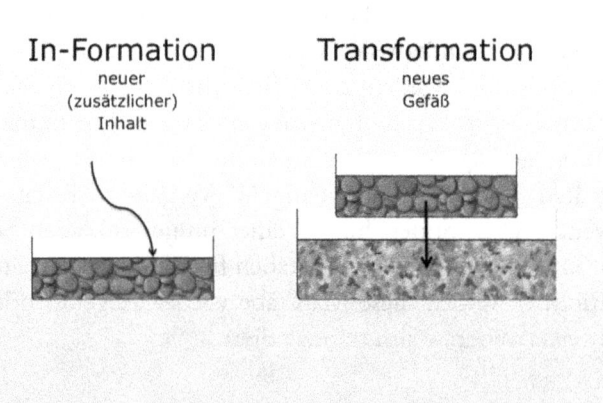

Abb. 4.1 In-Formation versus Transformation

„gefüllt" werden. Die Form bleibt dabei allerdings unverändert. Insofern ist Information das, was man als eine horizontale Entwicklung (bzw. Lernen) bezeichnet. Bei einer Trans-Formation findet dagegen eine qualitative Umstrukturierung statt, das heißt, die Form selbst (das, was jede Entwicklungsstufe ausmacht) wird transformiert. Der größere Behälter verdeutlicht diese neue Form, die entstanden ist und die nun in der Lage ist, die Bestandteile der früheren Form zu integrieren.

4.1.2 Verteilung in der Bevölkerung

Nach Untersuchungen erreicht die Mehrzahl der Erwachsenenbevölkerung in westlichen Gesellschaften maximal das Niveau, das der rationalistischen Stufe E5 entspricht. Ein Hinweis auf die Verteilung bei Erwachsenen findet sich bei Loevinger und Wessler (Loevinger et al. 1978), die verschiedene Teilstichproben mit einem breiten Altersspektrum verwendet haben. Darunter ist auch eine Teilstichprobe mit Frauen im Alter zwischen 21 und 50 Jahren und mindestens einem Collegeabschluss. Die prozentual umgerechnete Verteilung im Vergleich zur weiblichen Gesamtstichprobe zeigt Tab. 4.1.

4.1.3 Konsequenzen

Stellt man einen Zusammenhang zwischen der Persönlichkeit und dem Führungsverhalten her, ergeben sich daraus folgende Anforderungen an die Aus- und Weiterbildung von Führungskräften:

- Berücksichtigung des Entwicklungsniveaus
- Bewertung von Entwicklungspotenzial
- Ableitung von Entwicklungsmaßnahmen

Tab. 4.1 Verteilung der Ich-Entwicklungsstufen

Ich-Entwicklungsstufen								
Stichproben	E2 (%)	E3 (%)	E4 (%)	E5 (%)	E6 (%)	E7 (%)	E8 (%)	E9 (%)
Erwachsene (21–50 Jahre)	0	3,8	31,1	19,8	30,2	11,3	3,8	0
Gesamtstichprobe	4,6	7,3	32,8	32,8	24,6	5,4	1,8	0,7
Ebenen	vorkonventionell		konventionell			postkonventionell		

Verteilung im Vergleich erwachsener Frauen zur Gesamtstichprobe nach Loevinger/Wessler

Dabei erscheint mir Loevingers Modell gut geeignet für die Erklärung von Kompetenzunterschieden bei Führungskräften zu sein.

Führungskontexte, die für prozessorientierte Aufgaben wie Überwachung, Coaching von Teams, Organisationsentwicklung etc. typisch sind, weisen folgende Kennzeichen auf:

- Hohe Komplexität der Prozesse
- Vernetzung (interdisziplinär)
- Viele Einflussfaktoren
- Große Folgewirkung von Entscheidungen
- Stakeholder-Verantwortung

Daraus kann geschlossen werden, dass Führungskräfte umso effektiver führen, je umfassender und differenzierter sie sich selbst, ihre Rolle und die Umwelt wahrnehmen und je flexibler sie agieren. Personen (Führungskräfte) auf höheren, sogenannten postkonventionellen Entwicklungsstufen zeichnen sich beispielsweise dadurch aus, dass sie

- leichter Perspektiven wechseln können (Multiperspektivität),
- komplexe Situationen besser verstehen,
- Ziele und Prozesse gleichzeitig betrachten können,
- statt eines Entweder-oder eher ein Sowohl-als-auch konstruieren können,
- eher eine Metaperspektive einnehmen können.

Nachdem nur 7 bis maximal 17 % der Bevölkerung ein postkonventionelles Ich-Entwicklungsniveau erreichen, ist davon auszugehen, dass dieses Führungsverhalten für viele Führungskräfte in weiter Ferne liegt.

Da es einen offensichtlichen Zusammenhang zwischen Führungsverhalten und Ich-Entwicklung gibt, ist die Frage zu stellen, welches Ich-Entwicklungsniveau zu Beginn einer Führungsentwicklungsmaßnahme vorliegt. Daraus ergibt sich dann auch, für Weiterbildungen nicht die Fach- und Methodenkompetenz in den Vordergrund zu stellen, sondern gezielte Persönlichkeitsentwicklung im Sinne von Ich-Entwicklung zu fördern.

4.1.4 Zwischenfazit

Aus dem Kontext der Führungskräfteentwicklung gilt es zunächst festzustellen, über welches Eingangsniveau der Ich-Entwicklung ein Teilnehmer eines Führungsentwicklungsprogramms verfügt. Anschließend sollte bewertet werden, ob sich dieses Niveau in die Richtung höherer Stufen entwickeln lässt.

In den letzten Jahren sind entwicklungspsychologische Stufenmodelle, die sich auf Persönlichkeitsentwicklung beziehen, verstärkt in der Praxis wahrgenommen worden. Dies betrifft vor allem Coaching, Beratung und Führungskräfteentwicklung. Allerdings ist die Ich-Entwicklung als zentraler Aspekt einer Persönlichkeit im deutschsprachigen Beratungskontext noch nahezu unbekannt.

4.2 Lernprozesse Erwachsener

Die sich wandelnden Anforderungen an das Lernen der Menschen gehen auch mit neuen Lernarten und Lernstrategien einher. Dabei ist die Rede vom transformativen Lernen, womit ein Lernen „zweiter Ordnung" gemeint ist. Dabei spielen metakognitive Lernstrategien eine wesentliche Rolle.

Metakognitiv-strategische Prozesse beziehen sich auf das Erkennen und Verstehen der Lernaufgabe, die Entwicklung von Strategien, die Aktivierung der relevanten Wissensbasis, die Bereitstellung von Ressourcen sowie die Überwachung der Verfahrensweisen und die Bewertung der Aufgabenlösung. Hierzu dienen beispielsweise Fragen, die sich der Lernende selbst stellt, die Ableitung von Regeln und Methoden, die Abfrage von Vorkenntnissen, eine Fehlerdiagnose, handlungsbegleitende Prüfprozesse und Selbstverbalisierungen. Für die Qualität der Lernleistung sind die Überwachung des Lernens und die Bewertung der Lernergebnisse bzw. Aufgabenlösungen bedeutsam.

Über das bereichsspezifische Wissen hinaus ist das Wissen über das eigene kognitive System und prozedurales Wissen (Kenntnisse über Strategien und Vorgehensweisen) von Belang. Diese Wissensanteile entscheiden darüber, welche Lernwege eingeschlagen und welche Vorgehensweisen bei Lernschwierigkeiten ergriffen werden.

Beispiele dafür können meinem Buch zum Thema Selbstcoaching entnommen werden (Finckler 2016).

4.2.1 Neurowissenschaften

Unsere Vorstellungen von der Funktion unseres Gehirns und des Lernens sind stark davon geprägt, dass wir es als eine Art Computer ansehen. Dieser Vergleich ist von Grund auf falsch, da unser Gehirn viel mehr leistet als jeder Computer. Zu den wesentlichen Unterschieden zwischen Computer und Gehirn gehört es u. a., dass unser Gehirn

- nach Kategorien von „Sinn", „Relevanz" und „Bedeutung" arbeitet,
- aufgenommene Eindrücke eigentätig verarbeitet,
- in parallel ablaufenden unterschiedlichen Verfahren neue und bereits verarbeitete Eindrücke miteinander vernetzt und verarbeitete Erfahrungen miteinander in Beziehung bringt.

Wir lernen und behalten also nur das, was Sinn macht, was wichtig für uns ist und was für uns Bedeutung hat. Im Gegensatz zu einem Computer nimmt unser Gehirn nicht einfach alles auf. Es bewertet und gewichtet alle über die Sinneskanäle auf uns einstürmenden Informationen und bearbeitet, sortiert, speichert und vernetzt diese Eindrücke.

Viele Neurowissenschaftler gehen heute davon aus, dass die erwähnten neuronalen, intern verarbeiteten Prozesse eine essenziellere Rolle für unsere Erinnerung spielen, als man bisher geglaubt hat. Aus diesen Erkenntnissen lassen sich Konsequenzen für gehirngerechtes Lernen und eine diesbezügliche Lerngestaltung ausführen.

Ein Beispiel dafür mag die Suggestopädie und auch das verwandte Superlearning sein. Darunter sind vergleichbare Ansätze zu verstehen, die beide durch die Bereitstellung von visuellen, kinästhetischen und auditiven Reizen versuchen, den Lernvorgang gehirngerecht aufzubereiten und ganzheitlich zu gestalten.

Die Aspekte von Suggestopädie (mit Lehrer) und Superlearning (ohne Lehrer) widersprechen dem psychologischen Mainstream nicht grundsätzlich, obwohl sie wegen des Fehlens valider Metastudien in der Kritik stehen.

In den letzten Jahren meldete sich eine Vielzahl von Neurowissenschaftlern mit erstaunlichen Aussagen über Wechselwirkungen zwischen Gehirnentwicklung und -funktion auf der einen Seite und psychologischen bis körperlichen Phänomenen auf der anderen Seite.

Der Professor für klinische Psychologie und Psychotherapie der Universität Bern und renommierte Autor zahlreicher Studien zu Fragen der Wirksamkeit und Wirkungsweise von Psychotherapie, Klaus Grawe, fasst die Konsequenzen der neurowissenschaftlichen Forschung für die Therapie so zusammen:

> Die Therapie muss sich stärker um die zwischenmenschlichen Beziehungen des Klienten kümmern. Beziehungen sind für das Gehirn sehr wichtig (Grawe 2004).

Durch viel beachtete Veröffentlichungen und Vorträge zu Themen des Lernens hat Manfred Spitzer (Leiter der psychiatrischen Klinik der Universität Ulm) in den letzten Jahren die Aufmerksamkeit auf neue Erkenntnisse gelenkt.

Aus neurowissenschaftlicher Sicht bekräftigt Spitzer den zwar nicht überraschenden, nun aber durch die Forschung bestätigten Zusammenhang zwischen Emotion und Lernen. Jedoch nicht nur Emotionen, sondern letztlich auch Beziehungen sind entscheidend für das, was von Menschen als relevant erlebt wird. Bei Manfred Spitzer liest sich das so:

> Was uns Menschen umtreibt, sind nicht Fakten und Daten, sondern Gefühle, Geschichten und vor allem andere Menschen (Spitzer 2005).

Und an anderer Stelle weist er auf den Zusammenhang zwischen positiven Erfahrungen und Lernen hin

> (…) wobei klar sein muss, dass für den Menschen die positive Erfahrung schlechthin in positiven Sozialkontakten besteht (Spitzer 2005).

4.2.2 Transformative Lernprozesse

Wenn man etwas über transformatives Lernen erfahren will, stößt man vor allem auf den Namen Jack Mezirow, der in einem Internetlexikon als Urheber der Theorie des transformativen Lernens bezeichnet wird. In Deutschland kam 1997 sein Buch unter dem Titel *Transformative Erwachsenenbildung* heraus, das zuvor in USA 1991 als Erstveröffentlichung erschienen war (Mezirow 1997).

Er definiert darin transformatives Lernen als einen Wechsel zur metakognitiven Denkweise im Erwachsenenalter. Danach stellt dies einen Prozess dar, bei dem durch kritische Selbstreflexion eigene Vorannahmen (Sichtweisen, Denkmuster und Gewohnheiten) verändert (transformiert) werden.

> Mit transformativem Lernen ist allgemein ein Lernen gemeint, das zu qualitativen Veränderungen in Selbstbild und Sichtweisen, Einstellungen und Handlungsweisen von Einzelnen und sozialen Einheiten führt.

Transformatives Lernen sehe ich abgegrenzt gegenüber dem Erlernen und Einüben von (erweiterten) Kompetenzen und Wissenselementen. Letzteres sehe ich als Art des Lernens, das oft als „translatives Lernen" oder in Abschn. 4.1.1.4 als „In-Formation" bezeichnet wird.

Jeder Mensch besitzt persönliche Denkgewohnheiten und Denkweisen, die das tägliche Handeln steuern. Bedeutungsschemata (engl. meaning schemes bzw. points of view) – also gemeinhin das Denken oder auch Denkmuster – bezeichnen dabei spezifisches Wissen, Überzeugungen, Werturteile und Empfindungen, die sich in der Auslegung einer Erfahrung niederschlagen. Die Bedeutungsperspektiven (engl. meaning perspectives bzw. habits of mind) sind den Bedeutungsschemata übergeordnet und bezeichnen ein Bündel an unbewussten Erwartungen/Vorannahmen, die unsere Wahrnehmung und das Verstehen bestimmen und somit die Interpretationen einer Erfahrung beeinflussen.

Gemeinsam bilden die Bedeutungsschemata und -perspektiven den Referenzrahmen (engl. frame of reference) für unsere Interpretationen und Deutungen. Solche Referenzrahmen werden durch Sozialisationsprozesse erworben und im Laufe des Lebens durch Transformationen erweitert bzw. verändert.

Ausgangspunkt für eine Perspektiventransformation ist meist ein desorientierendes Dilemma, das durch Tod, Krankheit, Scheidung, Ereignisse im Berufsleben, Ruhestand und Misserfolge, aber auch durch weniger einschneidende Erlebnisse wie eine Diskussion, ein Buch, ein Gedicht oder ein Gemälde ausgelöst werden kann. Bestehende Bedeutungsschemata geraten dadurch an ihre Grenzen, werden transformiert oder es werden neue Schemata gebildet.

Mezirow beschreibt den Transformationsprozess in zehn Phasen:

- Auftreten eines desorientierenden Dilemmas
- Selbstprüfung mit Schuld- und Schamgefühlen
- Kritische Bewertung und Verstehen von gesellschaftlichen oder psychischen Annahmen
- Erkenntnis, dass die eigene Unzufriedenheit und der Transformationsprozess weitverbreitet sind und dass auch andere Personen eine ähnliche Veränderung bewältigt haben
- Suche nach Optionen für neue Rollen, Beziehungen und Handlungen
- Planung einer Handlungsweise
- Aneignung von Wissen und Fähigkeiten zur Durchführung der eigenen Pläne
- Ausprobieren neuer Rollen
- Entwicklung von Fähigkeiten und Selbstvertrauen für neue Rollen und Beziehungen
- Wiederaufnahme des eigenen Lebens aufgrund der von den neuen Perspektiven bestimmten Bedingungen

Zusammengefasst kann gesagt werden, dass es sich beim transformativen Lernprozess um einen selbst reflektierten Prozess handelt, der mit einem Dilemma beginnt und durch kritische Reflexion in einen neuen Zustand umgewandelt (transformiert) wird.

Nach Mezirow kann Lernen als „Schaffung von Bedeutung" (Bedeutungsschemata) verstanden werden. Danach versucht der Mensch jeder Erfahrung, die er macht, eine Bedeutung oder einen Sinn zu geben. Er interpretiert und deutet alles, was ihm geschieht, und spiegelt dadurch seine Bedeutungsschemata und -perspektiven, welche sein Handeln, Denken und Fühlen bestimmen. Diese Schemata sind es auch, die durch neue Erfahrungen gestärkt oder zum Wanken gebracht werden.

Mezirow unterscheidet danach auch vier Formen des Lernens:

- Lernen anhand bestehender Bedeutungsschemata
- Erlernen neuer Bedeutungsschemata
- Lernen durch Transformation von Bedeutungsschemata
- Lernen durch Transformation von Bedeutungsperspektiven

Beim Lernen durch bestehende Bedeutungsschemata wird Wissen innerhalb des alten Bezugsrahmens hinzugewonnen, wobei die Bedeutungsschemata ausdifferenziert und verfeinert werden. An der Sicht der Welt ändert sich jedoch nichts, da die Bedeutungsperspektiven unverändert bleiben. Beim Erlernen neuer Bedeutungsschemata findet eine Erweiterung des Anwendungsbereiches vorhandener Bedeutungsperspektiven statt, wobei die Bedeutungsperspektiven nicht verändert, sondern gefestigt werden. Auch hier bleibt der Handlungsrahmen erhalten, es treten nur weitere Schemata hinzu, die eine Perspektive stützen. Bei diesen beiden Formen des Lernens findet keine Transformation statt, nur die beiden letztgenannten Lernformen werden im klassischen Sinne dem transformativen Lernen zugeschrieben.

Beim Lernen durch Transformation von Bedeutungsschemata werden die bestehenden Schemata umgewandelt, indem etwas hinzugefügt wird oder verschiedene Schemata kombiniert werden. Bestehende Schemata werden aufgerissen und durch neue ersetzt bzw. erweitert. Verändern sich Bedeutungsschemata grundlegend, kann sich dies auf die Bedeutungsperspektive auswirken und diese ebenfalls verändern. Das Lernen durch Transformation von Bedeutungsperspektiven ist nach Mezirow die „bedeutendste Art emanzipatorischen Lernens" und bedarf einer kritischen Reflexion der eigenen Denkweise darüber, wie man zu seinen Deutungen kommt und seine Erfahrungen interpretiert. Bei einer derartigen reflexiven Art des Denkens werden die Bedeutungsperspektiven infrage gestellt und verändert. Erst durch die reflexive Transformation der Bedeutungsschemata und -perspektiven wird Lernen transformativ.

Zentrale Elemente für diese Form des Lernens sind Erfahrung, rationaler Diskurs und kritische Reflexion.

4.2.2.1 Erfahrung

Menschen lernen, indem sie versuchen, die Realität zu interpretieren und ihren Erfahrungen Bedeutungen zuzuschreiben. Erfahrungen bilden somit den Ausgangspunkt eines Lernprozesses. Von den Erfahrungen hängt es ab, welche Perspektiven man gebildet hat, und sie bilden die Grundlage für den Dialog und die Reflexion.

4.2.2.2 Rationaler Diskurs

Der rationale Gedankenaustausch ist die soziale Komponente. Durch Gedankenaustausch treten Menschen in Kontakt mit ihrer Außenwelt, tauschen persönliche Erfahrungen aus und werden angeregt, ihre eigenen Bedeutungsschemata zu untersuchen und auf ihre Gültigkeit hin zu überprüfen. Der Dialog regt das Nachdenken über Auslegungen an und begünstigt somit die kritische Reflexion.

4.2.2.3 Kritische Reflexion

Durch kritische Reflexion werden eigene Überzeugungen und Referenzsysteme hinterfragt. Sie dient in erster Linie der Einschätzung und Neubewertung der „Brauchbarkeit des früher Gelernten". Mezirow unterscheidet dabei drei verschiedene Formen der Reflexion, die sich auf den Inhalt (was gedacht, wahrgenommen und gefühlt wird), den Prozess (wie gehandelt und wie dieses Handeln wahrgenommen wird) und die Prämissen (Vorannahmen: warum etwas so und nicht anders wahrgenommen wird) beziehen. Die Reflexion der Vorannahme ist dabei die umfassendste Form der Reflexion, da die Annahmen, wie die Welt gedeutet wird, hinterfragt werden.

Mezirows Theorie ist nicht auf dem vorgenannten Stand stehen geblieben. Die transformative Lerntheorie wird aktuell als eine prozessorientierte Theorie bezeichnet, da sie sich ständig weiterentwickelt. Es kann nicht mehr dogmatisch vom Ansatz des transformativen Lernens gesprochen werden, sondern es existieren verschiedene Ansätze, welche die Rolle weiterer Elemente (Emotionen, Lernsettings, Theorien) in den Fokus rücken.

4.2.3 Organisationales Lernen

Organisationales Lernen ist in der Lerntheorie ein eher unscharf verwendeter Begriff, denn es stellt sich die Frage, ob das Lernen einer Organisation überhaupt möglich ist. Im allgemeinen Verständnis handelt es sich um eine Metapher, die den Übergang von individuellem Wissen (Werte, Annahmen etc.) auf andere Organisationsmitglieder beschreibt. Durch diese Wechselwirkung zwischen lernenden Personen und einer lernenden Organisation entsteht ein betriebsinterner Wissensspeicher. Er enthält Faktoren, die nicht allen Organisationsmitgliedern bekannt sind. Ziel des organisationalen Lernens ist aber weniger ein Ergebnis als vielmehr der Lernprozess, der zur Organisationsentwicklung (im Sinne verbesserter Handlungskompetenz) beitragen soll. Als solcher ist er in das Wissensmanagement eingebettet. Die Prozesse des organisationalen Lernens unterscheiden sich von individuellen Lernprozessen und auch von Organisation zu Organisation. Lernen wird dabei in der Regel als Austauschprozess verstanden.

Der Austausch- resp. Lernprozess zwischen Organisation und Umwelt findet mit Personen statt, die zwar zielgerichtet rational, aber auf Basis lückenhafter Informationen, unscharfer Präferenzen und unbestimmter Entwicklungen handeln. Lernprozesse sind dabei keine objektiven Vorgänge. Sie werden vielmehr durch unterschiedliche Interpretationen im interaktiven Prozess zwischen Umwelt, Unternehmen und Person geprägt. Ein Kreislauf von ungünstigen Einschätzungen, Überzeugungen, Verhaltensweisen, Kommunikationen u. a. führt zum Lernen. Ein Entscheidungszyklus sieht wie folgt aus:

- Zunächst beeinflussen Wahrnehmungen und Vorlieben das individuelle Verhalten.
- Das Verhalten der Personen bestimmt danach das organisatorische Wahlverhalten.
- Diese entsprechenden Handlungen wiederum beeinflussen Umwelthandlungen.
- Von diesen gehen Einflüsse auf die individuellen Wahrnehmungen und Neigungen anderer aus.

Somit ist eine präzise Steuerung des organisationalen Lernens nach der vorstehenden Auffassung nicht möglich.

Daneben wird der Austausch- bzw. Lernprozess zwischen Individuen und Organisation u. a. von Chris Argyris und Donald A. Schön (Argyris et al. 2008) thematisiert. Demnach entsteht organisationales Lernen durch die

Entstehung und Verbreitung sogenannter Handlungstheorien. Verschiedene Lernformen werden thematisiert: Single-loop-learning, Double-loop-learning und Deutero-learning.

- Single-loop-learning (einschlaufiges Lernen) findet wie folgt statt: Mitarbeiter eines Betriebes reagieren auf internen und externen Wandel insoweit, als dass sie ihre Handlungsstrategien ändern, wenn diese nicht mehr zu den gewünschten Ergebnissen führen. Es kommt zu einer iterativen Anpassung.
- Double-loop-learning (doppelschlaufiges Lernen) stellt dagegen eine Lernform dar, bei der der Unterschied (Versatz) zwischen realen und erwarteten Konsequenzen zu einer Entwicklung der Zielvorstellungen führt. Gerade in sich verändernden Welten sind die Fähigkeit zur Infragestellung des Gewohnten und ein Lernen zu einem passenderen Ziel stärker gefragt. Gleichzeitig kann so die Voraussetzung für ein effizientes Single-loop-learning geschaffen werden.
- Mit Deutero-learning (oder Meta-Learning) ist schließlich die Fähigkeit von Betrieben angesprochen, ihre Lernfähigkeit in einem sekundären Prozess selbst zu verbessern. Die Reflexion der Lernprozesse hinsichtlich fördernder und hindernder Faktoren sowie ineffizienter Routinen und Phasen kann zu organisationalem Lernen führen. Voraussetzung hierfür ist, dass kontraproduktives Beharrungsvermögen überwunden wird, denn es ignoriert Fehler und Qualitätsprobleme und vermeidet weitere Diskussionen um Verbesserung.

Beispiel: Ein Mitarbeiter in der Herstellung erreicht die geforderte Mindeststückzahl pro Tag nicht.

Im Falle des Single-loop-learning reagiert er innerhalb seiner bisherigen Arbeitsabläufe, beispielsweise mit zügigerem Arbeiten.

Beim Double-loop-learning überprüft er dagegen seinen Arbeitsablauf selbst auf Änderungsmöglichkeiten. Damit erreicht er eine Erweiterung seiner Arbeitsprozesse, durch die die benötigte Leistung eventuell erst möglich wird.

Beim Deutero- oder Meta-Lernen wird dieser Lernerfolg im Rahmen von betriebsintern verankerten Qualitätszirkeln (regelmäßige Besprechungen, Audits o. Ä.) in die allgemein gültigen Prozesse eingearbeitet und kommuniziert. So wird der Nutzen der gesamten Organisation zugeführt.

4.2.4 Emotionale Kompetenzen

Die oft auch als emotionale Intelligenz (EQ) bezeichneten emotionalen Kompetenzen werden von manchen Autoren als Gegensatz zum klassischen Intelligenzbegriff (IQ) verwendet. Dabei geht es aber tatsächlich um die Erweiterung des Intelligenzbegriffs. In der klassischen Form wird dieser lediglich für die Beschreibung von kognitiven und rein akademischen Fähigkeiten betrachtet.

Eine gute Definition für den Begriff emotionale Intelligenz findet man bei Daniel Goleman mit den folgenden Fähigkeiten (Goleman 1997):

- **Die eigenen Gefühle identifizieren:** Die eigenen Gefühle wahrnehmen und akzeptieren, während sie auftreten. Diese Fähigkeit ist fundamental für das Verstehen des eigenen Verhaltens und der eigenen Antriebe. (Hintergrund: Viele Menschen empfinden sich ihren Gefühlen gegenüber ausgeliefert. Sie lehnen sie ab und bekämpfen oder vermeiden sie – statt sich der Tatsache bewusst zu sein, dass man Gefühle aktiv steuern kann.)
- **Gefühle beeinflussen:** Gefühle so handhaben, dass sie der Situation angepasst sind (statt zu dramatisieren oder zu verharmlosen). Dazu gehört die Fähigkeit, sich selbst zu beruhigen und Gefühle der Angst, Gereiztheit, Enttäuschung oder Kränkung abzuschwächen und positive Gefühle zu verstärken. Dies hilft bei der Überwindung von Rückschlägen oder belastenden Erlebnissen.
- **Emotionen in die Tat umsetzen:** Affekte so beeinflussen, dass sie bei der Erreichung von Zielen helfen. Dies ist der Kern der Selbstmotivation und fördert die Kreativität sowie die Häufigkeit von Erfolgserlebnissen. Dazu gehört auch, dass jemand in der Lage ist, kurzfristige (emotionale) Vorteile und Verlockungen hinauszuschieben (Belohnungsaufschub) und impulsive Reaktionen zu unterdrücken. Diese längerfristige Perspektive ist die Grundlage jeglichen Erfolges.
- **Empathie:** Dies ist die Grundlage aller Menschenkenntnis und das Fundament sozialer Beziehungen. Ein Mensch, der erkennt, was andere fühlen, kann viel früher die oftmals versteckten Signale im Verhalten anderer wahrnehmen und herausfinden, was sie brauchen oder wollen bzw. wodurch sie (positiv wie negativ) beeinflussbar sind (leadership ability). Empathie ist also eine wertneutrale Fähigkeit – sie kann individuell eine positiv oder auch negativ empfundene Wirkung haben. Gesamtgesellschaftlich betrachtet ist Empathie die Basis erfolgreicher humaner

Gesellschaften. So entstehen sich verbreitende Werte, beispielsweise die Begrüßungskultur in Deutschland für syrische Migranten.
- **Umgang mit Beziehungen**: Diese Fähigkeit oder Kunst der Gestaltung von Beziehungen besteht im Wesentlichen im Umgang mit den Gefühlen anderer Menschen. Sie ist die Grundlage für eine reibungsarme Zusammenarbeit in nahezu allen beruflichen Umfeldern und zugleich die Voraussetzung für Beliebtheit, Wertschätzung und Integration in eine Gemeinschaft, andererseits aber auch für leadership ability (Goleman), also eine Fähigkeit, die positiv wirken, jedoch auch der Manipulation dienen kann.

Für mich ist der Begriff emotionale Intelligenz eher irreführend, da es nicht die Emotionen sind, die wir wesentlich beeinflussen können; es sind die Gefühle. Demnach müsste eine (fast) richtige Bezeichnung „gefühlte Intelligenz (GQ)" lauten.

4.3 Psychologie und mentale Ansätze

4.3.1 Selbstbestimmungstheorie

Die von Richard M. Ryan und Edward L. Deci an der Universität von Rochester, USA, 2008 entwickelte Selbstbestimmungstheorie (Self-Determination Theory, abgekürzt SDT) ist eine empirisch begründete Makro-Theorie der Motivation. Zugleich beschreibt sie die sozialen Bedingungen für die jeweils unterschiedlichen Ausprägungen der Motivation.

Gemäß SDT gibt es empirisch abgesichert drei permanente und Kulturen übergreifende psychologische Grundbedürfnisse, deren Befriedigung für effektives Verhalten und psychische Gesundheit von Bedeutung ist. Dies sind Kompetenz, Autonomie und soziale Eingebundenheit. Unter Kompetenz wird dabei das Gefühl verstanden, effektiv auf die jeweils als wichtig erachteten Dinge einwirken zu können und dabei gewünschte Resultate zu erzielen. Autonomie bezeichnet hier ein Gefühl der Freiwilligkeit, das jedes Verhalten begleiten kann; somit ist in diesem Zusammenhang darunter nicht die objektive Unabhängigkeit von anderen Personen oder sonstigen Gegebenheiten zu verstehen. Soziale Eingebundenheit schließlich meint nicht nur die Bedeutung, die andere für einen selbst haben, sondern auch die Bedeutung, die man selbst für andere besitzt. In welcher Art eine Befriedigung dieser Grundbedürfnisse möglich ist, hängt wesentlich vom individuellen, im soziokulturellen Kontext erworbenen Wertesystem ab.

Tab. 4.2 Motivation und Autonomie

Motivation	Fremd-bestimmt	Eher Fremd-bestimmt	Eher Autonom	Autonom
Regulierung	extern	introjekt	identifiziert	integriert
Wichtig Steuerungsprozesse	Belohnung, Strafe, Verführung, Zwang, äußerer Druck	Vermeidung von Schuldgefühlen oder Angst, Verstärkung des Selbstwert-gefühls, Entwicklung von Stolz	Ziel oder Regulierung wird persönlich für wichtig oder wertvoll gehalten	Intrinsisch (Aktion selbst ist interessant oder Freude bereitend), oder zumindest völlig freiwillig und Ziel oder Regulierung sind in das Selbstgefühl intergriert

4.3.1.1 Motivationsbestimmende Faktoren

Im Mittelpunkt von SDT steht der Begriff der Motivation, die ein bestimmtes Verhalten steuert. Diese wird bestimmt durch den Grad der ihr jeweils zugrunde liegenden Autonomie. Der Autonomiegrad beschreibt dabei den subjektiv wahrgenommenen internen Anteil an der Regulierung (s. Tab. 4.2).

Neben der Motivation für eine Aufgabe oder für einen bestimmten Bereich interessieren in SDT die motivationsbestimmenden Faktoren innerhalb einer Persönlichkeit. Es sind dies zum einen die Überzeugung, die angibt, wo eine Person im Allgemeinen die Ursache für das eigene Verhalten sieht und die somit das Ausmaß des selbstbestimmten Verhaltens dieser Person beschreibt. Zum anderen sind es die Verhaltensziele oder Motive der Person, die noch unterteilt werden in extrinsische Motive (wie etwa Reichtum oder soziale Anerkennung) und intrinsische (z. B. Gruppenzugehörigkeit oder Persönlichkeitsentwicklung).

Im Rahmen der Überprüfung der vorstehenden Theorie ergaben sich bemerkenswerte Ergebnisse:

Qualität des Verhaltens

Ist ein Verhalten autonom motiviert, so ist es im Vergleich zu einem fremdbestimmt motivierten Verhalten gleicher Motivationsstärke effektiver, vor allem, wenn Kreativität, Problemlöseverhalten oder Durchhaltevermögen gefragt sind, und besitzt somit eine höhere Qualität. Gleichzeitig ist es mit besserer psychischer Gesundheit und Wohlbefinden verbunden. Als Ursache wird dafür die mit dem Verhalten verbundene Befriedigung der drei oben angegebenen psychologischen Grundbedürfnisse Kompetenz, Autonomie und soziale Eingebundenheit gesehen.

Integration von Verhaltensweisen
Die drei psychologischen Grundbedürfnisse sind darüber hinaus für die langfristige Integration von Verhaltensweisen von zentraler Bedeutung. Dabei kann der Internalisierungsprozess spezieller Verhaltensmuster zwar stufenweise erfolgen, kann aber auch einzelne Stufen überspringen.

Vitalität
Durch autonom motiviertes Verhalten wird keine psychische Energie aufgebraucht. Stattdessen verstärkt die mit dem Verhalten verbundene Befriedigung der oben genannten psychologischen Grundbedürfnisse die Lebenskraft, also die Energie, die dem Selbst für seine Handlungen zur Verfügung steht.

Überzeugung und Motivsystem
Die Eigenschaften autonom motivierten Verhaltens lassen sich auf die motivationsbestimmenden Faktoren der einzelnen Person zurückführen: Eine eher autonome Überzeugung, verbunden mit einem eher intrinsischen Motivsystem, hat generell ein größeres psychisches Wohlbefinden sowie effektiveres und damit qualitativ besseres Verhalten zur Folge.

Persönlichkeitseigenschaften
Sowohl die Formung der Überzeugung einer Person als auch die Entwicklung ihres Motivsystems wird meist dadurch bestimmt, wie im Prozess der Interaktion dieser Person mit ihrem sozialen Umfeld die drei oben genannten psychologischen Grundbedürfnisse befriedigt oder unterdrückt werden. Die Erfahrungen wirken sich also direkt auf die Ausprägung ihrer Persönlichkeitseigenschaften aus. Die als motivationsbestimmende Faktoren (SDT) bezeichneten extrinsischen Motive fungieren dabei als eine Art Ersatz für eine wahre Befriedigung dieser Bedürfnisse. Wobei jedoch die Verfolgung solcher extrinsischen Verhaltensziele, selbst wenn sie erreicht werden, zu Verhaltensintegration und Wohlbefinden kaum beiträgt.

Werden die genannten psychologischen Grundbedürfnisse permanent unterdrückt, führt dies zu einem Zustand der Demotivation. Die betreffende Person bleibt ohne Antrieb für irgendeine Handlung, ihre Motivationsstärke liegt generell bei null und ein Autonomiegrad kann nicht zugeordnet werden. Verbunden ist dieser Zustand mit Minderwertigkeitsgefühlen und geringer Vitalität. Die zugehörige Überzeugung ist dabei unpersönlich, sodass man also weder sich selbst noch andere Personen als Ursache erlebter Ereignisse begreift.

Persönliche Beziehungen
Freundschaft, Partnerschaft, Liebesbeziehungen oder andere soziale Beziehungen haben für den Einzelnen eine Bedeutung nicht nur im Hinblick auf sein Bedürfnis nach Eingebundenheit. Vielmehr zeichnen sich wertvolle persönliche Beziehungen dadurch aus, dass in ihnen auch die psychologischen Grundbedürfnisse Autonomie und Kompetenz jedes Partners in hohem Maße befriedigt werden. Muss dagegen ein Partner zur Erhaltung der Beziehung in einem dieser Grundbedürfnisse zurückstecken, wird dadurch die Qualität der Beziehung infrage gestellt.

4.3.1.2 SDT als Prozess- und Inhaltstheorie

In SDT wird der Mensch als von Natur aus aktives, auf Wachstum ausgerichtetes Wesen betrachtet. Um optimal zu funktionieren und gleichzeitig größtmögliches Wohlergehen zu erreichen, versucht er, seine psychischen Elemente in ein einheitliches Selbst zu integrieren und sich selbst in größere soziale Strukturen einzufügen.

Kulturelle Erwartungen, Werte und Steuerung von eigenen sozialen Gruppen aktiv umzusetzen und in das eigene Wesen zu integrieren, stellt eine Anpassungsleistung dar, die nicht automatisch erfolgt. Dies betrifft insbesondere auch die Integration von Einflüssen eines ursprünglich von außen aufgezwungenen Verhaltens. Aus Sicht von SDT sind es gerade die in Abschn. 4.3.1.1 angegebenen Bedürfnisse nach Kompetenz, Autonomie und sozialer Eingebundenheit, die im Laufe der menschlichen Evolutionsgeschichte zu einer flexiblen Anpassung des Individuums an die Anforderungen der jeweiligen physikalischen und sozialen Umwelt gesorgt haben. Es werden meist nur solche Verhaltensziele verfolgt und solche Handlungsbereiche und soziale Beziehungen ausgewählt, die eine Befriedigung der individuellen psychologischen Grundbedürfnisse ermöglichen oder unterstützen. Dieses Verhalten ist durch hohe Effizienz, beste Integrationsfähigkeit sowie zugehöriges hohes Wohlbefinden gekennzeichnet und somit an die entsprechende Situation optimal angepasst.

Die jeweiligen Bedürfnisse gelten für unterschiedliche Aspekte der Anpassung des Einzelnen an sein soziokulturelles Umfeld.

Kompetenz. Das Bedürfnis nach Kompetenz äußert sich in einer Freude am Lernen. Es hat große Bedeutung für die Entwicklung von Fähigkeiten und Qualifikationen des Einzelnen von Geburt an. Dabei ist es gerade der bereichsübergreifende, universale Charakter dieses Bedürfnisses, der eine optimale Anpassung an die vielfältigen Herausforderungen der Umwelt ermöglicht. So ist insbesondere eine Spezialisierung oder Kompetenzerweiterung in neuen Bereichen oder kulturellen Nischen wichtig.

Soziale Eingebundenheit. Das Bedürfnis nach sozialer Eingebundenheit hat sich aus der stammesgeschichtlichen Notwendigkeit entwickelt, seine Nachkommen zu schützen und für sie zu sorgen. Die Einbeziehung des Einzelnen in ein größeres soziales Ganzes bringt ihm dabei Vorteile in Bezug auf Ressourcennutzung und Schutz und sorgt für eine effektive Übernahme von Wissen und Werten seiner Gruppe. Die Gruppe dagegen profitiert von der dadurch gegebenen Möglichkeit zur arbeitsteiligen Organisation und Koordination.

Autonomie. Das Bedürfnis nach Autonomie darf in diesem Zusammenhang weder mit dem Wunsch nach Unabhängigkeit von anderen noch mit dem nach Distanz zu anderen verwechselt werden. Es beschreibt aus Sicht von SDT die tief im Organismus verwurzelte Neigung zur Selbstregulation der eigenen Handlungen und Zusammengehörigkeit seiner Verhaltensziele. Dabei ist selbstbestimmtes Handeln mit der Erfahrung von Ganzheit, Freiwilligkeit und Vitalität verbunden, während fremdbestimmtes Handeln mit dem Gefühl von Druck und Gezwungensein einhergeht. Zur effektiven Anpassung an veränderte äußere Umstände ist Autonomie unabdingbar, denn neue Mechanismen müssen durch integrierende Prozesse der Selbstorganisation in ein hierarchisch strukturiertes Ganzes eingegliedert werden. Wenn Verhalten stattdessen durch nicht integrierte äußere Prozesse gesteuert wird, kann das Ergebnis sogar katastrophal sein. Ein Experiment von James Olds im Jahre 1958 zeigte, dass Ratten, deren Verhalten durch die Gabe von Belohnungen in Form elektrischer Gehirnstimulation beeinflusst wurde, sich bis zur völligen Erschöpfung verausgabten und dabei grundlegende Bedürfnisse des Organismus außer Acht ließen.

Da SDT Prognosen über das Verhalten und das damit verbundene Wohlbefinden auf der Grundlage des Selbstbestimmungsgrades sowie der Überzeugung der handelnden Person gestattet, gilt SDT als prozessorientierte Motivationstheorie.

4.3.1.3 Zwischenfazit

Die durch SDT beschriebene Bedeutung des sozialen Umfeldes für die Internalisierung und Integration und damit für die Effizienzsteigerung von Verhalten führt zu einem breiten Anwendungsspektrum. Insbesondere die Bereiche Beruf (Arbeit), Erziehung, Gesundheit, Partnerschaft und Familie sowie Sport und Umweltbewusstsein sind hervorzuheben.

Erwünschtes Verhalten anderer sollte dabei gemäß der Aufforderung

> Don't ask how you can motivate others! Ask how you can create the conditions, within which others will motivate themselves (Deci 2012)!

durch Autonomieunterstützung erreicht werden. Dazu gehört, die Sichtweise der anderen einzunehmen, ihnen Wahlmöglichkeiten zu gestatten, ihnen die Gelegenheit zu eigenem Entdecken und Raum für Eigeninitiative zu geben und überzeugende, einleuchtende Begründungen zu liefern.

4.4 Wissensmanagement für Führungskräfte

Wissensmanagement ist ein zusammenfassender Begriff für alle strategischen bzw. operativen Tätigkeiten und Managementaufgaben, die auf den optimalen Umgang mit Wissen abzielen. Beiträge zum Wissensmanagement – theoretischer wie praktisch-anwendungsorientierter Art – werden in vielen Disziplinen entwickelt, insbesondere in der Betriebswirtschaftslehre, der Informatik, der Informationswissenschaft, der Sozialwissenschaft, der Pädagogik oder der Wirtschaftsinformatik.

Der Begriff „Wissensmanagement" klingt so, als ließen sich Lernen, Erhalt, Überprüfung, Erschaffung und Gebrauch des Wissens eines Menschen leicht und mit sicherem Erfolg von außen (z. B. durch einen Vorgesetzten) steuern. Wer das Wissen eines anderen organisieren will, muss jedoch mit besonderen Schwierigkeiten rechnen. Diese hängen insbesondere mit den emotionalen und volitionalen Strukturen – sowohl der eigenen als auch der von Dritten – zusammen.

Eine besondere Form des Wissensmanagements stellt die Erweiterung der individuellen Fähigkeiten dar, sich selbst und andere besser zu verstehen. Dabei geht es um individuelles Wissen, bei dem das episodische, das reflexive, das soziale und das kulturelle Wissen im Vordergrund stehen. Der persönliche Stellenwert der Information sowie die steuernde Rolle neuronaler Strukturen (hier limbisches System) sind besonders zu beachten, denn bei der Informationsaufnahme des Menschen wird – wie bereits oben erläutert – die Kognition an die Emotion gebunden.

Das Wissensmanagement in Verbindung mit Führungsverhalten, Management und Leadership bringt einige spezifische Problemstellungen mit sich. Auf diese sollten sich Führungskräfte hinreichend vorbereiten. Abhängig vom jeweiligen Kontext bieten sich die nachfolgenden Expertisen an.

4.4.1 Philosophischer Dialog

Die „philosophische/psychologische Beratung" ist ein vielversprechender Weg in der Unterstützung von Führungskräften. Er ermöglicht eine intensive und fokussierte Auseinandersetzung mit allen Themen rund um transformationale Führung und um das Führungsverhalten. Es handelt sich dabei um eine immer mehr an Bedeutung gewinnende, internationale Bewegung, die rational denkenden, geistig gesunden Menschen dabei hilft, sich angesichts von Veränderungen und Herausforderungen über ihre Weltsicht und ihre Zielsetzungen klar zu werden. In diesem Sinn führen philosophische Berater und deren Klienten strukturierte Gespräche, in denen Selbstreflexion über eigene Ziele und Wertvorstellungen eine wichtige Rolle spielt. Es ist also ein Gespräch zur Vermittlung von Erkenntnissen und/oder zur Erörterung von Problemen im Sinne der klassischen Dialektik (These und Antithese). Es geht darum, einen bestimmten Gedanken zu entwickeln, ein Problem zu lösen oder eine von vornherein feststehende Position gegen die Einwände des Gegners zu verteidigen. In der Lebens- und Sozialberatung werden unter einem philosophischen Dialog die Methoden verstanden, bei denen ein Berater mittels ganz bestimmter Fragen dem Klienten seine ihm innewohnenden existenziellen Einsichten zu Bewusstsein bringt, um dadurch die anstehenden Lebensprobleme zu bewältigen.

Hierbei ist das Wort „Methode" allerdings mit Vorsicht zu genießen, denn Philosophie arbeitet nicht mit, sondern allenfalls an Methoden. Methoden sind Sache der Wissenschaften, nicht die der Philosophie. Philosophisches Denken bewegt sich nicht in vorgefertigten Bahnen, sondern sucht den „passenden Weg" jeweils neu. Dabei bedient es sich keiner Denkroutinen, sondern sabotiert sie eher, um über sie aufzuklären. Auch geht es nicht darum, den Kunden auf eine philosophisch vorbestimmte Bahn zu bringen, sondern darum, ihm auf seinem Weg weiterzuhelfen. Auf der Seite des philosophischen Beraters setzt das übrigens die Haltung voraus, den andern „ohne Billigung und Tadel" (Goethe) zu würdigen, also ohne ihm zustimmen oder widersprechen zu müssen.

Und damit stellt sich – im Zeichen einer noch immer prosperierenden Therapiekultur – die Frage nach der Abgrenzung der philosophischen Praxis von der Psychotherapie.

Dem Psychologen geht es darum, am Verhalten des Patienten das von der Norm Abweichende, Spezielle und Außergewöhnliche wahrzunehmen. Dies sind vor allem psychogene, also psychisch bedingte Fatalitäten. Der Psychologe oder der Psychotherapeut ist Spezialist, und dort, wo er nicht Spezialist ist, ist er schnell Dilettant, insbesondere wenn er keine Feldkompetenz in der Arbeitsumgebung des Kunden hat.

Der Philosoph dagegen ist Spezialist fürs Nichtspezielle, sowohl fürs allgemein Übersichtliche als auch für das Widersprüchliche und Abweichende, sowie für das Individuelle und Einmalige. Dabei kann er sich auf eine reiche Tradition des schon vernünftig Gedachten anderer Philosophen stützen.

Auf diese Weise nimmt der Philosoph in der Praxis seinen Besucher ernst: Er orientiert sich dabei weder an einer Theorie noch an einer Regel. Kein „Maßstab" leitet ihn, sondern allein die Frage, ob er sich selbst angemessen lebt – mit Nietzsches Wort: ob er wurde, der er ist.

Zu ergänzen bleibt, dass sich die philosophische Beratung nicht nur als individuelle Beratung bewährt hat. Seit vielen Jahren unterstützt sie Unternehmen, Organisationen und Verbände dabei, solide Grundsätze und orientierende Leitlinien zu finden.

4.4.2 Psychologische Beratung

Gegenstand der psychologischen Beratung sind Aufarbeitung und Überwindung persönlicher sowie sozialer Konflikte oder sonstige Zwecke außerhalb der Heilkunde. Hierbei kommen in der Regel psychologische und psychotherapeutische Techniken zum Einsatz, die zum Teil auch aus der Psychotherapie bekannt sind. Während Psychotherapie jedoch eine Tätigkeit zur Feststellung, Heilung oder Linderung von Störungen mit Krankheitswert ist, geht es bei der psychologischen Beratung um Hilfestellungen für psychisch gesunde Menschen mit konkreten Lebensproblemen.

Psychologische Beratung kann überall dort zum Einsatz kommen, wo es um die Lösung und Überwindung von persönlichen und sozialen Konflikten geht. Methoden der psychologischen Beratung finden daher – selbstständig oder eingebunden in andere Maßnahmen – Verwendung in den verschiedensten Bereichen der sozialen und psychologischen Arbeit.

Zu nennen sind u. a. Lebensberatung, Berufs- und Studienberatung, Bildungsberatung, Ehe- und Partnerschaftsberatung, Erziehungsberatung,

Familienberatung, Jugendberatung und Drogenberatung, genetische Beratung, Beratung zur Bewältigung spezieller Erkrankungen sowie Beratung für Menschen mit Behinderung, Personal- und Führungskräfteberatung, Konfliktberatung, Entscheidungsberatung, Mobbingberatung, Opferberatung und im Bedarfsfall auch Beratung in Bezug auf Möglichkeiten und Planung einer Psychotherapie (WKO 2013).

Statt Beratung wird heute auch häufig der Begriff Coaching gewählt, womit sowohl Einzel-Coaching, Team-Coaching als auch Projekt-Coaching gemeint sein können. Die psychologische Beratung kann zu einer oder mehreren der nachfolgend angeführten Orientierungen zugeordnet werden.

4.4.2.1 Tiefenpsychologisch-psychodynamische Orientierung

Mit tiefenpsychologisch-psychodynamischer Orientierung werden jene beraterischen Ansätze bezeichnet, welche den unbewussten seelischen Vorgängen für das Verhalten und Denken eines Menschen einen hohen Stellenwert einräumen. Die zentrale Vorstellung aller tiefenpsychologisch-psychodynamischer Beratungsansätze ist jene, dass sich unter der Oberfläche des Bewusstseins unbewusste Schichten befinden, in welchen Prozesse ablaufen, die unbewusst das Seelenleben stark beeinflussen. Tiefenpsychologisch-psychodynamische Ansätze zielen auf das Deuten und Bewusstmachen von Unbewusstem ab. Durch das Bewusstwerden der unbewussten Vorgänge im Handeln und Denken der Klienten wird eine Zentrierung im Hier und Jetzt erreicht. Dadurch wird eine Veränderung jener Lebenssituation, welche aus unbewussten inneren Anteilen gespeist und auf die Alltagssituation projiziert wird, möglich. Tiefenpsychologische Ansätze in Coaching und Beratung haben sich vor allem aus den Lehren der Psychoanalyse nach Freud, der Individualpsychologie nach Adler und der analytischen Psychologie nach C.G. Jung entwickelt. Tiefenpsychologisch-orientierte Ansätze in der Beratung von Führungskräften sind in ihrer Ausrichtung prozessorientiert.

4.4.2.2 Humanistisch-existenzielle Orientierung

Die Gemeinsamkeit der humanistisch-existenziellen Ansätze liegt nicht so sehr in den gemeinsamen Beratungsmodellen, sondern im gemeinsamen Menschenbild. Allen Ansätzen der humanistisch-existenziellen Orientierung liegt die Überzeugung zugrunde, dass jeder Mensch über ein inneres Entwicklungspotenzial verfügt. Im Mittelpunkt dieser Verfahren steht der Mensch mit seinem Streben nach Verwirklichung. Um die Coachees in ihrer Entwicklung zu unterstützen, werden Anregungen, aber keine Ratschläge erteilt. Bei diesen Ansätzen stehen die Selbsterfahrung und die Selbstverwirklichung der Coachees im Vordergrund. Es geht um die Entdeckung und Wiederaneignung gehemmter und/oder blockierter Persönlichkeitsanteile sowie um die Kreativitätssteigerung und die Erhöhung der Kontaktfähigkeit, um dadurch zu einem selbst verwirklichten Leben zu gelangen. Humanistisch-existenzielle Ansätze in der psychologischen Beratung haben sich aus der Existenzanalyse und Logotherapie nach Viktor Frankl, der Gestalttherapie nach Fritz und Lore Perls, der Integrativen Gestalttherapie und Integrativen Therapie nach Petzhold, der Gesprächstherapie nach Rogers sowie dem Psychodrama nach Jakob Levy Moreno entwickelt. Humanistisch-existenzielle Ansätze in der Beratung von Führungskräften sind wie schon die tiefenpsychologisch-psychodynamischen Ansätze in ihrer Beratungsausrichtung prozessorientiert.

4.4.2.3 Systemisch-soziodynamische Orientierung

Systemisch-soziodynamische Ansätze ließen sich in ihrem Menschenbild auch der humanistischen Orientierung zuordnen, jedoch ist in diesen Ansätzen nicht die Einzelperson, sondern das soziale System, innerhalb dessen sich der Mensch bewegt (Team, Gruppe, Familie, Paar etc.), im Fokus der Beratung. Bei den humanistisch-orientierten Ansätzen wird der Fokus der Beratung vom Coachee auf das System gerichtet. Bei den systemisch-soziodynamischen Ansätzen hingegen wird der Fokus vom System auf den Coachee gerichtet. Aus diesem Grund sind jene Ansätze, welche den Fokus der psychologischen Beratung auf das System gerichtet haben, nicht den humanistisch-existenziellen Ansätzen zugeordnet, sondern in einer eigenen Kategorie zusammengefasst. Bekannte Ansätze systemisch-soziodynamischer Orientierung, aus welchen sich Methoden von Coaching und psychologischer Beratung entwickelt haben, sind die systemische Familientherapie nach Virginia Satir sowie das neurolinguistische Programmieren NLP nach Grinder und Bandler. Systemisch-soziodynamische Ansätze in der Beratung von Führungskräften sind in ihrer Beratungsausrichtung zielorientiert.

4.4.2.4 Verhaltensmodifizierende Orientierung

Bei den verhaltensmodifizierenden Ansätzen wird ein problematisches Verhalten der Coachees nicht als Ausdruck oder System eines unbewussten oder bewussten Konfliktes oder Wunsches gesehen, sondern als ein erlerntes Verhaltensmuster, das sich als Reaktion auf eine bestimmte Situation zeigt.

Verhaltensmodifizierende Ansätze versuchen das problematische Verhalten bewusst zu machen und über Lernprozesse dieses Verhalten zu ändern. Die Lebensgeschichte wird als Lerngeschichte betrachtet, in deren Verlauf die Coachees gelernt haben, bei Problemen mit einem bestimmten Verhalten zu reagieren, wobei genau dieses Verhalten nun zu ihrem Problem geworden ist. Verhaltensmodifizierende Ansätze in der Beratung von Führungskräften sind in ihrer Beratungsausrichtung zielorientiert.

4.4.3 Coaching im Management

Im Management kann man im Wesentlichen vier Varianten von Coaching unterscheiden:

- Coaching zur unmittelbaren Leistungssteigerung von Betriebsangehörigen
- Coaching als Mittel zur Reflexion und Verbesserung des Führungsverhaltens
- Executive Coaching (CxOs) zur Verbesserung der Managementkompetenzen
- Leadership Coaching zur Führungskräfteentwicklung (s. Abb. 4.2)

Während das Executive Coaching (oder Management Coaching) die Verbesserung der Managementkompetenzen anstrebt, zielt das Leadership Coaching auf die Entwicklung von Potenzialträgern (Führungskräfteentwicklung).

Eine Auswertung von 49 Studien zum Leadership-Coaching (Ely et al. 2010) sowie eine explorative Studie zur Effektivität verschiedener Leadership

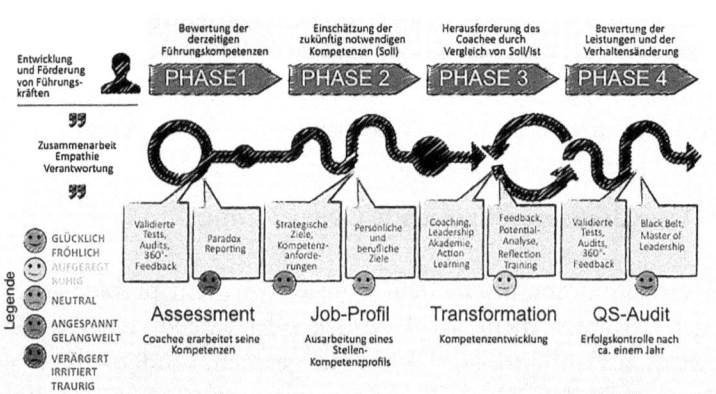

Abb. 4.2 Leadership Journey

Coaching-Programme (Gro und Gjerde 2014) hat ergeben, dass das zentrale Anliegen effektiver Coaching-Maßnahmen eine messbare Veränderung des Verhaltens der Coachees darstellt.

> Diese Verhaltensänderung kann durch traditionelle Schulungen, Seminare oder Outdoor-Trainings – so die Ergebnisse dieser Studien – nicht erreicht werden (Gro und Gjerde 2014).

Dabei muss der Coaching-Prozess folgende Schritte umfassen:

1. eine möglichst objektive Beurteilung der Ist-Kompetenzen mithilfe validierter Testverfahren und der Nutzung mehrerer Informationsquellen wie es z. B. beim 360-Grad-Feedback, ipsativen Assessments oder strukturierten Interviews der Fall ist,
2. die kritische Herausforderung des Coachees im Hinblick darauf, inwiefern seine aktuellen Fähigkeiten von den Kompetenzen abweichen, die für seine persönlichen und beruflichen Ziele und für die Umsetzung der strategischen Unternehmensziele notwendig sind,
3. die gemeinsame Erarbeitung von Initiativen zur Entwicklung der maßgebenden Kompetenzen, wobei der Schwerpunkt auf Action Learning (handlungsorientiertes Lernen) liegt, weil rund 70 % des Lernens (von Kompetenzen) durch Praktizieren (neue Aufgaben und Verantwortungsbereiche, Projekte etc.) erfolgt, zu 20 % durch Vorbilder (Vorgesetzte, Freunde, Kollegen etc.) und nur zu 10 % durch Seminare, Zeitschriften, Bücher etc.,
4. die Bewertung der Resultate (den Erfolg) einer Coaching-Maßnahme, um daraus Verbesserungsmöglichkeiten abzuleiten.

Diese Messung der Resultate umfasst zum einen die Leistungen (z. B. Produktivität und Rentabilität) und zum anderen die Verhaltensänderung, die durch konkrete Verhaltensbeschreibungen operationalisiert und somit messbar gemacht wurde. Die Erfolgskontrolle kann nach etwa einem bis zwei Jahren stattfinden.

Ein Coaching zur Leistungssteigerung wird eingesetzt, wenn ein Mitarbeiter keine annehmbare Leistung (aus oft unbekannten Gründen) erbringt. Dabei handelt es sich um einen Prozess, der mit der Analyse der Leistungsfähigkeit (Assessment) der Person beginnt und darauf abzielt, Mittel und Wege zur Verbesserung zu finden. Üblicherweise erfolgt dies in einem Gespräch zwischen dem Vorgesetzten, dem Betroffenen und einer (internen) Fachkraft aus der Personalentwicklung. Ein Lösungsansatz ist der Vergleich von Persönlichkeits- und Stellenanforderungsprofil, gefolgt von entsprechenden individuellen Trainings- und Entwicklungsmaßnahmen.

Häufig wird gefordert, Führungskräfte sollten einen Führungsstil als Coach in der Praxis anwenden. Dabei handelt es sich allerdings lediglich um ein (Mode-)Wort für das Konzept der transformationalen Führung. Demnach zeigt der Vorgesetzte kaum direktives, aber dafür mehr unterstützendes Verhalten. Er berät seine Mitarbeiter bei Problemen, Krisen oder besonderen Herausforderungen. Zugleich fördert er gezielt bestimmte Fähigkeiten.

Beim Executive Coaching agiert der Coach als persönlicher Berater oder Sparringpartner des Vorgesetzten. In der Regel sind Führungspositionen mit zahlreichen Spannungen und Konflikten behaftet. Zudem fehlt es Managern an Gelegenheiten, sowohl über ihre Führungsprobleme als auch über ihre geschäftlichen Herausforderungen mit Personen ihres Vertrauens zu sprechen. Ein entsprechend qualifizierter Coach kann dazu beitragen, Probleme aufzuarbeiten, neue Perspektiven zu eröffnen und neue Kompetenzen zu entwickeln.

Hinzu kommt ein weiterer Aspekt: Je höher ein Manager in der Hierarchie steht, desto weniger aufrichtiges Feedback bekommt er, obwohl Feedback in Toppositionen besonders wichtig ist. Zwischen Manager und Coach ist eine Consulting-Beziehung hilfreich, die üblicherweise eine strukturierte Gesprächsführung erfordert. Ein Coaching zur Entwicklung von Kompetenzen, insbesondere von Führungskompetenzen, verfolgt das Ziel, die Wirksamkeit der Führung (Führungskultur) zu erhöhen und somit die Leistungsfähigkeit und Motivation der Mitarbeiter zu steigern.

Entscheidend für den Lernerfolg bei der Entwicklung von Kompetenzen ist nicht die Lernform (Coaching, Training, Beratung etc.), sondern die Validität und Zuverlässigkeit der verwendeten Konzepte und Methoden. Werden beispielsweise nicht valide Kompetenz- oder Führungsmodelle zugrunde gelegt, ist die Wirksamkeit von Coaching fraglich, weil es nicht möglich ist, aus nicht validen oder nicht zuverlässigen Diagnoseinstrumenten und Modellen praxisrelevante Empfehlungen abzuleiten. Ein Beispiel für ein valides Konzept ist das Modell der transformationalen Führung, das in zahlreichen empirischen Studien nachgewiesen hat, dass die Anreize daraus den Unternehmenserfolg und die intrinsische Motivation der Mitarbeiter erhöhen können. Als Beispiel für die Steigerung der Effektivität einer Coaching- oder Trainingsmaßnahme gilt z. B. das 360-Grad-Feedback, das vor und nach einer Coaching-Maßnahme zur Einschätzung der Wirksamkeit durchgeführt werden kann.

Von einem Coach im Management wird in der Regel erwartet, dass er als Gesprächspartner „auf Augenhöhe" ernst genommen wird. Das setzt voraus, dass er über fundierte Praxiserfahrungen im Management (Feldkompetenz) verfügt und den Umgang mit validen Diagnose- und Entwicklungsinstrumenten beherrscht. Ein Coach ist nicht Lehrer, Ratgeber oder Problemlöser, sondern ein Partner bei der Bewältigung unternehmerischer Herausforderungen und Probleme.

4.5 Transformationale Führung

Mit dem Begriff „transformationale Führung" (kurz TF) wird ein Führungsmodell bezeichnet, bei dem die Geführten Bewunderung, Loyalität, Respekt und Vertrauen gegenüber der Führungskraft empfinden und dadurch überdurchschnittliche Leistungen erbringen. Hier muss angemerkt werden, dass der von mir verwendete Ansatz der TF weit über das ursprüngliche Modell hinausreicht.

Die Kernidee dieses Führungsmodells geht auf James MacGregor Burns zurück, ein amerikanischer Politologe und Historiker, der sich mit Untersuchungen zum Führungsverhalten von US-Präsidenten befasste. Im Jahr 1978 veröffentlichte er dazu das Buch *Leadership*, in dem er die Grundlagen der transaktionalen Führung beschrieb. Er stellte fest, dass politische Führer ein Austauschverhältnis (Transaktionsverhältnis) mit ihren Wählern eingehen. Darin bieten sie den Wählern für ihre Stimmen verschiedene materielle, emotionale oder ideologische Vorteile als Gegenleistung an.

Die transaktionale Führung, auf der die transformationale Führung aufbaut, lässt sich durch folgendes Führungsverhalten charakterisieren:

Klare Abgrenzung von Zuständigkeiten und Verantwortung
Die Motivation erfolgt durch Klärung von Zielen, Aufgaben und Delegation von Verantwortung und Zuständigkeit.

Bedingte Belohnung
Klärung der Erwartungen an die Mitarbeiter und Anerkennung bei korrekter Erledigung der Aufgaben. Verspricht Belohnung für gute Leistung und bietet dafür im Gegenzug Unterstützung an.

Management durch Ausnahmen (aktiv/passiv)
Aktiv: Durchführung von korrigierenden Maßnahmen zur Sicherstellung der Zielerreichung, achtet besonders auf Regelverletzungen und Abweichungen von gesetzten Standards. Macht auf Fehler aufmerksam und verfolgt Fehler konsequent.

Passiv: Interveniert nur, wenn Probleme aufgetreten sind, und reagiert erst, wenn es unbedingt erforderlich ist.

Demnach beruht transaktionale Führung auf Leistung und Gegenleistung. Sie gilt heute noch als eines der verbreitetsten Führungsmodelle.

Transformationale Führung geht darüber hinaus. Sie verändert (transformiert) das Verhalten und das Bewusstsein von Mitarbeitern und Kollegen in Richtung auf ein neues, höheres Niveau. Transformationale Führungskräfte verstehen es, Begeisterung und Zuversicht zu erzeugen, sie können andere mitreißen. Sie werden als Vorbilder wahrgenommen und vermitteln bei ihren Mitarbeitern Gefühle von Stolz und Wertschätzung. Transformationale Führungskräfte müssen also wesentlich mehr tun, als nur Ziele zu vereinbaren und für einen transaktionalen Austausch zu sorgen. Sie müssen dazu die nachfolgenden Kompetenzen entwickeln, um herausragende Ergebnisse zu erzielen.

Einflussnahme durch Vorbildfunktion
Durch die Vorbildfunktion gelingt es den Führungskräften, die Mitarbeiter nachhaltig zu beeinflussen. Dabei wird zwischen einem eigenschaftsbezogenen und einem verhaltensbezogenen Aspekt unterschieden. Die Mitarbeiter bringen ihnen hierfür in besonderem Maße Bewunderung, Respekt und Vertrauen entgegen. Außerdem haben die Führungskräfte hohe Erwartungen an die Mitarbeiter und sind selbst in der Lage, diese Erwartungen zu erfüllen und vorzuleben. Ihr Handeln (verhaltensbezogen) orientiert sich an ethischen und moralischen Prinzipien. Sie sind integer.

Inspiration und Motivation
Transformationale Führungskräfte verfügen über attraktive Visionen und Vorstellungen von zukünftigen Entwicklungen. Sie vermitteln überzeugend, dass sie selbst voll und ganz hinter diesen Visionen stehen. Dadurch können sie den Alltagsanforderungen eine tiefere Bedeutung und Sinnhaftigkeit geben. Sie begeistern die Mitarbeiter für ihre Ziele, indem sie herausfordern und den Mitarbeitern Hoffnung, Vertrauen und Zuversicht vermitteln. So entsteht bei allen Beteiligten die Überzeugung, dass die Erwartungen erfüllt werden können.

Intellektuelle Stimulierung
Transformationale Führungskräfte regen ihre Mitarbeiter zu kreativem und innovativem Denken an und unterstützen sie dabei. Indem sie Annahmen und Voraussetzungen immer wieder hinterfragen und Probleme in neue Zusammenhänge stellen, ermutigen sie ständig dazu, neue Lösungen zu

erproben. Fehler werden dabei toleriert und vor allem nicht öffentlich kritisiert. Die Mitarbeiter sind aufgefordert, sich zu beteiligen und selbst Ideen einzubringen, auch wenn diese von den Vorstellungen der Führungskraft abweichen.

Berücksichtigung individueller Besonderheiten
Transformationale Führungskräfte verstehen sich als Coach oder Mentor ihrer Mitarbeiter. Sie erkennen deren persönliche Bedürfnisse und Wünsche nach Leistung und Wachstum. Ihr Ziel ist es, die Mitarbeiter systematisch zu fördern und ihr Potenzial schrittweise weiterzuentwickeln. Dazu schaffen sie in einem unterstützenden Betriebsklima Lernchancen durch Delegation und berücksichtigen dabei die persönlichen Voraussetzungen. Indem sie beispielsweise den Einen eher ermutigen, dem Anderen mehr Autonomie gewähren oder einem Dritten klarere Vorgaben oder mehr Struktur geben, steuern sie die persönliche Entwicklung individuell. Eine intensive partnerschaftliche und wertschätzende Kommunikation, bei der es die Führungskraft versteht, effektiv zuzuhören, ist hierfür Voraussetzung.

Effektive Kommunikation (Fairness)
Transformationale Führungskräfte sorgen dafür, dass der Umgang miteinander auf fairen Regeln und Prinzipien basiert. Die zwischenmenschlichen Beziehungen beruhen auf Werten wie z. B. Transparenz, Offenheit, Aufrichtigkeit, Eindeutigkeit und Respekt. Sie leiten Besprechungen effizient und ergebnisorientiert und überzeugen durch stichhaltige Argumente. Die Folgen sind: Zeitersparnis durch Vermeidung von unnötigen, ergebnislosen Sitzungen und „politischem" Verhalten.

Unternehmerische Haltung (Innovation)
Transformationale Führungskräfte sorgen durch ihre Vorbildfunktion für wirtschaftlichen Umgang mit Ressourcen, für Kostenbewusstsein, für die Nutzung von Chancen und eine sorgfältige Abwägung von Risiken. Sie sind offen für neue Ideen sowie für Veränderungs- und Verbesserungsinitiativen und setzen diese konsequent um. Damit erzeugen sie mehr Verantwortungsbewusstsein bei den Mitarbeitern.

Umsetzungsstärke (Ergebnisorientierung)
Die Eigenschaften außergewöhnlich erfolgreicher Unternehmer sind nicht „heldenhafte", „charismatische" oder „visionäre" Wesenszüge, sondern die Fähigkeit, Chancen, Ziele und Absichten in (messbare) Resultate umzusetzen. Zu dieser Umsetzungskompetenz gehört die Qualifikation, seine

Gedanken, Gefühle, Motive und Stärken auf ein sinnvolles Ziel zu fokussieren. Das ist ihnen wichtiger als das bloße Streben nach Einkommen, Macht oder Geltung. Die Folge: mehr positive Energie, die wesentlich stärker wirkt als (negative) Energie, die durch Ängste oder Zwänge erzeugt wird.

Beispiele für transformationale Leader sind Attila, König der Hunnen, Jim Jones, Abraham Lincoln, Franklin D. Roosevelt, Tony Blair, Winston Churchill, Bill Gates, Steven Jobs, Lee Iaccoca, Mary Kay, John DeLorean, Ross PerotRay Kroc, Walt Disney, Jesus Christus, Mohammed, Mahatma Gandhi.

5

Talententwicklung

In diesem Kapitel geht es um strategische Entscheidungen im HR-Management und die Verwendung von Performance-Indikatoren. Ohne diese Rahmenbedingungen ist ein gezieltes Talentmanagement unmöglich. Anschließend stelle ich eine detaillierte Stakeholder-Analyse vor, die das Fundament für die nachgelagerte Talentoffensive liefert. Die Maßnahmen der Talentoffensive und der Talententwicklung sind für künftige Führungskräfte bindend auszulegen und dienen gleichzeitig als Beurteilungsbasis der vorhandenen Führungsarchitektur.

Zu den wichtigsten Ressourcen eines Unternehmens gehören nicht nur Rohstoffe, Energie und Maschinen – die wichtigste Ressource überhaupt sind die Menschen. Nur wer in die Talententwicklung der Mitarbeiter und in erstklassige Führung investiert, wird den Unternehmenserfolg halten oder steigern können. Die erfolgreichsten Unternehmen auf der Welt haben dies längst erkannt. Nach einer aktuellen Studie erzielen Unternehmen, die professionelle Talententwicklung betreiben, über 30 % mehr Umsatz je Mitarbeiter.

Leistungsfähige Unternehmen legen Wert auf bestimmte HR-Methoden, die weniger leistungsfähige Unternehmen nicht einsetzen. Performance-Management und Belohnungssysteme sind Themen, die starke und schwache Unternehmen (gemessen an Einnahmen, Profitabilität und Wachstum) voneinander trennt. Damit die Ressource Mensch besser eingesetzt und genutzt werden kann, müssen Organisationen (Unternehmen) ihre HR-Funktionen allerdings neu definieren.

© Springer-Verlag Berlin Heidelberg 2017
P. Finckler, *Transformationale Führung*,
DOI 10.1007/978-3-662-50292-1_5

5.1 Strategische Talententwicklung

Ein funktionierendes Talentmanagement setzt Rahmenbedingungen voraus, auf die eine Organisation gezielt Einfluss nehmen kann. Zu diesem Gestaltungsrahmen gehören die Faktoren Führung, Organisation, Controlling, Technologie und Kultur sowie die Integration dieser Faktoren in das HR-Management.

Die Führungskräfte sind dabei die wichtigsten Akteure im Rahmen des Talentmanagements, denn sie sind es, die verantwortlich für die Umsetzung der oben aufgezeigten Disziplinen sind. Ausgangspunkt für nachhaltigen Führungs- und Unternehmenserfolg ist hierbei die sichtbare Verpflichtung des Topmanagements zur Talententwicklung.

Der Personalabteilung (HR) kommt hierbei eine koordinierende Rolle zu. Eine wesentliche Herausforderung besteht darin, die erforderlichen Kompetenzen der Führungskräfte sicherzustellen.

Talententwicklung erfordert die Erfassung maßgeblicher Key Performance Indicators (KPI). Typische Indikatoren sind:

- Anzahl identifizierter High-Potentials pro Organisationseinheit
- Anteil interner Besetzungen bei kritischen Rollen und Funktionen
- Leistung, Zufriedenheit und Loyalität identifizierter High-Potentials
- Bekanntheit und Beliebtheit des Unternehmens auf dem Arbeitsmarkt (insbesondere bei den kritischen Zielgruppen)
- Schnelligkeit bei der Besetzung kritischer Rollen und Funktionen (time-to-fill)

Daraus folgt: Die Anforderungen an das Personalmanagement haben sich grundlegend verändert. Der Schlüssel zum Unternehmenserfolg liegt in einem strategisch agierenden und professionellen Personalmanagement. Dies führt zu Sichtweisen und Aufgaben, die sich von rein administrativen Tätigkeiten weg entwickeln. Talentmanagement setzt eine Unternehmenskultur voraus, die Talent in den Mittelpunkt des Denkens und Handelns stellt. Dabei wird Talentmanagement nicht als Aufgabe der Personalabteilung gesehen, sondern als zentraler Faktor im Hinblick auf die Wettbewerbsfähigkeit verstanden. Diese Grundanschauung wird von allen Akteuren gelebt. Dem sollte eine Grundsatzentscheidung folgen.

> **Grundsatzentscheidung:** Es können nur noch Führungskräfte befördert werden, die Führungsfähigkeiten entwickelt und unter Beweis gestellt haben.

Ich bin mir der provokativen Dogmatik des vorstehenden Ansatzes wohl bewusst. Meine Erfahrung hat aber gezeigt, dass nur eine solche klare „Ansage" dazu führt, dass sich karrierebewusste Führungskräfte mit der Weiterentwicklung ihrer Kompetenzen befassen. Die Schaffung solcher Rahmenbedingungen liegt im direktiven Verantwortungsbereich des Topmanagements. An diesen Regeln können dann sowohl Maßnahmen für Organisationsbereiche als auch für einzelne High-Potentials orientiert werden.

5.1.1 Anforderungen an die Wegbereiter

An anderer Stelle in diesem Buch habe ich bereits konstatiert, dass die Mehrzahl der Führungskräfte in Organisationen aller Art für die derzeitigen und zukünftigen Führungsaufgaben der Organisationen nicht ausreichend qualifiziert ist.

Für Führungskräfte als Wegbereiter eines nachhaltigen Führungs- und Unternehmenserfolgs gilt es daher, sich selbst permanent infrage zu stellen. Es sind die eingefahrenen Denkmuster, die uns scheitern lassen.

Die meisten Menschen glauben von sich selbst, sie seien unvoreingenommen und ihre Urteile seien wohlüberlegt. Tatsächlich, so zeigt es die Verhaltensforschung, neigt das Denken der meisten Menschen zu Verzerrungen und Projektionen. Sie neigen dazu, nach Informationen zu suchen, die ihre bestehenden Überzeugungen stützen. Dabei werden auch die Informationen überbewertet, die sie als erstes erhalten haben.

Die Kompetenz von Führungskräften hängt vor allem von drei Faktoren ab:

- vom Selbstbild der Person
- von den eingefahrenen Denkmustern
- von der Vorbildfunktion

Das Selbstbild eines Menschen beeinflusst stark seine Lernagilität. Menschen haben es schwer, wenn sie davon ausgehen, dass ihre geistigen Fähigkeiten von vornherein fest gefügt und unabänderlich sind. Nur wenn sie davon überzeugt sind, dass ihre geistigen Leistungen – ähnlich wie beim Sport – durch Übung verbessert werden können, sind sie in der Lage, mit Rückschlägen umzugehen und Neues zu lernen.

Das Selbstbild eines Menschen kann nur von ihm selbst über neue Einsichten und Erkenntnisse verändert werden. Verzerrungen und Projektionen (auch überholte Denkmuster) können nur durch ständige Reflexion verbessert werden.

Will eine Führungskraft den Wandel aktiv gestalten und ihre Mitarbeiter „mitziehen", muss sie vor allem Vorbild sein. Das wissen die meisten Führungskräfte, nur wenige verhalten sich aber im Alltag so, dass sie als Vorbilder wahrgenommen werden. Und die konkreten Verhaltensweisen machen diese Kompetenz aus. In der Vorbildfunktion muss eine vorbildliche Führungskraft u. a. ihre Werte leben, authentisch und glaubwürdig sein, meinen, was sie sagt, und sich Respekt, Vertrauen und Anerkennung erarbeiten. Die Vorbildfunktion hat den größten Einfluss auf das Verhalten anderer Menschen.

5.1.2 Talententwicklung

Entwicklung ist primär eine interne Aufgabe des Talentmanagements, bei welcher High-Potentials bestimmte Entwicklungsmaßnahmen erfahren.

Ein zentrales Instrument ist hierbei die systematische Zuweisung besonders herausfordernder Aufgaben („stretch roles"), Entsendungen ins Ausland, aber auch das Angebot besonderer Trainingsmaßnahmen wie etwa die Möglichkeit, begleitend zur beruflichen Tätigkeit ein Studium oder eine spezielle Leadership-Ausbildung zu absolvieren. Darüber hinaus erfahren die Kandidaten nicht selten eine professionelle Karriereberatung. Im Rahmen von regelmäßigen Gesprächen erhalten High-Potentials kontinuierlich Rückmeldung über ihre Leistung, was zur Lernentwicklung beiträgt.

Das Resource Management in Organisationen aller Art als Grundlage für den Unternehmenserfolg steht auf drei Säulen. Diese sind Organisation, Person und Team. In einem reibungslosen Zusammenspiel dieser Komponenten lässt sich der Erfolg eines Unternehmens bestimmen.

In Abb. 5.1 ist dargestellt, in welchen Bereichen in den Unternehmen die Probleme entstehen. Es sind die Schnittmengen, in denen Unternehmenserfolg erzeugt oder verhindert wird.

So ergibt sich, dass mangelnde analytische Fähigkeiten im Bereich der Organisationsentwicklung zu Problemen führen. Fehlen soziale Kompetenzen bei einer Führungskraft, dann nimmt die Leistung bei den unterstellten Mitarbeitern schnell ab und die Fluktuation nimmt zu. Auch die Veränderung der Organisation braucht viel Einfühlungsvermögen in die Belange der Mitarbeiter. Die hierzu erforderlichen Führungsfähigkeiten stellen meines Erachtens heute das größte Wachstumspotenzial in den Wirtschaftsunternehmen dar.

Betrachten wir die Schnittstellen zwischen diesen Säulen, so wird schnell klar, was die Aufgabe der Talententwicklung ist: Es ist die richtige Besetzung aller Schlüsselpositionen mit den optimalen Kandidaten innerhalb einer Organisation.

Abb 5.1 Corporate Resource Management

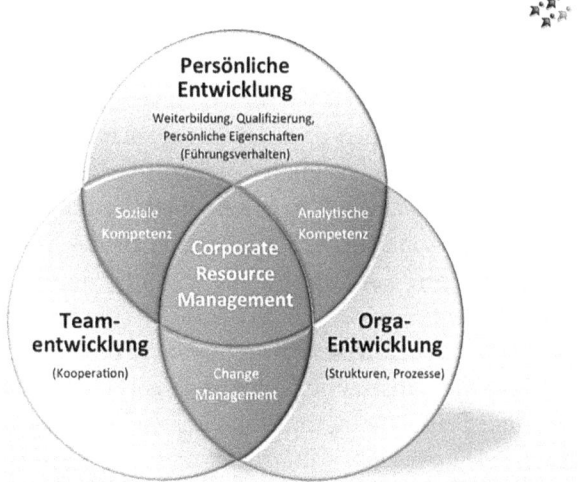

Dies beinhaltet als besondere Herausforderung eine Steuerung aller Mitarbeiterentwicklungsprozesse im Einklang mit der strategischen Ausrichtung des Unternehmens. Ein umfassendes Talentmanagement schafft alle Rahmenbedingungen, um Potenziale im Sinne der Unternehmensziele optimal zu entfalten. Dabei werden konkrete Instrumente der systematischen Identifizierung, Rekrutierung, Entwicklung und Positionierung von Leistungsträgern eingesetzt.

5.2 Organisationale Maßnahmen

Die Führungskompetenzen einer Person zu verändern oder zu verbessern bedeutet Verhaltensänderung! Diese ist viel schwieriger zu bewältigen als die Verbesserung der fachlichen Qualifikation. Dazu bedarf es spezieller Coaching-Kompetenzen – mit verhaltensmodifizierender Orientierung –, die in den meisten Organisationen (noch) nicht vorhanden sind. Leider verfügen auch externe Coaching-Anbieter nur selten über die hierfür erforderlichen Ausbildungen. Sowohl NLP als auch der systemische Ansatz können dies nicht oder nur unvollständig erreichen.

Talent-Development umfasst eine Vielzahl von Einzelmaßnahmen und stellt insofern eine konstruktive personalpolitische Leistung dar. Kernaufgabe des Talentmanagements ist es, intern und extern talentierte und für das Unternehmen langfristig vielversprechende Menschen (Kandidaten,

140 Transformationale Führung

Mitarbeiter, Führungskräfte) ausfindig zu machen. Intern erfolgt eine Identifikation talentierter Mitarbeiter meist im Rahmen spezieller Entwicklungsmaßnahmen, in welchen Mitarbeiter durch Manager entlang ihrer Leistung und ihres zukünftigen Potenzials eingeschätzt werden. Kandidaten, die eine hohe Leistung zeigen und denen zugleich ein hohes Potenzial zugesprochen wird, werden dann als High-Potentials bezeichnet.

Im Rahmen eines integrierten Ansatzes reicht es nicht aus, Trainings und Seminare abzuhalten. Wichtig sind auch die Evaluation und die Bewertung der Leistungen der Führungskräfte und Mitarbeiter in einem „Performance Management-System (PMS)" inkl. der Frage von gerechter Entlohnung. Ein Performance Management-System umfasst zum einen das Prozessmodell und die Umsetzung. Zum anderen liefert es konkrete Instrumente rund um den Einschätzungsprozess von Zielvereinbarungen, Kompetenzen und Potenzialen einzelner Mitarbeiter oder der Belegschaft.

Das Prozessmodell besteht aus sechs Phasen, denen verschiedene Prozesse zugeordnet sind (s. Abb. 5.2). Die Phasen sind:

- Projektdefinition
- Organisation-Audit

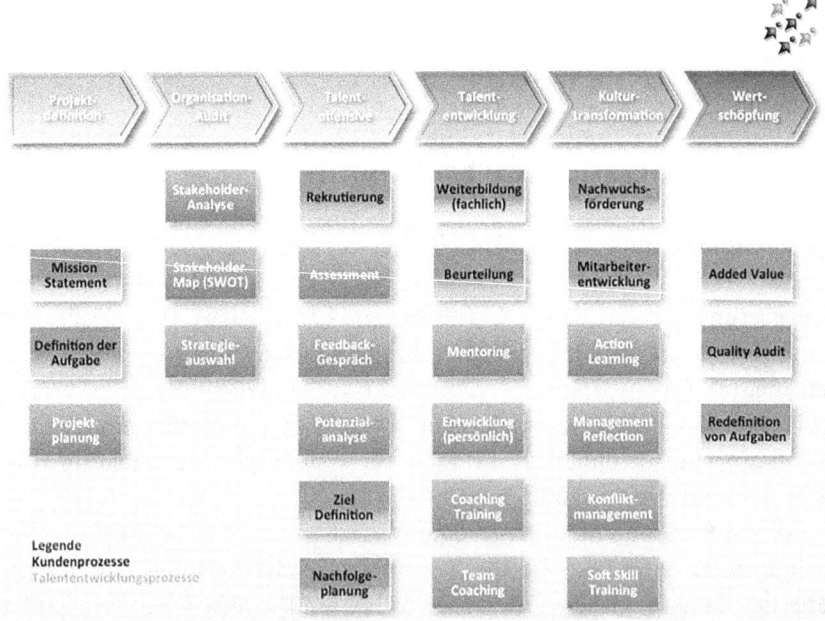

Abb. 5.2 Prozessmodell eines Performance Management-Systems

- Talentoffensive
- Talententwicklung
- Kulturtransformation
- Wertschöpfung

PMS-Analysen oder PMS-Audits werden in der Praxis zunächst in Bereichen eingesetzt, die eben nicht „performen". Anschließend folgen weitere Maßnahmen zur Verbesserung der Organisation. Erst wenn die Geschäftsleitung den Vorteil solcher Maßnahmen erkannt hat, erfolgt in der Regel ein „Rollout" in weitere Bereiche oder in die komplette Organisation. Die einzelnen Prozesse eines PMS, die ich nachfolgend beschreibe, konnte ich in vielen praktischen Fällen entwickeln und validieren.

Nach einer Projektdefinition (Konzeptentwicklung) folgt zunächst eine Auditierung betroffener Abteilungen oder Bereiche.

5.2.1 Organisation-Audit

Der Begriff Organisation-Audit (Management-Audit) bezeichnet eine systematische Einschätzung von Kompetenzen und Leistungspotenzialen von Führungskräften im Hinblick auf den strategischen Erfolg eines Unternehmens (gemessen am Unternehmenswert oder an der Erfüllung von Erwartungen der Stakeholder).

Das Management-Audit ist kein Instrument der Eignungsdiagnostik. Es beginnt mit der Entwicklung eines Kompetenzmodells aus der Unternehmensstrategie, führt weiter zur Leistungs- und Potenzialbewertung der Führungskräfte und endet mit der Ableitung strategischer und personalpolitischer Maßnahmen.

Dabei geht es um eine differenzierte Bewertung der Kandidatinnen und Kandidaten aus der Sicht von Vorgesetzten, Mitarbeitern und Kollegen. Diese Bewertung aus unterschiedlichen Sichten und Hierarchiestufen wird dann noch durch die Selbsteinschätzung der Kandidaten ergänzt. Daher die Bezeichnung 360-Grad-Feedback.

Einem Management-Audit liegt meist ein Kompetenzmodell des Unternehmens zugrunde. Es enthält definierte Fach- und Führungskompetenzen mit Verhaltensbeschreibungen (Stellenanforderungsprofile), die zur Umsetzung der Unternehmensstrategie notwendig sind (Soll-Kompetenzen). Das Audit liefert dann eine erste Einschätzung der Ist-Kompetenzen. Aus dem Soll-Ist-Vergleich lassen sich Aussagen über die Zukunftsfähigkeit des Unternehmens und den Qualifizierungs- und Entwicklungsbedarf der Führungskräfte ableiten.

5.2.1.1 Interviews (Stakeholder-Analyse)

Als Stakeholder kann jede Person, Personengruppe oder Institution bezeichnet werden, die ein berechtigtes Interesse am jeweiligen Arbeitsablauf (Projekt) aufweist. Das Ziel einer Stakeholder-Analyse besteht nicht darin, es allen Akteuren und Beteiligten recht zu machen oder sämtliche Positionen zu berücksichtigen. Vielmehr soll die Möglichkeit geschaffen werden, Stakeholder mit einem hohen positiven (unterstützenden) oder auch negativen (blockierenden) Einfluss zu identifizieren und sie dann bei der nachfolgenden Strategie- und Maßnahmenplanung entsprechend zu berücksichtigen.

So werden mögliches Konfliktpotenzial und die Gefahr, dass die Geschäftsprozesse (oder ein Projekt) zum Scheitern gebracht werden, reduziert.

Im Folgenden verwende ich die Begriffe Abteilung, Bereich und Projekt synonym.

Für die Durchführung einer Stakeholder-Analyse haben sich folgende Schritte bewährt:

Stakeholder-Identifikation

Schritt 1: Analysieren Sie alle Einzelcharaktere, welche in einer Abteilung (im Projekt) arbeiten. Gibt es wichtige Schlüsselfunktionen, die von einer bestimmten Person besetzt sind? Wenn ja, nehmen Sie diese Person unter Nennung der Rolle namentlich auf, dies erleichtert Ihnen die spätere Zuordnung, gerade bei größeren Bereichen

Schritt 2: Identifizieren Sie formelle Gruppen, darunter z. B. Abteilungen, Stäbe, Gremien oder andere Organisationseinheiten. Als Ansprechpartner wird üblicherweise der Abteilungsleiter benannt. Bei Dienstleistern, Zulieferern, o. Ä. sind die jeweiligen weisungsbefugten Ansprechpartner aufzulisten

Schritt 3: Identifizieren Sie informelle Gruppen, auch die „Seilschaften". Formieren die Anwohner Widerstand? Gibt es inoffizielle Lobbys? Alles, was sich lose/informell zusammengruppiert, fällt in diese Kategorie. Einen realen Ansprechpartner ausfindig zu machen, ist oft schwierig. Versuchen Sie, den Meinungsbildner oder informellen Führer aufzuspüren

Schritt 4: Analysieren Sie das weitere Umfeld. Hierunter fallen Behörden, Verordnungsgeber, Gesetzgeber etc

Um alle wichtigen Stakeholder zu identifizieren, stellen Sie sich beispielsweise bei einem Bauprojekt folgende Leitfragen:

- Was sind die Aufgaben (das Ziel) der Abteilung (des Projekts), wer zieht daraus positive und wer negative Konsequenzen?
- Wer ist fachlich, leitend, strategisch oder beratend involviert?

- Wer legt an welcher Stelle Regeln und Rahmenbedingungen fest?
- Welche abgrenzbaren Gewerke gibt es, und was verursachen diese (z. B. Emissionen: Lärm, Staub etc.)?
- Wer ist Ansprechpartner für diese abgrenzbaren Gewerke?
- Welche öffentlichen Stellen sind involviert und welche sollten noch involviert werden?
- Welche Verordnungen, Gesetze und Vorgaben müssen eingehalten werden?
- Wer hat ein Interesse daran, dass das Abteilungsziel (Projektziel) erreicht wird?
- Wer hat ein Interesse daran, dass das Abteilungsziel (Projektziel) nicht erreicht wird?
- Wer hat Vetorechte und muss bei strategischen Entscheidungen seine Zustimmung geben?
- Wer kann Stimmung für oder gegen das Projekt machen?
- Wer sollte zumindest informiert werden (und sei es auch nur, um ihn wohlwollend zu stimmen)?

Stakeholder-Befragung

Bei der Befragung geht es darum, sich ein zutreffendes und umfassendes Meinungsbild zu schaffen. Dafür können zwei Methoden – Workshop und Interviews – gut verwendet werden. Für die jeweilige Methode dienen die nachfolgenden Hinweise als Grundlage:

- Legen Sie fest, wann mit wem (welche Gruppierungen) die Workshops oder Interviews stattfinden sollen.
- Erläutern Sie zu Beginn Ziel (Information sowie Erheben von Wünschen und Erwartungen) und Ablauf.
- Achten Sie darauf, dass ein Gesprächsfluss entsteht und keine Vernehmung.
- Wiederholen („spiegeln") Sie das Gesagte Ihres Gesprächspartners mit Ihren Worten, bevor Sie fortfahren.
- Bedanken Sie sich am Ende für die Zeit und das Vertrauen.
- Notieren Sie den Inhalt des Gesprächs.

Workshop

Ein Workshop kann beispielhaft im Rahmen einer Kick-off-Veranstaltung durchgeführt werden. Innerhalb des Workshops kann direkt mit allen erkannten Stakeholdern über die Aufgaben, Abteilungsziele, Meilensteine, Risiken und über Wünsche, Hoffnungen und Kritik gesprochen werden.

Durch die aufgewendete Zeit und das sachliche Argumentieren sowie die frühzeitige Einbindung in das Projekt sichern Sie sich Zuspruch und Vertrauen. Denken Sie unbedingt daran, die Aussagen nicht nur zu sammeln, sondern auch zuzuordnen. Eine Rückmeldung der Workshop-Ergebnisse an die jeweiligen Stakeholder ist unabdingbar.

Eine Besonderheit des Workshops ist die Zusammenfassung der Teilnehmer zu Interessensgruppen (Fokusgruppen). Dabei wird der Workshop mehrfach durchgeführt, jeweils mit einer Interessengruppe. Dieses Vorgehen verfolgt das Ziel, dass Informationen unter Gleichgesinnten viel eher zu Ihnen dringen als in gemischten Runden. Solche Fokusgruppen können thematisch, organisatorisch oder fachlich zusammengestellt werden.

Interviews

Interviews sind für Themen und Projekte sehr gut geeignet, welche mit eher zurückhaltenden Stakeholdern besetzt sind. Nicht jeder spricht in einer großen Runde, wie bei einem Workshop, offen über Ängste und Wünsche.

Durch diese Art der Befragung, durchgeführt als direktes Gespräch oder Telefoninterview, kann einem Teilnehmer (eine gute Vertrauensbasis vorausgesetzt) die eine oder andere Meinungsäußerung ermöglicht werden. Oft muss für eine offene und persönliche Aussage die Chance des späteren Dementierens (nur im Zweiergespräch möglich) bestehen.

Risiken und Chancen

Fallen Ihnen während der Analyse negative Stakeholder oder andere Unannehmlichkeiten auf, sind diese bereits in die Risikoplanung aufzunehmen. Es ist falsch, negative Stakeholder nur als negativ zu markieren, diese aber nicht als Risiko aufzunehmen. Nur wenn Sie jene Beteiligten im Risikoregister eintragen und Maßnahmen zum Umgang planen, macht Ihre Stakeholder-Analyse Sinn.

Stakeholder-Bewertung

Je nach Abteilung oder Projektumfeld können unterschiedliche Merkmale stärker oder schwächer gewichtet werden. Für mich hat es sich angeboten, Einflussgrößen wie folgt zu kategorisieren:

- inhaltliche (und/oder sachliche, fachliche) Merkmale
- organisatorische Merkmale
- soziale Merkmale

Die im ersten Schritt schriftlich fixierten Stakeholder werden nun anhand verschiedenster, von der Aufgabe (Projektart) abhängiger Einflussgrößen bewertet und beurteilt. Neben den in der Ich-Entwicklung unter „Werte,

Meinungen, Weltbilder" genannten Kriterien sollten folgende Attribute mindestens erfasst werden:

- Namen und Abteilungen
- Art des Stakeholders (Charakter, Gruppe, informelle Gruppe etc.)
- Aufgabe, Rolle (im Projekt, am Projekt)
- Intern/Extern
- Einstellung zum Projekt (positiv, neutral, negativ; ergibt sich aus den unten genannten Kriterien)

Hinweis: Die Stakeholder-Analyse ist Sache einer oberen Führungskraft (CxO) und/oder von deren Erfüllungsgehilfen (Berater etc.). Informieren Sie sich vorher, ob das Ergebnis veröffentlicht werden muss. Sie wollen sicher nicht, dass jemand mit viel Einfluss und Macht liest, er sei ein schwieriger Charakter. Formulieren Sie also Bewertungen sozialverträglich.

Eine Vorhersage von Verhaltensweisen wäre einfach, wenn Menschen kausal nach dem Ursache-Wirkung-Prinzip agieren würden. Sie agieren aber vor allem impuls- und/oder denkmustergesteuert aus der Motivation heraus, bestimmte Ziele und Vorstellungen zu erreichen. Wenn Sie sich dies bewusst vor Augen halten, können Sie die Handlungsgrundlagen eines Gesprächspartners leichter nachvollziehen und vorausahnen. Diese impuls- und mustergesteuerten Aktionen werden innerhalb der Analyse in Einflüsse und Werte unterteilt. Diese Einflüsse und Werte sind in den oben genannten Kategorien „inhaltlich/sachlich/fachlich", „organisatorisch" und „sozial" zu finden. Hauptbegriffe sind: Macht, Einfluss, Konfliktpotenzial, Wünsche und Hoffnungen, Erwartungen sowie Allgemeines.

Eine Bewertung ist abhängig von dem Umfeld, in dem die Analyse durchgeführt wird. So reagieren Menschen einer IT-Abteilung beispielsweise anders als Lagermitarbeiter.

Die nachfolgende Liste soll dabei helfen, die maßgeblichen Informationskriterien zu erkennen und abzudecken.

- Macht und Einfluss (auf das Projekt, im Projekt)
- Organisatorische Rolle (Über-/Unterstellung, disziplinarisch, fachlich)
- Rechtlich (Prokura, Gegenzeichnungspflicht, staatlich)
- Personell (Abteilungsleiter, Human Resources)
- Lobbys und Gewerkschaftszugehörigkeit (wenn für das Projekt wichtig)
- Konfliktpotenziale (Zwischenziele, Projektziele, soziale Kriterien)
- Beschreibung des Konfliktherdes
- Einstellung gesamt positiv/negativ/neutral

- Wünsche und Hoffnungen (an das Projekt, vom Projekt, im Projekt)
- Rollen des Stakeholders
- Beschreibung der Funktion/Tätigkeit im Projekt
- Finanzielle Schlagkraft
- Stärken/Schwächen, die ggf. genutzt werden können
- Erwartungen (an andere, an die Projektleitung, an den Ablauf etc.)
- Allgemeines

5.2.1.2 Stakeholder Map (SWOT)

Nachdem Sie alle Punkte erarbeitet haben, gilt es, eine Bewertungs- und Gewichtungsgrundlage zu erstellen. Entweder wird Ihnen diese bereits organisatorisch vorgegeben oder Sie müssen selbst entscheiden, welche Kriterien wie stark gewichtet werden.

Anhand der Gewichtung und Bewertung der einzelnen Faktoren ergibt das ein Ergebnis, welches die Rangordnung eines jeden Stakeholders widerspiegelt. Je höher diese Zahl ist, desto größer die Rolle, die ein Stakeholder im Projekt spielt oder spielen kann. Diese Phase der Bewertung und Gewichtung wird sporadisch auch als „Assessment" oder „Wirkungsanalyse" bezeichnet.

Basierend auf den herausgearbeiteten Gewichtungen kann eine Stakeholder Map erarbeitet werden (s. Abb. 5.3). Sie visualisiert den Zusammenhang

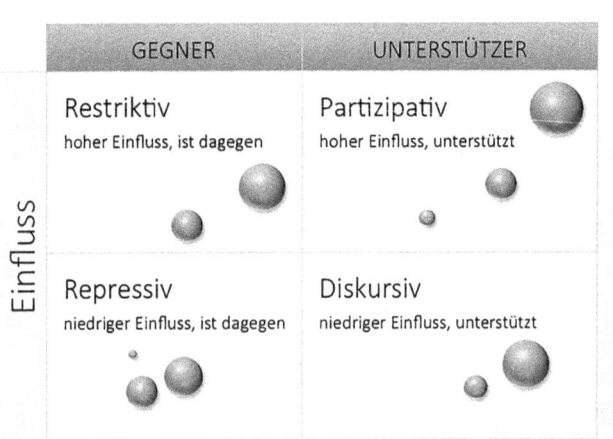

Abb. 5.3 Stakeholder Map

zwischen Einfluss und Unterstützung (positiv vs. negativ) mithilfe von farblich markierten Punkten („bubbles") unterschiedlicher Größe und Positionierung.

Die Stakeholder Map ist eine Methode, die Gewichtung des Einzelnen zu visualisieren. Innerhalb der Map werden Kriterien gegenübergestellt und die Stakeholder als „Bubble" eingezeichnet. Die Größe (und ggf. Farbe) dieser Punkte spiegelt die Punktzahl der Gewichtung wider, die Platzierung der Blase zeigt die Einstellung zum jeweiligen Thema. Dabei können z. B. folgende Fälle unterschieden werden:

- Hoher Einfluss, unterstützt das Projekt (partizipativ)
- Niedriger Einfluss, unterstützt das Projekt (diskursiv)
- Hoher Einfluss, ist gegen das Projekt (restriktiv)
- Niedriger Einfluss, ist gegen das Projekt (repressiv)

Je nach Einordnung entstehen unterschiedliche Ebenen der Zusammenarbeit.

Restriktiv/Repressiv: Hierzu gehören Stakeholder, die trotz aller Versuche (Projektmarketing, persönliche Gespräche, aufeinander zugehen) nicht von ihrer negativen Position abrücken wollen. Diese Personen oder Gruppen erhalten lediglich Informationen, wie den Empfang von Statusreports, Projektberichte oder Newsletter. Ihre aktive Mitarbeit sollte vermieden werden. Hinweis: Dies gilt wirklich nur dann, wenn alle anderen Versuche des Einbeziehens gescheitert sind!

Diskursiv: Auffassungen dieser Gruppe werden verständnisvoll angehört und bei Sinnhaftigkeit angenommen. Da sie kaum Einfluss haben, werden diese jedoch nicht ganz so aktiv wie partizipative Stakeholder am Projekt beteiligt. Aktivitäten könnten Einladungen zum Austausch oder die Beteiligung an Umfragen sein

Partizipativ: Die partizipativen Stakeholder bilden eine starke und das Projekt fördernde Gruppe, die dem Projekt aufgrund ihres hohen Einflusses und ihrer positiven Grundhaltung guttut. Sie werden aktiv in das Projekt, in die Projektgestaltung und in Entscheidungs- wie Diskussionsrunden einbezogen

Wenn Sie die Konstellationen verstehen, in welchem sich alle Beteiligten bewegen, können Sie Verknüpfungen, Machtstrukturen und Zusammenhänge visualisieren und auf diese einwirken.

Hinweis: Sollten Sie Ihre Analyse veröffentlichen, z. B. im Rahmen eines Meetings, tragen Sie anstatt der Namen Nummern neben/in den Bubbles ein und sprechen Sie diese neutral an. Bewahren Sie die Namen unbedingt getrennt von den genutzten Nummern auf. Lassen Sie nicht zu, dass zwischen Namen und Nummer Parallelen gezogen werden können.

Beurteilungsfehler
In der Praxis wird die Stakeholder-Analyse oftmals nur während der Prozess- oder Projektplanung durchgeführt und anschließend bzw. im weiteren Projektverlauf vernachlässigt. Sie sollte allerdings stetig in sämtlichen Projektphasen überprüft und ggf. modifiziert werden, da sich Meinungen verändern und Informationen neu interpretiert und gewichtet werden können. Eine kontinuierliche Überprüfung ermöglicht außerdem eine Korrektur anfänglicher Fehleinschätzungen.

Und nochmals der wirklich wichtige Hinweis: Machen Sie sich vor der Stakeholder-Analyse klar, ob diese veröffentlicht und/oder anderen Personen außer Ihnen zugänglich sein wird. Ihre Bewertungen könnten von dem einen oder anderen negativ aufgefasst werden.

Haben Sie schon einmal jemanden falsch eingeschätzt? Wenn ja, wären Sie damit nicht alleine. Auch ich habe meine Meinung über jemanden und seine Fähigkeiten schon manches Mal geändert und angepasst. Da, wo Menschen über andere urteilen, beeinflussen sogenannte „Beurteilungsfehler" die Objektivität.

Die folgende Übersicht erklärt Ihnen die, aus meiner Sicht, häufigen Fehler in der Beurteilung von Stakeholdern, Mitarbeitern und anderen Beteiligten.

- Vorurteile: Jeder kennt sie, jeder hat sie, kaum einer gibt es öffentlich zu: die Vorurteile oder auch das Schubladendenken. Das Typische: Vorurteile sind meist unbewusst und haben häufig auch keine reelle Grundlage.
- Hierarchieeffekte und Fehler durch die Verteilung von Rollen: Ihr Vorgesetzter ist am Thema kaum beteiligt, für die Chefetage ist die Aufgabe dennoch ein Prestigeprojekt? Ein neuer Kollege auf derselben Hierarchieebene soll an der Aufgabe (dem Projekt) mitwirken. Die Folge: Der vermeintliche Vorgesetzte wird als Stakeholder viel zu stark und einflussreich bewertet, der neue Mitarbeiter auf derselben Ebene erhält hingegen eine viel zu schwache Anerkennung. Ergebnis: Durch vorgegebene (soziale und formale) Rollen in der Organisation und Über-/Unterstellungen entstehen Verzerrungen in den Bereichen „Einfluss" und „Macht".
- Der HALO-Effekt: Stellen Sie sich bitte vor: Ein unbekannter Herr X hat in der Vergangenheit bereits drei Projekte vor dem sicheren Scheitern gerettet. Diese Person ist zudem Speaker auf mehreren renommierten internationalen Konferenzen. Nun soll er in Ihrem Projekt als Experte

mit Rat und Tat beratend zur Seite stehen. Ergebnis: Dadurch, dass die Taten des Herrn X in der Vergangenheit herausgestellt werden, überstrahlen diese (HALO-Effekt) negative Merkmale und andere Personen im Projekt. Es kommt zu einer Überbewertung dieser Person.

- Sympathiefehler/Antipathiefehler: Sie kennen einen Stakeholder bereits seit Jahren? Eventuell haben Sie das Projekt sogar zusammen angestoßen? Oder einer der Stakeholder ist in Ihren Augen jemand, der überhaupt nicht in das Projekt passt? Dann werden Sie den Sympathiefehler/Antipathiefehler begehen. Ihr Freund/Bekannter/Kollege wird im Projekt einen höheren Einfluss genießen als der für Sie nicht passende Charakter. Richtig wäre: Im späteren Umgang mit beiden Personen können Sie differenzieren, wer wann welche Informationen erhält – allerdings nicht in der Analyse. Wenn der ungeliebte Charakter mehr zu sagen hat als Ihr Kollege, dann bewerten Sie dies auch objektiv so.
- Lorbeereffekt: Eine ähnliche Auswirkung wie Sympathie und Antipathie zeigt sich im sogenannten „Lorbeereffekt". Aufgrund verschiedenster in der Vergangenheit liegender Einflussfaktoren hat sich eine bestimmte Person nach Ihrer Meinung „ihre Lorbeeren verdient". Durch dieses In-den-Vordergrund-Stellen werden die Eigenschaften der Person überbewertet.
- Tendenz zur Milde: Stakeholder werden zu nachlässig bewertet. Alles scheint friedlich und positiv zu sein. Keiner der Stakeholder erhält eine negative Bewertung, „neutral" ist die schlechteste Bewertung.
- Tendenz zur Mitte: Alle Stakeholder „sind nun mal da". Es wird nicht unterschieden, sondern gruppiert und zusammengefasst. Alle Stakeholder werden als „neutral" oder „positiv" eingeschätzt.
- Tendenz zur Härte: Sie beurteilen streng und gehen davon aus, dass alle Stakeholder per se gegen das Projekt sind, und so behandeln sie diese auch. Die Stakeholder werden überwiegend als „negativ" oder maximal als „neutral" kategorisiert.
- Von sich auf andere schließen und fehlinterpretieren: Schließen Sie nicht von sich auf andere. Nur weil zwei Personen in die gleiche Richtung laufen, muss dies nicht heißen, dass beide dasselbe Ziel verfolgen.
- Überbewertung einzelner Aussagen: Tätigt eine Person einzelne negative oder positive Aussagen dem Projekt gegenüber, interpretieren Sie dies nicht gleich als eine positive oder negative Grundeinstellung, sondern beachten Sie das Gesamtbild der Person.

Auf Basis der o. a. Erhebungen werden Schlüsselpositionen und kritische Rollen identifiziert, SWOT-Analysen erstellt und Qualifikations- und Eignungslücken ermittelt. Die SWOT-Analyse (engl. Akronym für Strengths

(Stärken), Weaknesses (Schwächen), Opportunities (Chancen) und Threats (Gefahren)) ist ein Instrument der strategischen Planung. Sie dient der Positionsbestimmung und der Strategieentwicklung von Unternehmen und anderen Organisationen. Die SWOT-Analyse kann ebenso auf Abteilungsebene oder innerhalb eines Projektes angewandt werden.

Insofern habe ich das SWOT-Modell in Bezug auf Leadership-Kompetenzen angepasst und erweitert. Beide, Stakeholder Map und SWOT-Analyse, stellen die Grundlage für die Strategieentwicklung dar. Tab. 5.1 beschreibt die Bewertung einer Abteilung in Bezug auf notwendige Kompetenzen in SWOT-Kategorien.

5.2.1.3 Strategie

Das Aufdecken von Schwachstellen und die Feststellung des Entwicklungsbedarfs erlaubt die Priorisierung der Aufgaben und Ziele (Strategieauswahl). Für die Entwicklung weiterer organisationaler und kommunikativer Maßnahmen möchte ich nochmals verdeutlichen, wozu die Stakeholder-Analyse dient.

Sie können ablehnende Stakeholder gezielt ansprechen und überzeugen. Der Output der Stakeholder-Analyse zeigt Ihnen, welche Personen oder Beteiligten dem Projekt gegenüber negativ eingestellt sind und im besten Fall auch, warum diese Einstellung zustande kommt. Mit diesem Wissen können Sie die Argumente gezielt entkräften oder positive Aspekte aufzeigen.

Tab. 5.1 SWOT-Analyse

KOMPETENZ	Stärken	Schwächen	ChancenRisken	Risiken
Teamkompetenz	Werte Ziele	Rivalität Dynamik	Außenseiter	Team zerfällt in Gruppe
Führungskompetenz	Fachlich	Sozial (Soft Skills)	Learnfähig	Rivalität
Personal	Leid gewohnt	Know-how	Motivierbar	Leitwolf
Veränderungsfähigkeit	Motive	Beharrungsvermögen	Perspektive	Rückfall
Organisation	Ausstattung	Aufwand Verwaltung	Kapazität ungenutzt	Hierachie

Sie erhalten Hinweise darauf, welche eigenen Ziele Stakeholder verfolgen.
Im Gegensatz zur Natur, welche überwiegend nach einem Ursache-Wirkung-Prinzip funktioniert, agieren Menschen nach persönlichen Motiven. Sie können die Gründe für das Handeln der Stakeholder herausfinden und so auf die Motive einzelner oder von Gruppen schließen.

Ihr Image verbessert sich.
Dadurch, dass bei der Einstiegsanalyse und der späteren Neubewertung auf die Stakeholder eingegangen wird, fühlen sich diese ernst genommen. Der Nebeneffekt: Wer sich ernst genommen und respektiert fühlt, sieht das Projekt, den Ablauf und den Projektleiter mit wohlmeinenden Augen. Die Anzahl an negativen Stakeholdern verringert sich erfahrungsgemäß, wenn das Gefühl entsteht, dass Ängste und Erwartungen ernst genommen werden.

Maßnahmen können gezielter eingesetzt und geplant werden.
Sie wissen, welche Personen oder Gruppen welche Vorbehalte, Kritiken oder Einstellungen haben. Maßnahmen können somit gezielter initiiert werden.

Einflussstarke Stakeholder entdecken und für eigene Zwecke gewinnen.
Einer der Stakeholder hat durch Charisma, Charakter oder seine Position die Fähigkeit andere mitzuziehen, zu überzeugen und zu begeistern? Markieren Sie diese Person dick in Ihrer Map und gewinnen Sie diese Person für Ihre Ziele. Ohne Stakeholder-Analyse ist dies nicht erkennbar und undenkbar.

Aufgrund der vorausgegangenen Untersuchungen ist nun die weitere Strategieauswahl relativ einfach. Die folgenden Schritte sind zur Verbesserung der Führungs- und Unternehmenskultur gut geeignet:

- Assessments: Das Erkennen von Talenten und Potenzialträgern führt zur Aufwertung der Person.
- Konfliktmanagement: Kritische Konflikte können entschärft oder ggf. durch Einsicht und Verhaltensänderung aufgelöst werden.
- Mentoring: Beschleunigung des Wissenstransfers, Mitarbeiter werden schneller produktiv, und grobe Fehler werden minimiert.
- Teamtraining: Die Leistung von Teams wird verbessert, ggf. wird ein Team selbstorganisierend.
- Coaching: Menschen lernen besser, mit sich selbst und anderen umzugehen.
- Training: Es werden relevantes Wissen und nützliche Erfahrungen erworben.

5.2.2 Talentoffensive

In diesem Abschnitt geht es vorrangig darum, den Entwicklungsbedarf der Führungskräfte festzustellen. Die Talentoffensive umfasst in der Folge alle Maßnahmen zur Erhaltung und Verbesserung der Qualifikation der Mitarbeiter. Dazu gehören Ausbildung, Weiterbildung, Umschulung, Training, Supervision und Coaching. Personalentwicklung fördert Fachkompetenz, Sozialkompetenz, Führungskompetenz und Schlüsselqualifikationen.

Betrachtet man die Unternehmenskultur einer Organisation, so stellt man fest, dass sie aus den Einstellungen und Gewohnheiten seiner Mitarbeiter und Führungskräfte besteht. Wenn es sich die Mitarbeiter einer Organisation in ihren „Komfortzonen" bequem gemacht haben, sehen sie in der Regel keinen Bedarf für die Veränderung der Unternehmenskultur. Bei schlechter Führung führt dieses Verhalten auch meist zur Leistungsverweigerung oder -verminderung.

> Die Veränderung eines Unternehmens oder einer Organisation – also ein Kulturwandel – ist kein leichter Weg!

Gerade Mitarbeiter ohne große Karriereaussichten und etablierte Führungskräfte, die schon viele kurzlebige Initiativen erlebt haben, sind häufig am unbeweglichsten. Deshalb ist es zu Beginn einer Transformation leichter, die Nachwuchs-Führungskräfte zu mobilisieren, da sie erfahrungsgemäß anpassungsfähiger und -williger sind. Von dieser Gruppe geht dann die Signalwirkung aus, die andere Bereiche mitbewegt.

Wenn „unersetzliche" Mitarbeiter oder Führungskräfte für den Transformationsprozess nicht gewonnen werden können, kann jede Änderung auch zu einer Machtfrage werden. Meist erfolgt jedoch eine Anpassung dieser Mitarbeiter automatisch, wenn eine „kritische Masse" in der Transformation erreicht ist. Aber es ist auch erforderlich, dass die Geschäftsleitung diese Transformation beharrlich verfolgt und durchsetzt.

5.2.2.1 Assessments

In der dritten Phase eines Talent-Entwicklungs-Projektes (TEP) erfolgt die Einladung zur Talententwicklung und die Beurteilung der Leistungsträger im Rahmen von Online-Assessments. Die Daten dieser Beurteilung können mit den Qualifikations- und Eignungsanforderungen abgeglichen werden.

Die Bewertung der Führungsfähigkeiten der Manager beginnt mit der Sammlung von Daten über ihre Leistungen. Diese Informationen können

z. B. aus einem 360-Grad-Feedback, der Beurteilung durch Vorgesetzte oder dem Lebenslauf stammen.

Einer Einladung zur Teilnahme an einem Assessment-Center (AC) geht nicht immer eine Bewerbung auf eine Arbeitsstelle voraus. Möglich sind auch unternehmensinterne ACs, beispielsweise im Rahmen einer Potenzialanalyse, die der Auswahl eines Pools geeigneter Kandidaten für Führungsaufgaben dienen (Development Center).

Der Glaube, dass Potenziale durch einfache Tests erkannt werden können, ist weitverbreitet. So sind viele Testverfahren entstanden, die einen Vergleich mit einer „Idealperson in der Normgruppe" durchführen. Sie werden als „normative Verfahren" bezeichnet.

Viel wichtiger ist es aber festzustellen, wie die Handlungstendenzen *innerhalb* einer Person entwickelt sind. Wie reagiert sie z. B. mit und ohne Stress. Von ipsativen Daten wird gesprochen, wenn sich die an einem Individuum erhobenen verschiedenen Messwerte in der Summe ausgleichen. Als Ipsativierung bezeichnet man in der Statistik entsprechend auch die Zentrierung (Ausrichtung) von mehreren am gleichen Individuum erhobenen Messwerten am individuellen Gesamtmittelwert. Ipsative Daten finden vor allem Verwendung, wenn eine intraindividuelle Analyse der Eigenschaften im Vordergrund steht. Zwischenzeitlich stehen auch dafür leistungsfähige Assessment-Werkzeuge zur Verfügung. Sie geben Hinweise auf die Eignungsfaktoren von Bewerbern und können sehr tief in das menschliche Verhalten hineinschauen. Damit können die Verhaltensweisen, Charaktereigenschaften, Einstellungen und Vorlieben einer Person unter verschiedenen Bedingungen erfasst werden. Diese können dann mit Stellenanforderungen abgeglichen werden. Üblicherweise können heutzutage solche Assessments online im Internet absolviert werden.

Ich setze solche Werkzeuge in der Führungskräfteentwicklung ein. Damit zeige ich meinen Coachees die eigenen Verhaltensbandbreiten, die in einem Kontext für Erfolg, aber auch für den Misserfolg stehen. So kann ich persönliche Eigenschaften transparent machen und sie ins Bewusstsein des Kunden heben.

Ein sogenanntes Einzel-Assessment (-Center) gibt es meist für das oberste Management. Gründe in der Praxis sind: Die Bewerbungen müssen „geheim" bleiben (Kandidat hat den „alten Arbeitsplatz" noch nicht gekündigt); es geht um sensible Unternehmensteile, in die nicht „jedermann" einsehen soll; für bestimmte Positionen gibt es nicht genügend Bewerber etc.

Management-Audit
Einem Online-Assessment folgt ein Interview, bei dem in der Regel zwei Gutachter (meist externe Berater) eine Führungskraft über mehrere Stunden befragen. Dieses Interview unterscheidet sich von klassischen Befragungen

durch eine spezielle Fragetechnik, die in den Vereinigten Staaten als „Behavioral Interview" weitverbreitet ist. Bei einer verhaltensbasierten Befragung (Verhaltensinterview) muss betont werden, dass das Verhalten und die (messbaren) Erfolge (wirtschaftlichen Ergebnisse) der Manager im Vordergrund stehen. Diese haben eine wesentlich höhere prognostische Validität als charakterliche Merkmale, Führungsstile oder Persönlichkeitseigenschaften.

An dem folgenden Beispiel kann man verdeutlichen, wie diese Technik funktioniert: Wollen die Berater z. B. die Kompetenz „Entscheidungs- und Problemlösefähigkeit" beurteilen, stellen sie folgende Frage: „Welches schwierige Problem hatten Sie in jüngster Zeit zu lösen und wie sind Sie dabei vorgegangen?" Aus den Antworten kann man zum einen erkennen, ob der Kandidat bisher eher triviale oder anspruchsvolle Probleme zu lösen hatte, oder ob er sich sogar vor wichtigen Entscheidungen gedrückt hat. Zum anderen vergleichen die Gutachter das Verhalten des Kandidaten mit dem zuvor definierten Kompetenzmodell. Ohne diesen Maßstab wären die Kandidaten nämlich nicht vergleichbar. In dem Beispiel bekommt der Kandidat viele Punkte, wenn er systematisch vorgegangen ist und möglichst alle für die Entscheidung relevanten Rahmenbedingungen sachgerecht berücksichtigt hat. Dazu gehören Aspekte wie z. B. sorgfältige Abwägung von Chancen und Risiken, Einbeziehung anderer Abteilungen, Übernahme der Verantwortung für die Konsequenzen, umfassende Information der Beteiligten oder Anwendung moderner Entscheidungstechniken.

Als Leitfaden für das Gespräch dient in der Regel das PAR-Prinzip. Die Buchstaben stehen für Problem, Aktion und Resultat. Demnach muss aus den Antworten erkennbar sein, dass der Kandidat ein wichtiges, relevantes Problem im Unternehmen angegangen, geeignete Aktionen durchgeführt und nach einer angemessenen Zeit messbare Resultate erzielt hat. Als Resultate zählen letztendlich nur wirtschaftliche Größen wie Produktivität und Rentabilität als Beitrag zum Unternehmenserfolg. Hier ein Beispiel für Antworten eines Kandidaten, der eine gute Bewertung bekommen könnte:

- Problem: „Ich musste mich innerhalb von drei Monaten entscheiden, ob wir die Produktionsanlage am Standort A oder B errichten sollen. Investitionsvolumen: vier Millionen Euro."
- Aktion: „Dazu habe ich einen Business- und Investitionsplan einschließlich Sensitivitätsanalyse erstellt und der Geschäftsleitung zur Genehmigung vorgelegt."
- Resultat: „Nach einem Jahr ging die Produktionsanlage in Betrieb; die Investitionssumme hat sich nach drei Jahren amortisiert."

An diesem Beispiel wird zugleich deutlich, dass die Qualität des Audits von der Reliabilität und Validität der zugrunde liegenden Modelle (Entscheidungs-, Delegations-, Konflikt- oder Führungsmodelle) abhängig ist.

Außerdem ist es wichtig, dass die Berater über ausreichende operative Geschäfts- und Führungserfahrung verfügen (und nicht nur als Berater tätig gewesen sind), sonst können sie die Antworten der Manager kaum sachgerecht einschätzen. Wie wollen die Berater über die Leistungen eines Managers urteilen, wenn sie selbst noch nie einen Geschäftsplan entwickelt und operativ umgesetzt haben oder noch nie disziplinarische Führungsverantwortung hatten?

5.2.2.2 Feedback

In Feedback-Gesprächen lernen die Mitarbeiter ihre Potenziale und ggf. ihre Defizite kennen. Dieses Feedback hat bereits positive Auswirkung auf die Eignung und führt zur Verhaltensanpassung, die durchweg als entlastend und motivierend für den Mitarbeiter und seine Umgebung empfunden wird.

Im Assessment-Rückmelde- oder Abschlussgespräch wird der Eindruck bewertet, den eine Führungskraft als Potenzialträger hinterlassen hat. Sie erfährt, wo laut den Beobachtern ihre Stärken und Schwächen liegen, welchen Eindruck sie hinterlassen hat und was verbessert werden kann. Da dieses Gespräch in der Regel am Ende eines Assessments ansteht, sind Bewerber zu diesem Zeitpunkt häufig schon ziemlich müde. Sie wären dennoch gut beraten, die Zähne zusammenzubeißen und zu versuchen, jede Kritik als Chance zu begreifen. Selbst wenn manche geäußerte Kritik wie Provokation aussehen mag, sollte sich der Kandidat nicht zu unbedachten Äußerungen hinreißen lassen, sondern freundlich und ruhig bleiben. Denn die Bewertung seiner Person und Fähigkeiten ist erst dann abgeschlossen, wenn auch das Assessment zu Ende ist.

Bei firmeninternen Assessments – sogenannten Development Centern – werden Mitglieder nicht nur von geschulten Beobachtern beurteilt, sondern auch von Kollegen, Vorgesetzten und Kunden eingeschätzt. Diese Ergebnisse werden mit der Selbsteinschätzung der Führungskraft abgeglichen – so entsteht ein sehr umfassendes Bild von ihren Stärken und Schwächen.

5.2.2.3 Potenzial-Analyse

Das Ergebnis der Talentoffensive sind Potenzialanalysen (s. Abb. 5.4). Sie beschreiben das Potenzial der Kandidaten und weiterführende Maßnahmen als Grundlage für Investitionen in die Mitarbeiterentwicklung.

FINCKLER & PARTNER
Advanced Leadership
und Business Coaching
Unternehmen erfolgreicher machen

Potenzialanalyse
VERTRAULICH

Name: Mustermannn, Karl (29)   Land: Deutschland   Ausgabe: 08.05.12
Position: Des. IT Manager   Bereitschaft: Sehr Hoch PA: 81
                                 Personalentwickler: Sarah Musterfrau
Report: für Geschäftsleitung   Interviewer: Frank Muster, Alf Rheiner

Allgemein:
Beeindruckendes junges Talent, sehr organisiert mit guten analytischen Fähigkeiten. Beachtet man sein Alter (29), dann hat er eine bemerkenswerte Tiefe in seinem Verständnis und Einsichten. Sehr zurückhaltend in seinem Verhalten, weiß mehr als man annimmt. Interviewer-Standpunkt: Einer der erfolgversprechendsten Führungskräfte, sofern er über die kommenden Jahre richtig entwickelt wird.

HIGH POTENTIAL

Potential 24M

Ist

Fokus 10 Jahre

Stärken / Einsatzmöglichkeiten:
Gute Teamfähigkeit, lernbereit, sehr organisiert, gute Ausdauer, diszipliniert, ehrgeizig. Gutes Einfühlungsvermögen und hohe Hilfsbereitschaft, erkennt, wie er seine Mitarbeiter unterstützen kann.

Hürden:
Er hat Schwierigkeiten mit Stress umzugehen. Es fehlt ihm an Optimismus. Seine Kommunikationsfähigkeiten sind noch nicht ausreichend entwickelt. Er hat Selbstzweifel, die ihn in seiner Führungsfähigkeit behindern, tendenziell unschlüssig.

Entwicklungsvorschläge:
Braucht Coaching für Steigerung des Selbstwertgefühls (Autonomie) und Umgang mit Stress.

Sollte an Trainings teilnehmen können (Kommunikation, Führung, Motivation)

Er kann in Betracht kommen als Kandidat für eine +2 Steigerung, aber er ist noch sehr jung.

Bedarf an:

Ausgehändigt / Lernbedarf
Paradox-Report

Anmerkungen:
Kennt seine Probleme sehr gut und weiß, dass er sich ohne Hilfe in einen Burnout hinein entwickelt. Hohes Gefährdungspotenzial, da er sehr pflichtbewusst ist. Aus Sicht des Interviewers hat er eine hohe Burnout-Gefährdung! Ein Coaching ist dringend angeraten.

© 2008-2012 Finckler & Partner

Abb. 5.4 Potenzialanalyse (Beispiel)

Die Potenzialanalyse erfasst u. a. Wissen, Fähigkeiten, Motivation und Persönlichkeitsmerkmale eines Mitarbeiters oder einer (potenziellen) Führungskraft. Aus den erfassten Merkmalen wird ein Potenzialprofil erstellt. Dieses wird den betrieblichen Anforderungen gegenübergestellt. In einer folgenden Potenzialentwicklung können die festgestellten Schwächen des Mitarbeiters abgebaut und die Stärken gezielt gefördert werden. Das Eignungsprofil des Mitarbeiters sollte möglichst dem Anforderungsprofil der Stelle entsprechen.

Zum Potenzial des Mitarbeiters gehören u. a. folgende Fähigkeiten:

- Methodenkompetenz: Fähigkeit, betriebliche Zusammenhänge zu erfassen, Defizite zu erkennen und geeignete Lösungsvorschläge zu erarbeiten
- Sozialkompetenz: Fähigkeit zum konstruktiven und motivierenden Umgang mit anderen Mitarbeitern
- Fachkompetenz: Fähigkeit zu lösungsorientiertem Einsatz erlernten Wissens (z. B. Technologien, Verfahren, Sprachen)
- Reflexionskompetenz: Fähigkeit, das eigene Handeln in unterschiedlichen Situationen kritisch zu analysieren und zu bewerten
- Veränderungskompetenz: Fähigkeit zu flexibler Reaktion bei Veränderungen im Umfeld und Bereitschaft zu lebenslangem Lernen

Diese Kompetenzen können jedoch nicht direkt erfasst werden. Daher werden jeder Kompetenz bestimmte Kriterien zugeordnet, die sich besser erfassen lassen. Beispiele für derartige Kriterien sind: Durchsetzungsfähigkeit, Teamfähigkeit, Identifikation mit dem Unternehmen, Eigenverantwortlichkeit. Die Qualität der Personalanalyse hängt entscheidend von der Auswahl der Kriterien ab, die das Potenzial erfassen sollen.

Es kann zwischen der sequenziellen und der absoluten Potenzialanalyse unterschieden werden. Die sequenzielle Analyse bestimmt das Potenzial in Bezug auf die nächsthöhere Laufbahnstufe. Die absolute Analyse versucht festzustellen, wie weit sich der Mitarbeiter überhaupt entwickeln kann.

5.2.3 Talententwicklung

Für die Entwicklung einer Karriere habe ich Regeln erkannt, die ich als „Imperative des Erfolgs" bezeichne. Darauf möchte ich in der Folge Ihre Aufmerksamkeit lenken.

Seien Sie ambitioniert.

Damit meine ich einen Anspruch dafür zu entwickeln, was man sein und auch was man erreichen will. Dabei handelt sich um weit mehr als Ehrgeiz. Ambition ist intrinsisch, aber reicht deutlich über sich selbst hinaus und will die Welt verändern oder verbessern. Ambitioniertheit ist nicht auf Geld, Macht oder Berühmtheit gerichtet. Diese fallen einem Menschen von selbst zu, wenn er sich richtig verhält, und müssen folglich nicht angestrebt werden.

> Seien Sie lernagil.

Befinden Sie sich immer im Lernmodus. Vervollkommnen Sie Ihr Können und erweitern Sie permanent Ihr Wissen. Lehnen Sie sich niemals zurück mit den Gedanken oder Worten: „Das kann ich ja schon."

> Kontrollieren Sie Ihr Ego.

Lernen Sie, Ihr Ego zu beherrschen, und seien Sie diszipliniert, also gehorsam gegenüber sich selbst. Erwerben Sie Denkmuster und Verhaltensweisen wie Geduld, Besonnenheit (Klugheit, Weisheit) und Beharrlichkeit. Entwickeln Sie Ihre Willenskraft und ein gutes Gefühl für Gerechtigkeit.

> Seien Sie aufgeschlossen und hilfsbereit.

Denken Sie daran: Karriere wird nicht im stillen Kämmerlein gemacht, sondern sie ist das Produkt eines Austauschs mit anderen. Lösen Sie durch die Art, wie Sie kommunizieren, bei anderen Menschen – und insbesondere bei Vorgesetzten – positive Gefühle aus. Entwickeln Sie eine positive Ausstrahlung, damit die Menschen gerne mit Ihnen reden und Wert auf Ihre Meinung legen.

An dieser Stelle möchte ich auf mein Buch zum Thema Selbstcoaching hinweisen. Darin finden Sie die erforderlichen Methoden für den ersten Teil einer Persönlichkeitsentwicklung (Finckler 2016).

5.2.3.1 Mentoring, Sparring

Allgemein bezeichnet das Wort Mentor (weiblich: Mentorin) die Rolle eines Ratgebers oder eines erfahrenen Beraters, der mit seiner Erfahrung und seinem Wissen die Entwicklung einer noch unerfahrenen Person (Mentee oder Protegé) fördert. Die Bezeichnung geht auf eine Figur der griechischen Mythologie zurück: Ein Freund des Odysseus namens Mentor war der Erzieher von Odysseus' Sohn Telemach.

In der Personalentwicklung bezeichnet man mit Mentoring (auch Mentorat) die Tätigkeit einer erfahrenen Person (Mentor), die ihr fachliches Wissen oder Erfahrungswissen an Mentees weitergibt. Ein Ziel dabei ist, den Mentee bei persönlichen oder beruflichen Entwicklungen zu unterstützen. Gebiete, die in Mentoring-Beziehungen thematisiert werden, reichen von Ausbildung, Karriere und Freizeit bis hin zur Persönlichkeitsentwicklung.

Im Unterschied zum Coach ist der Mentor meist nicht eigens für diese Tätigkeit ausgebildet, sondern verfügt lediglich über einen Erfahrungs- und/oder Wissensvorsprung. Auch organisierte Mentoring-Programme innerhalb von Unternehmen, Hochschulen und anderen Institutionen (formelles Mentoring) beziehen nur selten professionelle organisationsexterne Mentoren (resp. Coaches) ein.

Auch wenn auf den ersten Blick vor allem die Mentees von der Förderung profitieren, sind die Vorteile für die Mentoren auch nicht zu unterschätzen; das Verfahren geht von einem gegenseitigen Geben und Nehmen aus.

Mentees erhalten u. a. die Möglichkeit,

- die eigenen Fähigkeiten besser kennen und einschätzen zu lernen
- Unterstützung bei Tätigkeiten (z. B. im Studium, im Unternehmen) zu erhalten
- effizienter zu arbeiten und zu gestalten
- Ideen für die eigene Berufsfindung zu entwickeln
- Einblicke in die Strukturen der Berufswelt zu erhalten und entsprechende Kontakte zu knüpfen
- Mut zur eigenen Karriere zu entwickeln und diese zielstrebig anzugehen
- in ein Netzwerk eingebunden zu werden, das neue Impulse ebenso wie konkrete Hilfe bieten kann (Praktika, Stellenangebote, Karriereförderung etc.)

Für Mentoren liegen die Chancen darin,

- Einblicke in den aktuellen Stand von Lehre und Forschung zu bekommen
- frische Ideen und Impulse vom Nachwuchs zu erhalten
- qualifizierten Nachwuchs für das eigene Unternehmen/die eigene Institution aufzubauen und zu rekrutieren
- eigenes Arbeiten zu reflektieren
- soziale und kommunikative Kompetenzen zu trainieren
- Kontakte auch zu anderen Mentoren aufzubauen
- im Netzwerk neue Kooperationsmöglichkeiten zu gewinnen

Bei entsprechender Konzeption ist Mentoring eine Methode, die auch für das Unternehmen einen Nutzen stiftet, indem beispielsweise die Organisationsentwicklung unterstützt wird. Durch ein kluges Matching (= Bildung von Tandems aus Mentor und Mentee) über Hierarchieebenen, Bereiche und sogar Standorte oder Länder verteilen sich Informationen besonders schnell. Die Praxis zeigt, dass eine intensive Kooperations- und Kommunikationsstruktur über Abteilungs- und Organisationsgrenzen hinweg durch Mentoring gefördert wird und sich mehrere Effekte nahezu automatisch einstellen:

- die Ziele und Aktivitäten der Organisationseinheiten werden transparent und diskutiert,
- gegenseitige Erwartungen und auch Vorbehalte werden geklärt,
- Synergieeffekte werden identifiziert und meist auch genutzt,
- gemeinsame Projekte werden definiert und umgesetzt,
- Ängste vor Veränderungen werden abgebaut.

Mentoring kann in Veränderungssituationen daher zur Erreichung folgender Ziele eingesetzt werden:

- frühzeitige Vorbereitung und Qualifizierung von Schlüsselpersonen, die als Ansprechpartner für die Mitarbeiter eingesetzt werden,
- Information und Begleitung von Mitarbeitergruppen in der Umstellungsphase,
- schnelle und zuverlässige Feedbacks aus der Belegschaft.

Mentoring kann auf fast jeder Ebene im Unternehmen angewendet werden. Anders sieht es beim Sparring aus. Sparring (engl. „to spar with someone" = sich mit jemandem auseinandersetzen) ist eine Form des Trainings, die es in vielen Kampfsportarten gibt. Es handelt sich um ein Kämpfen ähnlich wie im Wettkampf, jedoch mit geänderten Regeln und Vereinbarungen, die Verletzungen weitgehend verhindern sollen. Die Absicht des Sparrings ist, die Fähigkeiten der Teilnehmer zu verbessern, allerdings ohne dass ein Sieger ermittelt werden soll.

Ein Führungsverständnis, das auf Wachstum und Entwicklung ausgerichtet ist, sowie große Beharrlichkeit sind die Faktoren, die Führungskräfte effektiv und erfolgreich machen. Ich verwende den Begriff „Sparring" für Übungssituationen oder „verbales Sparring" zur Vorbereitung von Fach- und Führungskräften auf neue und schwierige Aufgaben oder Transformationsprozesse. Dabei reflektieren führungserfahrene Coaches das Führungsverständnis des Coachee bzw. Mentee und helfen so, die innere Überzeugung von Führungskräften zu stärken.

Beim „Executive Sparring" geht es um konkrete Managementaufgaben, Mitarbeiterführung und die Zusammenarbeit im Unternehmen. Ich erlebe oft, dass mich Führungskräfte um Rat, Analyse oder einen neutralen Blick von außen bitten. Der Grund: Sie erhalten von ihren Kollegen kaum ein ehrliches und kritisches Feedback.

Meinen Kunden hilft es enorm, mit einem Gesprächspartner auf Augenhöhe über aktuelle Aufgaben und Probleme sprechen zu können. Ich stelle dabei auch die unbequemen Fragen, die gestellt werden müssen. Für viele Menschen in führender Position ist die „Einsamkeit an der Spitze" ernüchternde Realität. Hier kann ein persönlicher Sparringspartner wertvolle Unterstützung geben. Er kann den Executive dabei unterstützen, sich selbst besser wahrzunehmen (Selbstbild vs. Fremdbild), blinde Flecken zu reduzieren und sich in wichtigen Bereichen weiterzuentwickeln. Dies führt zu mehr Authentizität und mehr Lebensqualität für sich und das Umfeld.

Die persönliche Begleitung von Executives im Rahmen von Sparring ist heute kein Luxus mehr. Sie ist erforderlich, um den Anforderungen an die Führungsposition auch morgen noch gewachsen zu sein.

5.2.3.2 Coaching

Von einem Führungskräfte-Coach – unabhängig davon, ob extern oder intern – wird in der Regel erwartet, dass er als Gesprächspartner ernst genommen werden kann. Dies setzt voraus, dass er über fundierte Praxiserfahrungen – ich bezeichne sie gerne als Feldkompetenz – sowohl mit „weichen" als auch mit „harten" Managementkompetenzen verfügt und den Umgang mit validen Diagnose- und Personal-Entwicklungsinstrumenten beherrscht. Ein Coach ist kein Lehrer, Ratgeber oder Problemlöser, sondern ein Partner bei der Bewältigung unternehmerischer Herausforderungen und Probleme. Dabei ist nicht das Transportmittel (Coaching, Training, Beratung etc.) entscheidend, sondern der substanzielle Inhalt und die Begegnung auf Augenhöhe.

Ich habe die Erfahrung gemacht, dass mindestens acht von zehn Führungskräften im oberen Management durch eine oder mehrere andere etablierte Führungspersonen beeinflusst worden sind. Bei mir selbst waren es drei Mentoren, die mir teilweise über 30 Jahre „coachend" zur Seite standen. Der Schlüssel zur transformationalen Führung und eines daraus resultierenden multiplikativen Wachstums liegt im Coaching. Die Devise heißt:

> Nicht jeder Coach ist ein Leader, aber jeder Leader muss coachen können.

Im Management kann man im Wesentlichen vier Varianten von Coaching unterscheiden:

- Coaching zur Leistungssteigerung von Mitarbeitern
- Coaching zur Reflexion des Führungsverhaltens
- Executive Coaching zur Verbesserung der Managementkompetenzen
- Leadership Coaching zur Führungskräfteentwicklung.

Während das Executive Coaching (oder Management Coaching) auf die Verbesserung der Managementkompetenzen zielt, ist das zentrale Anliegen des Leadership Coaching die Entwicklung von Potenzialträgern (Führungskräfteentwicklung).

Coaching-Gespräche können sehr unterschiedlich gestaltet sein. Dennoch lassen sich im Management einige Merkmale und Ziele identifizieren. Das Hauptanliegen besteht darin, den „Klienten" durch Feedback, Training und Beratung in die Lage zu versetzen, sich selbst zu organisieren (Prinzip des Selbstmanagements). Ich bezeichne Coaching daher auch als eine Befähigung – der Coachee sollte nach einem Coaching über neue Fähigkeiten verfügen, die er vorher nicht besaß. Das umfasst die Schritte der selbstbestimmten Zielsetzung, der selbstständigen Planung und Organisation bis hin zur Selbstkontrolle (Ergebnis- und Fortschrittskontrolle) im Hinblick auf die Umsetzung der selbst gesetzten Ziele (Umsetzungskompetenz).

Ein Coaching verläuft in typischen Phasen. Diese sind

- Auftragsklärung, Erhebung (Definition der Aufgabe und Zielsetzung)
- Planung und Organisation
- Coaching-Gespräche (verbunden mit Übungen, Klausuren, Ausarbeitungen)
- Bewertung mit Hinblick auf die Zielerreichung

5.2.3.3 Team-Coaching

Unter Teams versteht man kleine Gruppen, die unmittelbar miteinander in Kontakt treten, um in arbeitsteiliger Verantwortung ein Ziel zu erreichen. In der Personalentwicklung bezeichnet man unter Teambildung oder Teamentwicklung die Planung und Implementierung der hierfür notwendigen Phasen und Strukturen.

Teamentwicklungsmaßnahmen bestehen zumeist aus der Analyse der aktuellen Ist-Situation und deren Aufarbeitung: Was läuft schlecht und warum? Was muss verbessert werden?

Teams sollten vor allem bei zunehmender Aufgabenkomplexität gebildet werden, da Informationsverarbeitung, Steuerung und Verantwortung nicht mehr von einer Einzelperson gehandhabt werden können. Es ist darauf zu achten, dass die Teammitglieder möglichst unterschiedliche Qualifikationen und Kompetenzen besitzen, damit sie sich gegenseitig optimal ergänzen. So kann die Teambildung als ein Lebenszyklus gesehen werden, der der Verantwortung jedes einzelnen Mitgliedes unterliegt. Sie ist damit ein dynamischer Prozess, in dem eine klare und einzigartige Teamidentität entwickelt wird.

Oft werden dabei nicht nur Kompetenzen einzelner Teammitglieder oder der ganzen Gruppe (z. B. Kommunikation) optimiert, sondern auch Strukturen der Zusammenarbeit neu geordnet. Als Methoden kommen dabei neben Training und Coaching moderierte Workshops, Feedback-Techniken oder Action Learning zum Einsatz.

Wer sich mit Organisationsentwicklung befasst, erkennt schnell, dass nur jedes fünfte Team wirklich gute Leistungen erbringt. Team-Coaching zählt in der Wirtschaft, anders als im Leistungssport, zu einer noch eher vernachlässigten Disziplin. Das Wissen darum, wie man Teamleistungen ausbaut, ist eine große Herausforderung, da die Ansätze für Teamentwicklung kaum vereinheitlicht sind und stark variieren.

Es ist nicht verwunderlich, dass professionelle Organisationen nach wirksamen Methoden suchen, die in der Teamentwicklung und zur Verbesserung der Teamleistungen einsetzbar sind und zu reproduzierbaren Ergebnissen führen (Abb. 5.5).

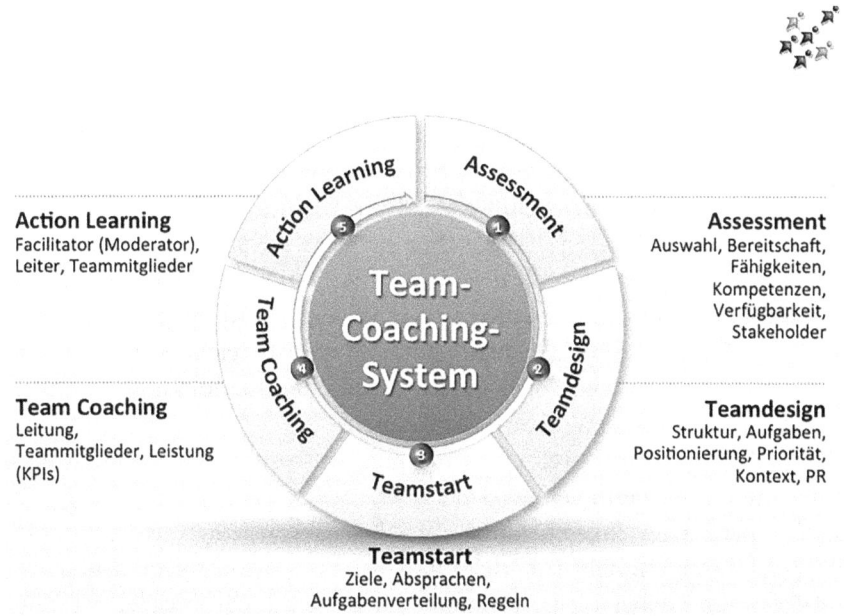

Abb. 5.5 Team Coaching-System

Aufbauend auf den Forschungsarbeiten von Richard Hackman (Harvard University) konnte ich in den letzten Jahren einen Beitrag zu einem Team Coaching-System leisten, das die Erkenntnisse der Neurowissenschaften und die aktuellen Forschungsarbeiten in der Organisationsentwicklung berücksichtigt (Hackman 2011).

Nach aktuellem Stand der Forschung ist die Teamleistung

- zu ca. 40 % von der richtigen Zusammenstellung des Teams (Teamdesign),
- zu etwa 30 % vom Teamstart und
- die restlichen 30 % vom Team-Coaching und Action Learning

abhängig.

Ein wirksames Team-Coaching berücksichtigt diese Faktoren und unterstützt alle Phasen der Teambildung.

Innerhalb der Personalwirtschaft wird auch die Ressourcen-orientierte Zusammenstellung von Teams im Hinblick auf die zu erledigenden Aufgaben und vorhandenen bzw. hinzugekauften Kompetenzen angewendet. Ausgehend davon, dass ein Arbeitsteam alle zur Erledigung einer Arbeit erforderlichen Kompetenzen in sich vereinigen sollte, kann mit eignungsdiagnostischen Maßnahmen (Assessments) festgestellt werden, welche Ressourcen fehlen bzw. zu stark vertreten sind.

5.2.3.4 Soft Skills

Im Berufsleben versteht man unter „soft skills" alle Fähigkeiten, die erforderlich sind, das Verhalten und die Einstellungen von Menschen (mir selbst und anderen) positiv zu beeinflussen. Eine wichtige Komponente hiervon ist die „soziale Kompetenz" einer Person. Soziale Kompetenz umfasst eine Fülle von Fähigkeiten, die für die soziale Interaktion nützlich bzw. notwendig sind. Ein oft mit ihr verwechselter Teilaspekt der sozialen Kompetenz ist dabei die sogenannte soziale Intelligenz. Sie wird bezeichnet als „Fähigkeit, andere zu verstehen sowie sich ihnen gegenüber situationsangemessen und taktvoll zu verhalten" (Wiki Soziale Kompetenz).

In der Fachliteratur werden Soft Skills oft eingedeutscht als „weiche" Fähigkeiten und Fertigkeiten bezeichnet. Sie schließen neben der sozialen Kompetenz im engeren Sinne auch Neigungen, Interessen und andere Persönlichkeitsmerkmale wie Belastbarkeit, Frustrationstoleranz u. Ä. ein. „Soft" bedeutet dabei auch, dass diese Fähigkeiten nicht mit gleicher Zuverlässigkeit erfasst werden können wie die „hard skills" (Fachkompetenz).

Beispielsweise die (kognitive) Leistungsfähigkeit, für die zahlreiche objektive Leistungstests zur Verfügung stehen.

Aktuell steht die Forderung nach der Berücksichtigung sozialer Merkmale wieder verstärkt im Vordergrund. So wird in der Erwachsenenbildung der Erwerb sozialer Kompetenzen als ein wichtiges Lernziel angesehen. Dies insbesondere deswegen, weil die Anforderungen in vielen Berufen zu einem großen Teil von Kommunikationsfähigkeiten geprägt sind. Zudem wird in fast allen Berufsausbildungen gerade dieser Bereich ausgespart.

Der ursprüngliche Ort zum Erlernen von sozialer Kompetenz ist traditionell die Familie. Inwieweit viele Familien damit überfordert sind und welche Maßnahmen seitens der Gesellschaft Abhilfe schaffen könnten, wird kontrovers diskutiert. In Deutschland wird in Bildungsreformplänen formuliert, dass soziale Kompetenz ein wesentliches Bildungs- und Erziehungsziel sein soll. „Sozialkompetenz lernt man früh – oder gar nicht", so meint es Fredmund Malik (Universität St. Gallen), dem dieser Satz zugeschrieben wird.

Das Konstrukt Sozialkompetenz/Soft Skills ist also eher ein lebensweltlicher als ein wissenschaftlicher Begriff. Umgangssprachlich bezeichnet er das Vermögen, mit seinen Mitmenschen erfolgreich bzw. angemessen zu kommunizieren, zu interagieren und zu handeln. Offensichtlich ist dies kontextabhängig, und was als erfolgreich und angemessen gilt, kann von Gesellschaft zu Gesellschaft variieren und unterliegt dem zeitlichen Wandel. Dennoch möchte ich an dieser Stelle mit einer Auflistung die Kenntnisse und Fähigkeiten umreißen, auf die es im Rahmen von sozialen Kompetenzen ankommt.

Bewusster Umgang mit sich selbst:

- Selbstwertgefühl
- Selbstvertrauen
- Selbstsicherheit
- Urvertrauen
- Selbstwirksamkeit
- Selbstbeobachtung
- Eigenverantwortung
- Selbstdisziplin

Positiver Umgang mit anderen:

- Achtung
- Hilfsbereitschaft
- Anerkennung

- Empathie (Mitgefühl)/Perspektivenübernahme (Einfühlungsvermögen)
- Kompromissfähigkeit
- Durchsetzungsvermögen (Recht durchsetzen können)
- Menschenkenntnis
- Kritikfähigkeit
- Wahrnehmung
- Toleranz
- Wertschätzung
- Respekt
- Kommunikation (Sprachkompetenz)
- Interkulturelle Kompetenz
- Zivilcourage/Mut

Konstruktive Zusammenarbeit:

- Teamfähigkeit
- Kooperation
- Motivation
- Konfliktfähigkeit
- Soziale Interaktion (Kommunikationsfähigkeit)

Erfolgreiche Menschenführung (Führungsqualitäten):

- Verantwortung
- Fleiß
- Anpassungsfähigkeit (Flexibilität)
- Großmut
- Härte („hart in der Sache")
- Klarheit
- Konsequenz
- Vorbildfunktion

Im Allgemeinen:

- Emotionale Intelligenz
- Soziales Engagement

Demnach gilt: Der Begriff „soziale Kompetenz" wird in einer Unmenge von Interpretationen verwendet, was die Brauchbarkeit des Begriffs einschränkt. Die Definitionen von sozialen Kompetenzen bzw. Soft Skills in ausgewählten, im Wirtschaftsleben einflussreichen Texten verschiedener Art sowie der hohe Stellenwert gegenüber komplementären Kompetenzen müssen kritisch hinterfragt werden.

Eine alternative Definition sozialer Kompetenz – der ich mich gerne anschließe – ist bei Jens Asendorpf im Lehrbuch *Psychologie der Persönlichkeit* nachzulesen. Demnach setze sich die soziale Kompetenz aus zwei Komponenten zusammen: Konfliktfähigkeit und Kooperationsbereitschaft. Sozial kompetente Menschen verfügten demnach über die seltene Gabe, diese zwei eher gegensätzlich scheinenden Verhaltensweisen situativ so einzusetzen, dass es ihnen möglich wird, eigene Ziele innerhalb sozialer Beziehungen zu erreichen, ohne die Beziehung zu gefährden. Somit sei soziale Kompetenz als der optimale Kompromiss zwischen Selbstverwirklichung und sozialer Verträglichkeit zu sehen (Asendorpf und Neyer 2012).

5.2.3.5 Fachliche Weiterbildung

In dem von mir beschriebenen Modell der Personalentwicklung werden auch die Personalbeschaffung (Rekrutierung), Nachfolgeplanung, fachliche Weiterbildung und die Mitarbeiterbeurteilung angesprochen. Im Rahmen der transformationalen Führung – um die es in diesem Buch vorrangig geht – stellen sie nur Randbereiche dar, die der Vollständigkeit halber erwähnt werden sollen. Sie sind jedoch nicht Gegenstand der Überlegung zum Führungsverhalten, obwohl sie in den meisten Unternehmen einen hohen Stellenwert haben und aus meiner Sicht überbewertet sind.

Personalbeschaffung
Die Personalbeschaffung wird häufig auch als Personalmarketing bezeichnet. Sie umfasst sämtliche Maßnahmen zur Bereitstellung der für das Unternehmen erforderlichen Mitarbeiter. In der Personalbeschaffung bzw. im Personalmarketing unterscheidet man:

- Interne Personalbeschaffung, die mit innerbetrieblichen Beschaffungswegen verbunden ist, z. B. innerbetriebliche Stellenausschreibung, Personalentwicklung, Beförderung, Versetzung und Mehrarbeit
- Externe Personalbeschaffung, welche sich auf externe Beschaffungswege bezieht, z. B. über die Einschaltung von Arbeitsagenturen, Personalvermittler, Inserate, Abwerbung, Jobbörsen, Recruiting-Messen und Global Sourcing

Planlose Personalbeschaffung arbeitet beispielsweise durchweg mit befristeten Arbeitsverträgen, die den Beschäftigten lediglich unsichere Arbeitsverhältnisse bietet. Das Ziel ist in der Regel das schnelle Auflösen von Verträgen mit weniger performanten Mitarbeitern. Häufig ersetzen durchweg befristete Arbeitsverträge jedoch nur die fehlende strategische Planung der Stellen und der Organisationsstrukturen durch die Personalverantwortlichen, wenn diese ohne Verantwortung für die Qualität und die Leistung lediglich administrative Beiträge liefern. Häufige Ursache sind falsche unternehmerische Vorgaben durch die Kapitaleigner von Unternehmen oder falsche politische Vorgaben der Träger von Körperschaften. Dazu wird dann durch Umkehren von Ursache und Wirkung die Befristung als natürlicher Prozess beschrieben.

Es empfiehlt sich, bei der Besetzung von Führungspositionen mit Führungskräften eine Beurteilung der Führungskompetenzen parallel zu den fachlichen Eignungen durchzuführen. Die Entwicklung, Durchführung und Auswertung dieser Beurteilung (Assessment) stellt in der Regel einen komplexen, dynamischen Prozess dar, dessen Abläufe organisiert und von geeigneten Interviewern durchgeführt werden müssen.

Nachfolgeplanung
Nachfolgeplanung ist ein Instrument des Personalwesens und hat zum Ziel, die Nachfolge von Führungspositionen meist auf höheren Managementebenen sicherzustellen.

Frühe Formen der Nachfolgeplanung umfassten im Wesentlichen Listen potenzieller Nachfolger für bestimmte Positionen.

Moderne Formen der Nachfolgeplanung bzw. des Nachfolgemanagements bestehen aus einer Reihe aufeinander aufbauender Maßnahmen. Hierzu gehört zunächst die Identifikation von Schlüsselpositionen. Mithilfe der Risikoeinschätzung wird versucht, pro Schlüsselposition die Wahrscheinlichkeit abzuschätzen, mit welcher sie in einem bestimmten Zeitraum (aufgrund von Fluktuation, Berentung, o. Ä.) vakant werden könnte.

Im Rahmen einer internen Talentsuche werden Mitarbeiter identifiziert, die langfristig das Potenzial besitzen, Schlüsselpositionen erfolgreich ausfüllen. Die Kandidaten werden sodann im Rahmen gezielter Personalentwicklungsmaßnahmen auf ihre künftigen Aufgaben vorbereitet.

Berufliche/Nachfolgeplanungfachliche Weiterbildung
Berufliche Weiterbildung ist jeder Bildungsvorgang, der eine vorhandene berufliche Vorbildung vertieft oder erweitert. Sie findet in der Form von organisiertem Lernen statt. Vorangegangen sind frühere Bildungsphasen und

zwischenzeitliche Berufstätigkeit. Sie ist Teil des privat zugänglichen zweiten Bildungswegs. Dagegen wird mit Fortbildung in der Regel eine öffentlich zugängliche Bildungsmaßnahme bezeichnet.

Sofern die Weiterbildung vom Unternehmen ausgeht und im Unternehmenskontext erfolgt, spricht man von betrieblicher oder fachlicher Weiterbildung.

Unternehmen, die ihre Mitarbeiter weiterbilden wollen, haben die Wahl zwischen allgemeinen Trainings, Seminar- und Workshop-Angeboten und speziell auf das Unternehmen zugeschnittenen In-House-Schulungen.

E-Learning-Angebote kann ein Arbeitnehmer sowohl am Arbeitsplatz als auch von zu Hause aus wahrnehmen.

Man unterscheidet dabei:

- Einarbeitung
- Fortbildung
- Umschulung
- Erwerben einer Zusatzqualifikation
- autodidaktische Weiterbildung
- berufsbegleitende Weiterbildung
- sonstige berufliche Bildungsvorgänge z. B. am Arbeitsplatz

Eine neuere Form der beruflichen Weiterbildung, die Theorie und Praxis zu verbinden sucht, ist das „Learning on the job": Es dient dazu, einen Arbeitnehmer auf einem neuen, aber der bisherigen Tätigkeit ähnlichen Arbeitsplatz einzuarbeiten.

„Training on the job" ist ebenfalls eine Form der beruflichen Weiterbildung, die auf Deutsch mit „Lernen durch Tun" umschrieben wird. Sie erfolgt am jeweiligen Arbeitsplatz, sowohl in der Einarbeitungsphase als auch in der Routinephase. Durch Einbringen weiterer und neuer Aspekte in den jeweiligen Tätigkeitsablauf kann im weiteren Verlauf die Betriebsblindheit in einem Unternehmen vermieden oder zurückgebildet werden.

Eine besondere Form der Weiterbildung sind Unterweisungen. So fordert § 12 Abs.1 des Arbeitsschutzgesetzes, dass die Versicherten ausreichend und angemessen unterwiesen werden – speziell im Hinblick auf die Arbeitssicherheit. Auslöser für eine Unterweisung sind z. B. Einstellung oder Versetzung, Veränderungen im Aufgabenbereich oder Veränderungen in den Arbeitsabläufen. Im Rahmen des Volontariats in der Presse sind Weiterbildungen tariflich vorgeschrieben. Nach dem Sozialgesetzbuch sind auch Ärzte aller Fakultäten zur permanenten fachlichen Fortbildung verpflichtet (u. a. SGB § 95).

Mitarbeiterbeurteilung

Die Mitarbeiterbeurteilung befasst sich mit der Beobachtung und Bewertung eines Mitarbeiters. Sie wird grundsätzlich in drei Phasen betrachtet: die Beobachtung, die Bewertung sowie die Besprechung (zumeist in einem Mitarbeitergespräch). Die Beobachtung von Verhaltensmerkmalen erfolgt unterjährig fortlaufend und (hoffentlich) objektiv durch den Vorgesetzten. Hierfür bedarf es geeigneter Aufzeichnungsmethoden, die IT-basiert komfortabler zu realisieren sind als papierbasiert. Bei der Bewertung sollten Kriterien verwendet werden, welche für den Mitarbeiter nachvollziehbar sind. Die Besprechung dient zum Austausch über die Ergebnisse der beiden vorangegangenen Phasen und die Festlegung – idealerweise Vereinbarung – von zukünftigen Verbesserungsmaßnahmen.

Man unterscheidet zwischen Bewertungen nach Abschluss des Dienstverhältnisses und laufenden Mitarbeiterbewertungen. Die gebräuchlichste Form der Mitarbeiterbewertung nach Abschluss des Dienstverhältnisses, nach Wechsel von Vorgesetzten oder nach internen Versetzungen ist das Arbeitszeugnis.

Eine eher ungewöhnliche, aber zunehmende Form ist ein Referenz- oder Empfehlungsschreiben (engl. „to whom it may concern"). Diese unterliegen im Gegensatz zu den Arbeitszeugnissen keinen formalen rechtlichen Regelungen. Da ein solches Schreiben freiwillig erstellt wird, ist es ein erster positiver Hinweis auf die Arbeitszufriedenheit der ausstellenden Person. Sie steht mit ihrem Namen auch für die Aussagen. Falls diese Person auch noch bereit ist, persönliche Auskunft zu geben, stellt dies eine weitere Steigerung im Hinblick auf die Arbeitsbeziehung dar.

Mitarbeiterbeurteilungen können sowohl mit dem Mitarbeiter zusammen durchgeführt oder in Abwesenheit des Mitarbeiters über ihn erstellt werden. Dies erfolgt, um z. B. einen ranghöheren Vorgesetzten oder einen späteren Arbeitgeber über die Leistung des Mitarbeiters zu informieren. Arbeitszeugnisse werden grundsätzlich vom Arbeitgeber ohne die Mitwirkung des betreffenden Mitarbeiters erstellt. Angemessene Vorschläge und Wünsche des Mitarbeiters an den Inhalt können jedoch berücksichtigt werden.

Die Mitarbeiterbeurteilung umfasst idealerweise Faktoren, mit deren Hilfe alle betrieblich relevanten und beobachtbaren Persönlichkeitselemente erfasst werden können. Hierzu gehören:

- Fachkompetenz
- Arbeitsleistung bzw. -erfolg (quantitativ wie qualitativ)
- Arbeitsweise (Sorgfalt und Effizienz)
- Arbeitsqualität oder Arbeitserfolg

- Motivation
- Belastbarkeit
- Stärken (unter Umständen auch spezifische Schwächen, jedoch in Arbeitszeugnissen nie in explizierter Form)
- Verhalten gegenüber Vorgesetzten
- Verhalten gegenüber Kunden und Klienten
- Verhalten gegenüber Mitarbeitern

Durch standardisierte Vorgehensweisen, wie z. B. Fragebogen, kann bei Beurteilungen der Anteil subjektiver Einschätzungen gesenkt werden. Mit dem Anspruch, den Mitarbeitern in Unternehmen gerecht zu werden, sollten vorgefertigte Textbausteine sorgfältig erarbeitet werden. Hinweis: Unternehmen, die auf gleichförmig vorgefertigte Kriterienkataloge bzw. Fragen setzen, schaden manchmal auch ihrer für die Mitarbeitergewinnung und -bindung wichtigen Arbeitgebermarke (Employer Branding).

Regelmäßige Mitarbeiterbewertungen im Format eines von beiden Seiten vorbereiteten, offen geführten Mitarbeitergesprächs (halbjährlich oder jährlich) erlauben, das Vorliegen oder Fehlen von Erfolgen oder Fortschritten festzustellen.

Im Gespräch mit dem Mitarbeiter kann man nach Alternativen zur weiteren Fortentwicklung suchen und diese als Ziele festhalten. Oft wird übersehen, dass sich die Chancen zur Verbesserung auch auf die Zusammenarbeit des Vorgesetzten mit dem Mitarbeiter erstrecken können. So können auch Änderungen des Führungsverhaltens in diese Vereinbarung aufgenommen werden. In dieser Form durchgeführte faire und offene Mitarbeitergespräche können wesentlich zur Verbesserung der Motivation und Leistungsfähigkeit der Mitarbeiter beitragen.

Im „Prozessmodell eines Performance Management-Systems" (Abb. 5.2) sind alle Prozessschritte für die Entwicklung transformationaler Führungsstrukturen aufgeführt.

6

Personale Transformation

Die Thematik „Persönlichkeitsentwicklung für Führungskräfte" hat eine lange Tradition. Die vorliegenden empirischen Befunde über die positiven Wirkungen auf die Persönlichkeitsentwicklung sind allerdings uneinheitlich und oft unbefriedigend. Die Persönlichkeitsforschung scheint in eine Sackgasse geraten zu sein, der Gegenstand „Führungsverhalten und Persönlichkeitsentwicklung" erfuhr in den letzten beiden Jahrzehnten keine nennenswerte Weiterentwicklung. Das Kapitel gibt theoretisch-methodische Hinweise, wie die Ich-Entwicklung zukünftig angemessen gestaltet werden kann.

Einen essenziellen Bereich der individuellen Personalentwicklung (kurz PE) stellt die Aus- und Weiterbildung von Führungskräften (Führungskräfteentwicklung) dar. Damit bei dieser Zielgruppe PE-Maßnahmen einen Ausdruck in konkretem Verhalten finden, sind in den meisten Fällen reine Weiterbildungsveranstaltungen nicht ausreichend. Häufig wird in diesem Zusammenhang eine „Weiterbildungsresistenz" von Führungskräften beklagt. Auch bestehen deutliche Unterschiede im internationalen Vergleich im Verständnis von Führung und der entsprechenden Ausbildung der Führungskräfte.

Im Gegensatz zu althergebrachten, defizitorientierten Methoden in der PE (Schulung von Wissenslücken) wird gegenwärtig auch in Europa ein immer stärker werdender Trend zur Verstärkung von Ressourcen des Mitarbeiters sichtbar (vgl. auch Coaching Kap. 5 und Ich-Entwicklung Kap. 4). Ein sehr grundlegender Ansatz stammt aus der Ich-Entwicklung, da hier die elementaren Persönlichkeitsstrukturen einer Person berücksichtigt werden. Diese steuern maßgeblich die Art der Wissens- und Erfahrungsverarbeitung und erlauben es, den Gesamtkontext einer Person besser zu verstehen. Derartige

Bemühungen sind mit der Absicht verbunden, die Leistungsfähigkeit, das Engagement und die Vereinbarkeit von Tätigkeitsfeld und Person zu erhöhen. So können die Fähigkeiten und Ressourcen einzelner Mitarbeiter und insbesondere die der leistungsstarken Führungskräfte zielgerecht angepasst und eingesetzt werden. Diese immerhin bei Leistungsträgern relevante Sicht in der PE verdankt ihren Ansatz der Erkenntnis, dass trotz einer hohen Arbeitslosigkeit im Allgemeinen nicht sehr viele freie Leistungsträger am Arbeitsmarkt zur Verfügung stehen – schon gar nicht mit gutem Führungsverhalten, mit interkulturellen Fähigkeiten und hohem akademischem oder fachlichem Niveau.

> Viele Entwicklungsprogramme für Führungskräfte fördern fachliches und überfachliches Know-how – wie dieses Wissen in die eigene Persönlichkeit integriert und genutzt wird, bleibt aber meist völlig unbeachtet.

Die ganzheitliche Entwicklung von Führungskräften bleibt in der Praxis oft auf der Strecke, und die Investitionen in die Personalentwicklung zahlen sich nicht aus.

6.1 Ich-Entwicklung

Wenn sich eine Führungskraft in ihrer Persönlichkeit weiterentwickelt, finden in vier Bereichen elementare Veränderungen statt:

- Charakter. Beispiel: Wie autonom kann die Persönlichkeit gegenüber den Meinungen und Erwartungen anderer handeln?
- Zwischenmenschliche Verhaltensweisen. Beispiel: Wie gut kann sie mit unterschiedlichen Meinungen oder Handlungsweisen bzw. prinzipiell mit Menschen umgehen, die anders als sie selbst denken und handeln?
- Bewusstseinsfokus. Beispiel: Worauf kann sie ihre Aufmerksamkeit richten? Gelingt es ihr, sowohl innere Prozesse (Gedanken, Gefühle, Annahmen etc.) zu reflektieren als auch äußere Faktoren (Verhaltensmuster) gleichzeitig wahrzunehmen und in ihr Handeln zu integrieren?
- Art und Weise zu denken (kognitiver Stil). Beispiel: Hält sie noch an überholten Denkmustern und festen Auffassungen fest oder ist sie in der Lage, kontext- oder prozessorientiert zu denken?

Der Reifegrad einer Person ist einer der zentralsten Persönlichkeitsaspekte: Denn wie ein Mensch mit anderen, mit mehrdeutigen und komplexen Situationen sowie mit sich selbst umgeht, wird stark durch seine bisher erreichte Stufe der Persönlichkeitsentwicklung bestimmt.

Um an der eigenen Ich-Entwicklung zu arbeiten, ist es hilfreich, das eigene Ich-Profil zu kennen. Ein weitreichender Entwicklungs- und Persönlichkeitstest zeigt konkret und in vielen Einzelaspekten, welche Stufe der Ich-Entwicklung bisher erreicht wurde.

Durch den Auswertungsbericht erhält man eine umfassende Rückmeldung zu den Kernaspekten der Persönlichkeit. Dieser Auswertungsbericht liefert viele Ansatzpunkte zum besseren Verstehen der aktuellen Entwicklungsstufe. Ebenso beinhaltet er Hinweise und konkrete Anregungen dazu, welche Aspekte berücksichtigt werden sollten, um die weitere Persönlichkeitsentwicklung zu fördern. Das Entwicklungsprofil kann Ihnen daher besonders in der Führungskräfteentwicklung von großem Nutzen sein. Es macht Führungskräfte

- auf den Reifegrad ihrer Persönlichkeit aufmerksam,
- weckt ihr Interesse an der eigenen Weiterentwicklung und
- zeigt gleichzeitig auf, worin diese bestehen kann.

Das Profil ermöglicht in der Folge eine gezielte und auf die jeweilige Entwicklungsstufe abgestimmte Förderung – sei es durch Selbstcoaching, durch Entwicklungscoaching oder im Rahmen eines Entwicklungsprogramms für Führungskräfte.

Diese Förderung kommt letztlich dem Unternehmen zugute. Aktuelle Forschungsergebnisse belegen eindrucksvoll:

> Führungskräfte handeln mit zunehmender persönlicher Reife flexibler, angemessener und effektiver.

Mit einem Ich-Entwicklungsprofil als Ausgangspunkt kann dies gezielt gefördert werden.

6.2 Selbstmanagement

Als Fähigkeit zur Selbststeuerung lässt sich Selbstmanagement – auch Selbstcoaching genannt – als Metakompetenz verstehen, die in verschiedenen Disziplinen etabliert ist. In der Psychologie wird vorwiegend der Begriff Selbstregulierung (self-regulation) und in der Managementwissenschaft der Begriff Selbstmanagement verwendet. Er bezeichnet vor allem das Verhalten von Führungs- und Fachkräften sowie Arbeitsgruppen, die autonom und ohne formale Führer funktionieren.

Der Begriff Selbstmanagement bezeichnet die Fähigkeit, die eigene persönliche und berufliche Entwicklung weitgehend unabhängig von äußeren Einflüssen zu gestalten. Dazu gehören Teilkompetenzen wie z. B. autonome Motivation, Zielsetzung, Planung, Organisation, Lernfähigkeit und Erfolgskontrolle.

Zum Selbstmanagement gehören u. a. folgende Fähigkeiten:

- Selbstständig sinnvolle und authentische Ziele zu setzen,
- einen Plan und eine Strategie für die effiziente Umsetzung der Ziele zu erarbeiten,
- diesen Plan konsequent umzusetzen,
- regelmäßige Fortschritts- und Ergebniskontrollen durchzuführen und
- daraus Maßnahmen zur Effizienzsteigerung abzuleiten (lernen).

Nach Stephen Covey lassen sich vier Generationen des Selbstmanagements unterscheiden (Covey 2005). In der ersten Generation steht das Zeitmanagement zur persönlichen Arbeitsorganisation im Vordergrund. Mit Zeitplanern (Organizer), Checklisten, Kalendern und To-do-Listen versucht man, vor allem die Arbeitsabläufe und die eigene Produktivität zu verbessern. Die zweite Generation des Selbstmanagements baut darauf auf. Sie legt den Schwerpunkt auf die sinnvolle Planung und Vorbereitung von Aufgaben, Sitzungen und Projekten. Dazu gehören auch das „planvolle" Setzen von Prioritäten und die Schärfung des Blicks fürs Wesentliche. Die dritte Generation geht einen Schritt weiter und umfasst das Bewusstsein der persönlichen Verantwortung für die Planung und Gestaltung zukünftiger Aktivitäten, die im Einklang mit den persönlichen Werten und Zielen stehen. Die nachfolgenden Empfehlungen verdeutlichen das zentrale Anliegen der ersten drei Generationen des Selbstmanagements.

- Erstellen Sie eine Rangfolge Ihrer Ziele und Werte als Voraussetzung für die Festlegung von lang- und kurzfristigen Prioritäten.
- Beginnen Sie jeden Tag mit einer Aufteilung der Aufgaben nach Dringlichkeit und Wichtigkeit, und bearbeiten Sie diese nach dem Eisenhowerprinzip.
- Delegieren Sie so viel wie möglich nach dem Grundsatz, dass derjenige eine Aufgabe erledigen sollte, der die besten Voraussetzungen dafür mitbringt (statt alles selbst machen zu wollen).
- Erledigen Sie alle Vorgänge so, dass sie nicht ein zweites Mal auf Ihren Schreibtisch kommen.
- Berufen Sie Sitzungen nur dann ein, wenn andere Kommunikationsmittel wirklich nicht möglich sind.

- Sorgen Sie dafür, dass jede Sitzung gut vorbereitet ist, und machen Sie am Ende grundsätzlich eine kurze Manöverkritik („Sind Sie mit den Resultaten der Sitzung zufrieden?")
- Sagen Sie Ihren Gesprächspartnern zu Beginn, was das Ziel (erwartetes Ergebnis) des Gesprächs ist und wie viel Zeit Sie dafür reserviert haben.
- Erstellen Sie regelmäßig eine Übersicht, aus der hervorgeht, wo Ihre Zeit geblieben ist.
- Kontrollieren Sie jeden Tag, ob die geplanten Aufgaben auch erledigt sind.

Die vierte Generation des Zeitmanagements fokussiert sich nach Stephen Covey auf die Verbesserung der Lebensqualität durch die Befriedigung von vier grundlegenden Bedürfnissen:

- Sicherstellung der physischen Leistungsfähigkeit und der mentalen Energie
- Schaffung anständiger Beziehungen zu anderen und die Bewältigung gemeinsamer Herausforderungen
- Steigerung der Lernfähigkeit und Förderung des persönlichen Wachstums durch den Erwerb neuer und die Weiterentwicklung vorhandener Fähigkeiten
- Erarbeitung inspirierender Zukunftsperspektiven (Ziele, Visionen) und Erkennen eines tieferen Sinns in der persönlichen Entwicklung

Mihály Csíkszentmihályi hat diesen Aspekt des Selbstmanagements wie folgt formuliert:

> Die Menschen wollen für einen Zweck arbeiten, nicht einfach nur für ihren Lebensunterhalt (…) (sie brauchen) ein Ziel, das eine planlose Existenz in ein zweckgerichtetes und erfreuliches Abenteuer verwandelt (Csikszentmihalyi 2014).

Diesen Zustand der Selbstbestimmung und Eigenverantwortung kann man als das Ergebnis eines erfolgreichen Selbstmanagements interpretieren.

Die fünfte Generation des Selbstmanagements wird zurzeit unter den Stichworten Selbstregulation, Volition oder Umsetzungskompetenz diskutiert. Dabei handelt es sich um mentale Fähigkeiten wie z. B.:

- Steuerung der Gedanken und Fokussierung auf das Wesentliche
- Zielgerichtete Beeinflussung von Gefühlen und Stimmungen (Emotionsregulation)

- Kontrolle von Impulsen und die Fähigkeit, diese aufzuschieben
- Selbstmotivierung (Beherrschen von Strategien der Selbstmotivation)
- Leistungssteigerung durch Entwicklung von Fähigkeiten aus eigenem Antrieb und Lernfähigkeit

Nach meinem Verständnis ist Selbstmanagement die Fähigkeit, die aus verschiedenen, durch den Willen (Volition) gesteuerten Teilkompetenzen besteht.

6.3 Beziehungsmanagement

Den Begriff des Beziehungsmanagements möchte ich nicht an der üblichen Ausrichtung festmachen, meint er doch oft nur die Kunden- oder Geschäftsbeziehungen mit externen Stakeholdern. Ich möchte den Begriff auf alle Hierarchien eines Unternehmens und auf das persönliche Umfeld jedes Menschen ausdehnen. Deshalb nutze ich als Sammelbegriff für ein gelingendes Beziehungsmanagement die „soziale Beziehung zwischen zwei oder mehr Menschen".

Als soziale Beziehung (auch zwischenmenschliche Beziehung) bezeichnet man in der Soziologie eine Beziehung von zwei Personen oder Gruppen, bei denen ihr Denken, Handeln oder Fühlen gegenseitig aufeinander bezogen ist. Soziale Beziehungen sind eine elementare Voraussetzung des Menschen, um gesellschaftlich erfolgreich zu leben.

Die Anforderungen, die von Stakeholdern – seien es sowohl Mitarbeiter, Kunden oder Anteilseigner als auch im privaten Bereich Familie oder Freunde – an Führungskräfte gestellt werden, sind beträchtlich. Präsenz hat dabei eine große Bedeutung. Dabei steht das Wort Präsenz für Gegenwart und Anwesenheit in räumlicher und zeitlicher Hinsicht. Im beruflichen Umfeld wird neben der zeitlichen und räumlichen Verfügbarkeit besonders von Führungskräften ihre „motivationale Verfügbarkeit" bis hin zu einer Hingabe an das Unternehmen verlangt.

Erscheint jemand in Gesellschaft als in besonderer Weise auffällig, spricht man von Präsenz auch im Zusammenhang mit einzelnen Personen. Ein Mensch kann Präsenz gewinnen durch die Art, wie er oder sie spricht, sich an Gesprächspartner richtet usw. Gemeint ist nicht reine Verhaltensauffälligkeit, sondern eher eine Art von individueller Ausstrahlung. „Präsenz haben" heißt, man wird aufgrund seines Auftretens von anderen als irgendwie „verstärkt anwesend" wahrgenommen, und dieser Eindruck ist von sozialer Relevanz. Die Kategorie „Präsenz" steht im Kontext solcher Einflussgrößen wie

Zeit (gleichzeitig/ungleichzeitig), Raum (nah/fern), Hervorhebung (auffällig/unauffällig) und Macht (verfügbar/unverfügbar).

Zwei negative Botschaften, welche die Präsenz betreffen, muss man hervorheben:

- Wir sind höchst selten wirklich zu 100 % präsent und gegenwärtig.
- Die Ursache für diesen unkonzentrierten und geistesabwesenden Zustand liegt einzig und allein in uns selbst.

Was heißt das? Es fällt uns sehr schwer, in der Gegenwart zu leben und zu denken. Das Resultat ist, dass wir zwar einige Momente in der Gegenwart mit unseren Gesprächspartnern verbringen, aber dabei den Kopf nicht wirklich frei bekommen. Die Folge ist eine eingeschränkte Wahrnehmung für die Fragen und Vorstellung von anderen.

Es geht also um die Kunst, wahrhaft präsent und aufnahmefähig zu sein. Viele Menschen haben ein sehr ausgeprägtes Gefühl dafür, wie aufmerksam ihnen ihr Gegenüber zuhört und inwiefern das Gesagte dann im Dialog aufgegriffen wird.

> Konzentriertes, aktives Zuhören ist ein kraftvoller Ausdruck von Präsenz.

Da sich viele Führungskräfte nicht mit „Nebensächlichkeiten" aufhalten wollen, tun sie sich schwer damit, anderen aufmerksam zuzuhören. Ein Problem dieser Haltung ist es, da zu sein, ohne wirklich dabei zu sein. Mental sind wir mit den wichtigen Themen so beschäftigt, dass wir damit eine echte Begegnung verhindern.

Es geht also um eine innere Veränderung: Wir müssen bewusst umschalten können, und zwar vom Arbeits- und Erledigungsmodus in einen Aufnahmemodus. Dabei müssen wir unsere Sinneskanäle so nutzen, dass wir nicht nur das Gesagte, sondern auch das Nicht-Gesagte wahrnehmen. In der vollen Präsenz hören wir das, was hinter den Worten mitschwingt, Schlüsselbegriffe, Tonfall, die Stimmakustik und das Nonverbale wie Mimik und Gestik. Indem wir unseren Gesprächspartnern die Botschaft vermitteln, voll und ganz da zu sein, können wir die Effizienz von Meetings um ein Vielfaches steigern.

Wer wirklich in der Gegenwart lebt und ruht, der ist nicht nur physisch, sondern auch mental anwesend. Und Persönlichkeiten, die sich in der Kunst der Präsenz geübt haben, entwickeln eine starke Ausstrahlung und Wirkung auf ihr Umfeld.

Der große Feind der Präsenz ist die Ablenkung. Durch permanente Ablenkung wie E-Mails, Anrufe, direkte Ansprache etc. neigen wir dazu, den Fokus zu verlieren und uns in unsere Gedanken zu verstricken. Je größer die Arbeitsbelastung, desto anspruchsvoller wird der Umgang mit der Zeit. Und schnell ist man gestresst und fühlt sich von den Ereignissen erdrückt. Auch das Gegenteil kann der Fall sein: Es besteht die Gefahr der Überfokussierung. Dann nimmt die innere Weiträumigkeit ab und die Effektivität geht verloren. Nur wer eine angemessene Präsenz entwickelt, kann mit den eigenen Kraftquellen in Kontakt bleiben.

So kann mit der Beobachtung der eigenen Wahrnehmungs- und Denkprozesse die innere Kompetenz durch Achtsamkeit gesteigert werden. Dabei bedeutet Achtsamkeit, jeden Augenblick bewusst wahrzunehmen. In diesem Bewusstseinszustand beachtet man Dinge, die sich gewöhnlich im Hintergrund abspielen und oft unbewusst ablaufen. Es geht darum, in der Gegenwart anzukommen. Das Jetzt ist das einzig Reale, das wir erfahren, und genau an dieser Stelle können wir gestalten und bewegen. Wer sich Sorgen macht oder sich überwältigt fühlt, der kann sich fragen, welches Problem er gerade in diesem Moment hat und nicht in fünf Minuten, am kommenden Tag oder im nächsten Jahr. In der Gegenwart können wir handeln, nicht jedoch in der Zukunft (Tolle 2001). Damit Führungskräfte effektiv und effizient arbeiten können, müssen sie lernen, in jeder Situation zu 100 % präsent zu sein. Dadurch werden sie frei von Ablenkungen und bringen ihre ganze Kraft in die Gegenwart. Dies führt zu einer erweiterten Wahrnehmung der Umstände und führt damit zu einer tiefen inneren Weisheit.

6.4 Persönliche Transformation

Das Realisieren von zielorientierten Ergebnissen steht meistens im Zentrum der Bestrebungen von Führungskräften. Der Erfolg wird an den Anerkennungen, Auszeichnungen und dem Gehalt oder Bonus – je nach persönlichem Fokus – gemessen. Das macht Menschen abhängig von der Zielerreichung. Sie wird zur Sucht und verschafft uns kurzfristige Kicks. Man beschäftigt sich nur noch mit der Frage: Was ist das nächste Ziel? Damit vermittelt uns der moderne Neokapitalismus den Irrglauben, dass unser Leben erfüllter und zufriedener ist, je mehr Ziele wir erreichen.

In Abschn. 1.3 habe ich bereits darauf hingewiesen, dass es der Mehrheit der Menschen nicht möglich ist, in der heutigen Welt dem vorgenannten

Irrglauben überhaupt nahezukommen. Da viele Berufsgruppen in der zunehmend automatisierten Welt nicht mehr benötigt werden, ist das Scheitern vorprogrammiert. So wird die äußere Zielerreichung eher zur Ausnahme.

Viele meiner Kunden haben ihre Ziele erreicht und sind, was Anerkennung oder Belohnung und Bezahlung betrifft, durchaus erfolgreich. Sie haben den Teil eines Glücks erfahren, der auf physischem Wohlbehagen und den Freuden der Sinne basiert. Der andere Teil, der auf innerer Ruhe und Zufriedenheit basiert, ist ihnen allerdings verschlossen geblieben. Die Frage nach ihrem Lebenssinn oder nach Erfüllung können sie sich nicht beantworten. Für viele Menschen, die ihre Grundbedürfnisse befriedigt haben, ist es wichtig, unabhängig von äußerer Zielerreichung oder Zielverfehlung einen inneren Zustand von Zufriedenheit oder Erfüllung und Sinnhaftigkeit zu erfahren.

Daraus können drei wichtige Aussagen getroffen werden:

- Glück kann nur im Inneren gefunden werden.
- Ursachen und Voraussetzung für inneren Frieden können wir nur selbst entwickeln.
- Besonders befriedigend ist eine persönliche Mission, die im Dienst eines größeren Ganzen steht.

Somit gelangen wir über die Frage nach dem Sinn wieder zum Thema Selbstreflexion. Wir haben die Möglichkeit, über unsere Gedanken, Gefühle und Stimmungen zu reflektieren, indem wir uns wahrnehmen, beobachten und beschreiben. Diese Einsicht in das eigene Wollen bezeichnen wir als Selbsterkenntnis. Sie ist die unabdingbare Voraussetzung der Selbstführung oder des Selbstmanagements. Aus dieser Selbsterkenntnis heraus können wir eine Vision davon schaffen, wer und was wir sein wollen. Diese Vorstellungen – es sind die Gedanken – erzeugen unsere Gefühle und Stimmungen und diese wiederum steuern unser Verhalten. Wer eine solche Vorstellung oder Vision verinnerlicht hat, nimmt aktiv Einfluss auf seinen Lebenssinn und seine innere Zufriedenheit und schafft damit sein Glück.

Nach der buddhistischen Lehre gibt es drei Kategorien von Menschen, die versuchen mit ihrem Leben zurechtzukommen: die zeitorientierten, die zielorientierten und die sinnorientierten Menschen.

Die zeitorientierten Menschen bewegen sich demnach in der Welt, ohne zu verstehen, warum sie das tun. Sie haben keine Vorstellung von der Zukunft und verbringen das Leben damit, sich eine idyllische Zukunft zurecht zu fantasieren. Manchmal sind sie auch in den Triumphen und

Niederlagen der Vergangenheit gefangen. Sie haben kein Gefühl für Disziplin und für einen Lebenssinn. In ihren Vorstellungen leben sie davon, wie es hätte werden können und versäumen es, die Dinge so zu nehmen wie sie sind. Deshalb fühlen sie sich ewig unzufrieden.

Zielorientierte Menschen können sich körperlich und geistig zu einem gewissen Grad beherrschen. Ihre Pflichten erfüllen sie den Umständen entsprechend, aber ihre Vorstellungen vom Leben bleiben begrenzt. Ihre Ziele sind weltlicher Natur, z. B. ein Haus, eine Familie, ein Auto, eine Arbeit und dann die Dinge, die das Leben angenehm machen. Da der höhere Sinn fehlt, bleibt ein solches Leben auf materielle Ziele ausgerichtet. Sie glauben, dass diese Dinge den Sinn des Lebens darstellen und sie befriedigen. Nachdem sie bekommen haben, was sie wollten, fühlen sie sich unerfüllt und verstehen nicht, warum sie es gewollt haben.

Die dritte Gruppe besteht aus den wenigen Menschen, die sinnorientiert leben. Was sie denken, tun und sagen ist auf ihren Lebenssinn ausgerichtet. Sie bringen ihre Gewohnheiten in Ordnung und wissen, dass physische und geistige Gesundheit eine untrennbare Einheit bilden. Wie immer man diesen Sinn auch nennt – Glück, Vollkommenheit, Ruhe, Nirvana, Samadhi – ist unwichtig. Diese Menschen sind selten, aber sie sind in jeder Hinsicht gesund.

Damit wird klar, dass die Grundlage eines erfüllten Lebens darin liegt, den Sinn seines Lebens zu erkennen und diesen Sinn zu erfüllen. So gilt:

> Wenn man weiß, wer man ist, warum man da ist, und wenn man den Tod nicht fürchtet, dann kann man das Leben sinnhaft genießen.

7
Kulturtransformation

In diesem Kapitel lernen Sie erfolgreiche und praxisbewährte Methoden für einen raschen und tragfähigen Wandel von Unternehmenskulturen kennen. Dreh- und Angelpunkt dabei ist der Wertewandel, der sich aus der Ich-Entwicklung und dem dadurch veränderten Führungsverhalten ergibt. Das Konzept erlaubt eine tief gehende Kulturtransformation, die Menschen und Märkte bewegt.

> Culture eats processes for lunch (Alan Mulally).

Transformation ist ein Prozess, der auf drei Ebenen wirksam wird: der Persönlichkeitsentwicklung, der Teamentwicklung und der Leadership-Entwicklung.

Dabei fokussiert die Persönlichkeitsentwicklung Fragen wie: Was sind die Stärken des Einzelnen? Wo liegen die Beiträge zum Ganzen? Was ist für die jeweilige Person sinnstiftend? Eine nachhaltige Veränderung entwickelt sich dann, wenn sich Menschen mit ihren Fähigkeiten und ihren Begabungen sowie ihrem Wollen in eine Sache involvieren. Menschen zu entwickeln ist daher der erste Schritt in einem Wandlungsprozess.

Darauf aufbauend ist die Teamebene von großer Bedeutung. Von ihr geht als Fundament der Transformationsprozess im Unternehmen aus. Es geht also darum, das Team und eine Aufgabe zu vereinigen: Was gibt einem Team Orientierung? Was sind die verbindenden Faktoren? Was führt zu einem gemeinsamen Vorwärtsschub? Eine Teamentwicklung ist dann gelungen, wenn ein Gefühl entsteht, dass man selbst in einem größeren Ganzen aufgeht und sich als Selbst dabei erhalten kann. So kann das eigene Ich in den

Dienst einer größeren Aufgabe gestellt werden. Daraus entsteht die Sinnhaftigkeit des eigenen Tuns und Seins.

Bei den vorgenannten Prozessebenen spielt die Führungskraft eine wichtige Rolle. Transformation bedeutet, ein System von innen nach außen zu entwickeln. Zwischen dem Ist und dem Soll liegt die Lücke, die zu schließen ist. Transformationsorientierte Führung versteht diese Differenz, indem die Menschen die entscheidende Rolle spielen. Das System braucht den Enthusiasmus von Menschen. Wie eine Führungskraft dabei den Mitarbeitern und dem Team helfen kann, ihren Beitrag und ihre Identität zu finden – das ist die Kernaufgabe von Leadership. Durch die Kulturtransformation wird die Lücke zwischen Ist und Soll geschlossen. Das gilt für alle Ebenen in einer Organisation: für die Qualität der Teams, für das Führungsverhalten und für die Kultur der Organisation insgesamt.

> Einfluss zu nehmen auf sich, die Organisation und die darin tätigen Menschen – das **bedeutet** Leadership.

Führungskräfte sind dabei keine charismatischen Übermenschen. Es sind Menschen, die durch eine paradoxe Mischung aus persönlicher Bescheidenheit, ausgeprägter Durchsetzungsfähigkeit, Umgang mit Unsicherheit und Egokontrolle geprägt sind. Dabei stellen sie diese Fähigkeiten in den Dienst einer übergeordneten Aufgabe und sorgen für nachhaltige Erfolge.

Wir können festhalten: Nur über die Persönlichkeits- und Teamentwicklung können eine Kulturtransformation und damit eine Beeinflussung des Unternehmenserfolgs erreicht werden.

7.1 Strategische Unternehmensführung

Der Begriff „strategische Unternehmensführung" wird heute für eine Vielzahl von Aktivitäten verwendet, die dazu dienen, die Existenz eines Unternehmens langfristig zu sichern. Die strategische Perspektive richtet sich dabei sowohl nach außen als auch nach innen: zum einen auf die bestmögliche Wahrnehmung von Marktchancen, zum anderen auf den bestmöglichen Einsatz der zur Verfügung stehenden Ressourcen. Die Kunst besteht darin, die Möglichkeiten des Marktes mit den Möglichkeiten verfügbarer Ressourcen so abzustimmen, dass die Organisation zwar ständig herausgefordert und angespornt, aber nicht substanziell überfordert wird.

So einfach sich das theoretisch anhört, so schwierig ist die erfolgreiche Steuerung eines Strategieprozesses in der Praxis. Das beginnt damit, dass eine strategische Neuausrichtung oder Justierung nur so gut ist, wie die ihr zugrunde liegenden Fakten und Annahmen zutreffen. Insbesondere die Fehleinschätzung des Marktes oder der tatsächlich entwicklungsfähigen Ressourcen führt oft zu folgenschweren Irrtümern.

Doch worauf müssen sich Unternehmen fokussieren, um letztlich nicht nur gut, sondern exzellent zu sein? Die strategischen Aktivitäten müssen darauf ausgerichtet sein,

- dauerhaft herausragende Ergebnisse zu erzielen,
- Nutzen für Kunden zu schaffen,
- mit Vision, Inspiration und Integrität zu führen,
- Veränderungen aktiv zu managen,
- durch Mitarbeiterinnen und Mitarbeiter erfolgreich zu sein,
- Kreativität und Innovation zu fördern,
- die Fähigkeiten der Organisation zu verbessern,
- nachhaltig die Zukunft zu gestalten.

Doch selbst die bestens begründete und abgesicherte Strategie nützt wenig, wenn die für die Umsetzung entscheidenden Mitspieler (Führungsmannschaft, Mitarbeiter, Kapitalgeber, Kunden etc.) für den Richtungswechsel oder die Richtungskorrektur nicht gewonnen werden. Die Steuerung strategischer Entwicklungsprozesse muss also neben den wirtschaftlichen rationalen Fakten von Anfang an auch motivationale, zwischenmenschliche und kulturelle Aspekte einbeziehen. Dies sind all die Einflussgrößen, die man gemeinhin mit dem Begriff „soft facts" bezeichnet.

Insgesamt ist die strategische Unternehmensführung eine sehr komplexe Aufgabe, bei der eine Unterstützung durch Berater und Coaches hilfreich ist. Die Frage, ob ein Berater oder Coach all dies in einem Rollenverbund leisten kann, hat die Praxis längst positiv beantwortet: Viele Veränderungsprozesse werden heute bereits von Coaches begleitet. Deshalb geht es nicht mehr um die Frage des „Ob", sondern nur noch um das „Wie". Prozessbegleitung in einem so komplexen und sensiblen Kontext wie der strategischen Unternehmensentwicklung ist für alle Beteiligten eine Gratwanderung zwischen erfüllbaren und unerfüllbaren Erwartungen, zwischen An- und Überforderung, zwischen Notwendigem und Zulässigem.

7.1.1 Strategie-Coaching

Strategie-Coaching ist eine Spezialform des Organisations-Coachings, die man insbesondere zur kommunikativen Unterstützung der Entscheiderebenen im Strategieprozess einsetzt. Strategie-Coaching ist nicht zu verwechseln mit der klassischen Strategieberatung, die eine betriebswirtschaftliche Wissensbasis um die Steuerungssysteme innerhalb eines Strategieprozesses verstärkt.

Immer wieder fällt mir im Coaching von Teams auf, wie wenig sich die Geschäftsleitungen darüber bewusst sind, was ihre Rolle im System ausmacht bzw. wie wichtig ihr Verhältnis untereinander ist. Es beginnt schon damit, dass es für die Gesundheit einer Organisation außerordentlich wichtig ist, dass die Führungskräfte an der Spitze ein gutes Team bilden. Und es gilt ein Primat der Ordnung, indem erst die Führung sich einig wird und dann gegenüber den Mitarbeitern die einheitliche Sicht vertritt. Gelingt den Mitarbeitern oder den untergeordneten Ebenen die Spaltung des Führungsteams, bedeutet dies für das ganze System Stress, Destabilisierung und Unsicherheit. Im Unternehmenskontext bedeutet das, dass ein System nur dann gelingt, wenn sich die Führungskräfte an Ordnungen halten, die prinzipieller Natur sind.

Wenn es eine Führungskraft so weit schafft, dass sie nun an der Spitze einer Organisation steht oder Teil des Spitzengremiums geworden ist, dann steht sie vor einer schwierigen Aufgabe. Plötzlich wird von ihr verlangt, dass sie zu den anderen Mitgliedern dieser Gruppe eine erstrangige Loyalität entwickelt, und zwar noch vor den engen Mitarbeitern in ihrem Bereich. Nun soll sie zu den anderen Mitgliedern im Führungsteam ein Vertrauensverhältnis aufbauen, obwohl diese Rivalen sind. Der Erfolg des Unternehmens hängt von diesem Teamgeist an der Spitze ab. Damit ist die erste Frage, die in einem Unternehmen geklärt werden muss, die Frage nach der Existenzberechtigung der Führungsmannschaft.

Für die Stabilität der Organisation ist es wichtig, dass Verantwortung übernommen wird. Es ist immer wieder zu erleben, wie von der CxO-Ebene an die mittleren Führungskräfte widersprüchliche Signale gesendet werden. Damit versäumen die CxOs es, zu ihrer gestaltenden Rolle zu stehen. Sie wollen das Unmögliche erreichen: keine Fehler zu machen. Führungskräfte sollten jedoch das Recht beanspruchen, Fehler machen zu dürfen, zu denen sie dann allerdings auch stehen sollten. Zur Autorität gehört es, sein ganzes Wesen ganzheitlich inklusive aller irrationalen Teile anzunehmen. Dies setzt auch eine operationale Fairness voraus, die aus Transparenz und Kompetenz besteht. Transparenz bedeutet dabei, dass wir die Regeln klar definieren, an die wir uns halten wollen. Konsequenz bedeutet, dass auf Abweichungen von diesen Regeln reagiert wird. Einem Beteiligten wird damit die Eigenverantwortung bewusst, da man ein so definiertes System annehmen oder ablehnen kann.

Für mich setzt ein Strategie-Coaching nicht erst kurz vor oder in der Umsetzungsphase ein, sondern bereits in der Strategiefindungsphase. Dabei vertrete ich die Auffassung, dass es eine nicht delegierbare Kernaufgabe der Unternehmensführung ist, Rahmenvorgaben zu entwickeln und deren Umsetzung aktiv zu unterstützen.

Wir sehen bei vielen Unternehmen machtgesteuerte Auseinandersetzungen, die selbst hoch qualifizierte Mitarbeiter überfordern können. Der Grund liegt dabei weniger in unüberbrückbaren Vorstellungen als in einer fehlgeschlagenen Kommunikation und Kooperation von Einzelspielern, die nicht verstanden haben, dass Unternehmensführung eine Gemeinschaftsleistung ist. Die Folge sind Missverständnisse, fehlgeleitete Projektarbeit, Lagerbildung und Reibungsverluste. Diese Prozesse habe ich während meiner Arbeit in Unternehmen an vielen Stellen kennengelernt.

Um nachhaltige Erfolge zu erzielen und ein Unternehmen in die Zukunft zu führen, braucht es eine Geschäftsleitung, die sich sowohl mit den operativen als auch den psychologischen Seiten der Transformation auseinandersetzt. Dabei sind drei zentrale Aufgaben zu bewältigen:

- den Geschäftsbetrieb am Laufen halten („Run the Business")
- das Unternehmen weiterzuentwickeln („Develop (Change) the Business")
- dem Ganzen einen Sinn zu geben („Sensegiving")

Mit „Run the Business" ist nichts anderes als das operative Management einer Organisation gemeint. Das aktuelle Tagesgeschäft sorgt für die notwendigen Resultate und für das Überleben eines Unternehmens und sichert die Investitionen in die Zukunft ab. Führungskräfte und CxOs machen allerdings immer wieder den Fehler, sich zu einseitig auf das operative Management zu fokussieren und sich dabei auch noch auf den aktuellen Erfolgen auszuruhen.

So stellt in einer sich immer schneller wandelnden Welt das „Develop the Business" die immer wichtiger werdende Führungsaufgabe dar. Demnach ist neben dem operativen Geschäft die Entwicklung neuer Geschäftsfelder die Grundlage, auf der ein Unternehmen in die Zukunft geführt werden kann.

Die Aufgabe, die Geschäftsleitungen viel zu oft vernachlässigen, ist das „Sensegiving". Für ein Unternehmen und seine Stakeholder einen Sinn zu stiften, ihnen eine Identität zu geben und Vertrauen zu generieren, ist die zentrale Verantwortung jeder Geschäftsführung. Wenn sich die Stakeholder mit einem Unternehmen identifizieren und es wertschätzen, dann erzeugt dies die Kraft und Vitalität, die ein Unternehmen zukunftsfähig macht. Man kann es spüren, wenn man ein solches Unternehmen betritt oder mit seinen Mitarbeitern zu tun hat. Mit dieser Sinngebung sorgt die Geschäftsleitung für eine positive Energiebilanz im Unternehmen und für die Ressourcen, die für die anstehenden Change-Prozesse nötig sind.

7.1.2 Transformationale Führung

Transformationale Führung umfasst nach meinem Verständnis alle Formen der Transformation, also nicht nur die Transformation der Führenden, sondern auch die der Geführten. Dafür braucht es Führungskräfte, die ihre Mitarbeiter für das Unternehmen und dessen Ziele begeistern können und einen besonderen Einfluss auf die Menschen nehmen können. Sie bewirken durch ihr Führungsverhalten ein überdurchschnittliches Engagement der Geführten, verbunden mit hoher Loyalität und großer Bindung an die Führungsperson.

Dies wirft ggf. eine ethische Frage auf: Stellt die Transformation eines Mitarbeiters zum innerlich überzeugten Anhänger einen tief greifenden Eingriff in sein Verhalten oder Erleben dar?

Im Zusammenhang mit Transformation wird oft auch der Begriff der charismatischen Führung genannt. Charismatische Führung ist dabei unabhängig von einer moralischen und subjektiven Wertung. Man kann aber diese Eigenschaften Mahatma Gandhi ebenso wie Adolf Hitler oder dem Dalai Lama zuschreiben. Diese Führungspersönlichkeiten sind bekannt für ihren starken Einfluss auf ihre Anhänger, und zwar weit entfernt von rein materiellen Anreizen. Sie haben ihre Anhänger transformiert, aus innerer Überzeugung das gewünschte Verhalten zu zeigen. Das führt auch zur Beobachtung, dass charismatische Personen meist stark polarisieren. Häufig gibt es fanatische Anhänger ebenso wie Kritiker.

So lautet die nächste Frage: Was macht transformationale Führung so wirkungsvoll? Meist werden folgende Faktoren im Zusammenhang mit derartigen Führungspersonen genannt:

- Starke kommunikative Fähigkeiten: Transformationale Führungskräfte können sich extrem gut auf die Zielgruppen einstellen, mit denen sie zu tun haben, und finden die richtigen Worte und Symbole in der Kommunikation.
- Eine klare Vision: Transformationale Führungskräfte haben eine klare Vorstellung von der Zukunft der Organisation und können diese präzise und anschaulich darstellen. Ein Beispiel ist die Rede von Martin Luther King: „I have a dream …".
- Symbolisches Verhalten: Bei sehr einflussreichen Persönlichkeiten sind auch Handlungen zu beobachten, wie Verzicht auf das Gehalt in Krisenzeiten oder extreme Auftritte, um die Firma zu vermarkten (z. B. Steve Jobs).

- Ansprechen von Emotionen der Geführten: Der starke Einfluss transformationaler Führungspersonen beruht auch darauf, dass sie weniger die rationalen Motive und Gedanken als die Emotionen ansprechen.
- Großes Selbstvertrauen: Das tiefe Vertrauen in die eigenen Überzeugungen und Fähigkeiten überträgt sich auch nonverbal. Es hilft Führungskräften dabei, andere Menschen zu überzeugen.
- Hohe Erwartungen an die Geführten: Transformationale Führungskräfte richten hohe Leistungserwartungen an die Geführten und zeigen Optimismus, dass diese die Ziele erreichen können.

Diese transformationalen Aspekte sind offenbar zum Teil angeboren. Getrennt aufgewachsene eineiige Zwillinge haben vergleichbare Ergebnisse, wenn man ihre charismatischen oder transformationalen Eigenschaften misst. Transformationale Führungspersönlichkeiten haben ein ausgeprägtes Selbstbewusstsein und schaffen es, Menschen für sich zu gewinnen.

7.1.3 Führung durch Substitution

Sowohl für einzelne Führungskräfte als auch für Unternehmen ist es sinnvoll, den Umfang der direktiven Führungsaktivitäten zu reduzieren. Führungskräfte gewinnen dadurch Freiraum für andere Aktivitäten und Unternehmen können infolgedessen Führungskräfte einsparen.

> Lead from the back and let others believe they are in front (Nelson Mandela).

Ich habe schon sehr früh in meiner Führungstätigkeit das Prinzip der „Abkömmlichkeit" entwickelt. Es war die Voraussetzung für jede weitere der mir anvertrauten Aufgaben. Abkömmlichkeit setzt voraus, Führungsstrukturen zu entwickeln, in denen die Führung sofort substituiert werden kann. Entweder durch Stellvertreter oder durch das Team, das sich dann selbst führt. Durch diese Prinzipien können in vielen Unternehmen Führungsstrukturen verflacht werden. Zudem ist es für die eigene Karriere einer Führungskraft nützlich.

> **Nur wer abkömmlich ist, kann befördert werden.**

Generell zeigt bei genauer Betrachtung bereits die Definition von Führung (bewusste Beeinflussung von Verhalten und Einstellungen der Mitglieder einer Organisation in Richtung der Ziele dieser Organisation) eines: Je mehr es gelingt, die Einstellungen und das Verhalten von Mitgliedern einer

Organisation in der gewünschten Art und Weise zu gestalten, desto weniger direkte Führung ist überhaupt nötig.

Was können Führungskräfte tun, um sich selbst aus der direkten Führung (im Sinne von direktiv und operativ) zurücknehmen zu können? Welche Wege gibt es für Unternehmen, um Führungsstrukturen zu verflachen?

- Ein Ausgangspunkt ist bereits die richtige Personalauswahl: Mitarbeiter, bei denen hohe Fachkompetenz auf starke intrinsische Motivation und Teamfähigkeit trifft, müssen kaum direkt geführt werden.
- Zielführend ist die Entwicklung und Förderung der Mitarbeiter hin zu selbstständigen Entscheidern mit eigenverantwortlichem Handeln (Empowerment): Je selbstständiger die Mitarbeiter, desto mehr kann delegiert werden und desto weniger muss direkt ins Tagesgeschäft eingegriffen werden.
- Einsatz von Teams gewinnt Bedeutung: Teams können die direkte Verhaltenssteuerung der Mitglieder übernehmen und die Führungskräfte entlasten.
- Führungskräfte führen Teams: Sie können sich zu Coaches der Teams und der Mitglieder entwickeln und deren Selbstständigkeit sowie Eigenverantwortung stärken.
- Förderung von Zusammenarbeit und Kommunikation: So lernen Gruppen, sich selbst abzustimmen und die Führungskraft als Schnittstelle zu entlasten. Der Aufbau eines Vertrauensklimas, einer hohen Gruppenkohäsion und gemeinsam getragene Leistungsziele sind hierbei zentral. Das Ziel, leistungsfähige Gruppen aufzubauen, ist von höchster Relevanz, um Führung substituieren zu können. Die motivierende Gestaltung der Arbeitsaufgabe, sodass diese von sich aus als möglichst motivierend empfunden wird, ist ebenfalls ein Weg, um Führung zu entlasten.
- Infrastruktur erspart direkte Führungsarbeit: Wesentlich sind hier das Entfernen von Barrieren für die Zusammenarbeit und die Verfügbarkeit der wichtigsten Ressourcen wie etwa Kommunikationstechnologie und Räumlichkeiten. Eine Führungskraft sollte sich unbedingt darum kümmern, dass dies gewährleistet ist.

All diese Punkte tragen dazu bei, direkte Führung teilweise zu ersetzen. Führungskräfte können sich durch die so gewonnene Zeit auf langfristige Themen wie das rechtzeitige Einleiten von Veränderungen (Develop the Business) konzentrieren. Außerdem haben sie Kapazitäten frei, um sich um die sonstigen Belange der Mitarbeiter zu kümmern und sich nach oben zu vernetzen. In Organisationen ermöglichen dahin gehende Verfahren ein Abflachen von Hierarchieebenen und das Einsparen von Personal in Managementpositionen.

Einen Hinweis dazu möchte ich noch geben:

Substitution von direkter Führung bedeutet nicht, dass keine Führung mehr nötig ist. Substitution bedeutet immer, etwas durch etwas anderes zu ersetzen: in dem Fall direkte Führung durch indirekte Führung. Führungskräfte müssen als gute Beispiele vorangehen, sich um das Team kümmern und Präsenz zeigen. Dafür wird mit den oben geschilderten Maßnahmen ein Raum geschaffen. Diese Strukturen müssen aber erst einmal aufgebaut und aufrechterhalten werden. Es geht dann darum, Synergie innerhalb und zwischen den Teams zu fördern. Ein „einfach Laufenlassen" wäre die falsche Schlussfolgerung und kontraproduktiv für den Erfolg und die Leistung.

7.1.4 Zwischenfazit

Führung ist die zielgerichtete Beeinflussung der Ansichten und des Verhaltens von Einzelpersonen und Gruppen in Organisationen. Die empirische Forschung hat zahlreiche Merkmale identifiziert, die mit dem Erfolg von Führungskräften zusammenhängen, und dabei interessante Hinweise gefunden.

- Führung wird meistens zu eng betrachtet. Viele Führungskräfte denken hauptsächlich an Führung nach unten und suchen hier ihren Erfolg. Die meisten Unternehmen trainieren ihre Führungskräfte exakt in diesem Stil. Bedeutsame Perspektiven bleiben unbeachtet. Forschungsergebnisse zeigen, dass für die Karriere die Führung nach oben (eigener Vorgesetzter, Abkömmlichkeit) ein wesentlicher Einfluss ist.
- Viele Führungskräfte scheitern an oberflächlichen Zielen. Sie sind es gewohnt, Wirtschaft in Form von Zahlen zu betrachten: Produktivität, Absatzzahlen, Aktienkurse, Performance sind Begriffe aus dieser Welt. Dabei bleibt unbeachtet, dass hinter dieser harten Ebene die mehr oder minder bewussten Entscheidungen von Menschen als Ursache für Erfolg oder Misserfolg liegen: die Bereitschaft eines Mitarbeiters, hoch motiviert zu arbeiten; der Kunde, der sich für oder gegen ein Angebot entscheidet; der Investor, der bereit ist, einen bestimmten Preis für eine Aktie zu zahlen etc. Ein häufiger Grund für erfolgloses Management liegt im Unvermögen, die Entscheidungen von Menschen als Ursache von betriebswirtschaftlichen Resultaten zu verstehen, vorherzusagen und beeinflussen zu können.

- Falsche Menschenbilder sind ebenfalls häufig die Ursache für schlechte Führung. Jede Führungskraft ist individuell geprägt und hat seine ganz eigenen Menschenbilder. Diese können zahlreiche Bereiche betreffen, etwa Einstellungen zu älteren Personen, zu Frauen oder zu bestimmten anderen Personengruppen oder aber generell zum Verhalten von Menschen. Es ist wichtig, den Einfluss dieser Menschenbilder, die oftmals nicht zutreffen, auf das eigene Verhalten als Führungskraft zu erkennen. Daher kann eine Optimierung des Führungsstils an den impliziten Menschenbildern und den damit verbundenen Annahmen ansetzen. Es gilt dann, die anhand von Plausibilität, Zeitgeist, Überlieferung, Gewohnheit oder emotionalen Einflüssen gewonnenen Menschenbilder durch empirisch abgesicherte Befunde zu ersetzen, damit die Führung und die Entscheidungen als Führungskraft treffsicherer werden.
- Unter den zentralen Verhaltensbereichen von Führungskräften kommen zwei wesentlichen Dimensionen besondere Bedeutung zu: die Aufgabenorientierung und die Mitarbeiterorientierung. Erfolgreiche Führungskräfte müssen diese in einem ausgewogenen Verhältnis kombinieren. Somit ist es wichtig, dass Führungskräfte die Selbstständigkeit ihrer Mitarbeiter so weit wie möglich fördern.
- Besorgniserregend aus Sicht der Unternehmen sollten die Ergebnisse zu effektiver Führung und Karriere sein. Karriere machen im Mittel nicht die Leistungsträger, sondern die Netzwerker, die sich nur um die nötigsten Leistungsergebnisse kümmern und alle freie Zeit für Networking mit wichtigen Entscheidern verwenden.
- Es existiert nach wie vor die Illusion eines „idealen" Führungsstils, und so werden Führungskräfte häufig in Richtung eines bestimmten Stils trainiert. Forschungsergebnisse sind eindeutig: Viele Führungsstile können erfolgreich sein – aber nur, wenn sie zur Situation passen. Ebenso kann jeder Führungsstil erfolglos sein, wenn er nicht zur Situation passt. Situative Führungstheorien und Interaktionsmodelle der Führung haben dafür sensibilisiert, dass je nach Situation und je nach Mitarbeiter ein ganz anderer Führungsstil Erfolg versprechend ist. Dabei wurden zahlreiche Aspekte der Situation und der Geführten identifiziert, die von Bedeutung sind.
- Wegen dieser situativen Einflüsse wird auch eines klar: Eine gute Führungskraft zeichnet sich vor allem dadurch aus, dass sie erstens eine Situation treffend analysieren kann und sich zweitens flexibel auf diese Situation mit einem transformationalen Führungsstil einstellt und anpasst.

- Die meisten Unternehmen führen ihre Mitarbeiter wie vor 100 Jahren: transaktional. Dem Mitarbeiter wird gesagt, was zu tun ist, und wenn er das brav macht, bekommt er sein Gehalt, Bonuszahlungen etc. Es ist die Perspektive eines Tauschgeschäftes: Leistung gegen Geld. Das ist teuer und nach allen Forschungsergebnissen uneffektiv. Einige Unternehmen haben damit begonnen, Mitarbeiter transformational zu führen. Anstelle von kalter Berechnung setzen sie auf Begeisterung, Ideologie und den Wandel der Geführten zu überzeugten Anhängern. Das ist in Zeiten des Kampfes um die besten Köpfe und auch aus motivationspsychologischer Sicht wirksam.
- Man kann direktive Führung als notwendiges Übel betrachten, das nur erforderlich ist, wenn sich die Mitglieder einer Organisation nicht bereits so verhalten, wie es den Zielen der Organisation entspricht. Zahlreiche Ansätze für die Substitution von direktiver Führung ermöglichen es, die Führungskraft zu entlasten und für andere wichtige Führungsaufgaben frei zu machen.

7.2 Action Learning

Action Learning (auch handlungsorientiertes Lernen) ist eine Methode des Erfahrungslernens („learning by doing") von einzelnen Personen und Gruppen in Unternehmen oder anderen Organisationen, die auf Reginald Revans zurückgeht.

Beim Action Learning arbeitet ein Team an einem für eine Organisation konkreten und relevanten Projekt und reflektiert gleichzeitig den Lernprozess. Action Learning basiert auf der Überzeugung, dass Mitarbeiter einer Organisation am besten mithilfe einer realen Herausforderung lernen. Durch die Anwendung von Action Learning entsteht ein gleichermaßen doppelter Nutzen: Einerseits wird ein Bedürfnis der Organisation befriedigt und andererseits werden Individuen und Gruppen weiterentwickelt.

Wesentliche Merkmale eines Action-Learning-Programms sind:

- Learning by Doing
- Alle Beteiligten verstehen sich als Lernende, die nicht über absolute Wahrheiten verfügen und daher eine offene Haltung einnehmen
- Verbindung von Expertenwissen und explorativem Erkunden von Neuland, wobei tendenziell der explorative Anteil steuert, welches Expertenwissen benötigt wird

- Das Action-Learning-Team als Medium für Reflexion, Erproben neuer Lösungen und persönliche Entwicklung
- Die Simultanität gleichzeitig Probleme zu lösen und davon zu lernen bzw. von persönlicher und organisationaler Entwicklung

„Die Entwicklung von Führungskräften ist wohl die am häufigsten vorkommende Anwendung für Action Learning", so schreibt es Bernhard Hauser in seinem Buch *Action Learning* (Hauser 2012). Da das Gebiet des Action Learning so umfangreich ist, dass es den Rahmen dieser Publikation sprengen würde, sei hier auf dieses Workbuch von Bernhard Hauser verwiesen, der ein umfangreiches Kompendium zum Thema verfasst hat. Ohne auf die weiteren Anmerkungen zu verzichten, spreche ich hier eine Empfehlung für Menschen in Führungspositionen und die potenziellen Führungskräfte aus, sich intensiv mit dem Thema zu befassen. Ich konnte Action Learning bei der Lösung von „boshaften Problemen" ebenso einsetzen wie im Umgang mit systemdynamischen Prozessen, auf die ich im Folgenden noch zurückkomme.

Action Learning ist somit eine praxisorientierte Entwicklungsmaßnahme mit intensivem Gruppencharakter, die vorhandene Expertise zur Weiterentwicklung Einzelner und zum Wohl des gesamten Unternehmens nutzt. Die vielseitig verwendbaren Prinzipien gehen mit mehreren Vorteilen einher:

- Das Lernen anhand einer realen Problemstellung ermöglicht optimalen Transfer der Inhalte in den Arbeitsalltag.
- Der kontinuierliche Lernprozess macht Action Learning zu einer nachhaltigen Entwicklungsmaßnahme.
- Die Zusammenarbeit über verschiedene Abteilungen hinweg fördert und erhöht den Austausch und die Transparenz im Unternehmen.
- Die dauerhafte Etablierung eines Action-Learning-Programms sowie eine transparente Kommunikation lassen eine gut sichtbare (inter-)aktive Weiterbildungsplattform entstehen, die dauerhaft eine lebendige Lernkultur im gesamten Unternehmen anstößt.
- Weiterbildung geschieht größtenteils vor Ort, ohne sich unmittelbar mit dem Arbeitsalltag zu vermischen. Dadurch wird eine Verknüpfung des Gelernten zum Arbeitsplatz hergestellt und gleichzeitig werden die Inhalte mit einem gewissen Abstand reflektiert und systematisiert.
- Die Lösung realer Problemstellungen geht nicht zuletzt mit einem geschäftlichen Mehrwert einher. Action Learning schlägt sozusagen zwei Fliegen mit einer Klappe: Es hilft Organisationen dabei, Lösungen für anstehende Probleme zu finden, und entwickelt die Kompetenzen der Mitarbeiter anhand realer Anforderungen.

Die Merkmale von Action Learning beeinflussen auch die Motivation der einzelnen Teilnehmer auf positive Weise. Die Verknüpfung der eigenen Entwicklung mit einem Beitrag für das Unternehmen, die spannende Arbeit an einer realen Problemstellung, die Möglichkeit, über Abteilungsgrenzen hinweg ein Netzwerk zu pflegen, der unmittelbare Austausch mit anderen zum eigenen Fortschritt: Jedes dieser Prinzipien kann das Engagement des Einzelnen erhöhen und damit die Investition in Personalentwicklung umso lohnender machen.

7.3 Systemische Organisationsentwicklung

Systemische Organisationsentwicklung – oft auch als systemische Organisationsberatung bezeichnet – ist ein Konzept, das vor allem von Unternehmensberatern und Coaches angewandt wird. Eine der historischen Wurzeln ist die Familientherapie und das Ziel, diese auf komplexere, größere, soziale Systeme zu übertragen.

Die Systemtheorie bildet dabei den Hintergrund und wird als theoretisches Gerüst während des Beratungsprozesses verstanden. Sie ist ein Denkansatz, in dem es um Ganzheit geht. Systemisches Denken ist somit eine Betrachtungsweise, die der Gefahr entgegenwirkt, sich in Einzelheiten zu verlieren. Die systemische Organisationsberatung geht davon aus, dass sich multidimensionale Probleme nicht lösen lassen, wenn man den Fokus nur auf ein Element richtet.

Soziotechnische Systeme benötigen nach der Theorie der systemischen Organisationsberatung nur Unterstützung bei der Lösung ihrer Probleme. Die Lösung muss von innen kommen. Die „Experten des Problems" sind die Mitarbeiter, die das Problem haben. Der systemische Berater beschränkt sich auf Coaching, Anregung und hinführende Fragestellungen.

Man kann ein soziales System wie ein Unternehmen, eine Abteilung oder eine Gruppe nur verstehen, wenn man die Regeln kennt, die das Verhalten der Personen in diesem System leiten. Da alle Prozesse und Anforderungen nur im Zusammenhang mit dem sozialen System zu lösen sind, ergeben sich für eine Lösung aus systemischer Sicht folgende Ansatzpunkte:

- Veränderung in Bezug auf die Personen
- Veränderung der subjektiven Deutungen
- Veränderung von Verhaltensregeln und der darauf basierenden gemeinsamen Deutungen
- Veränderung der Interaktionsstrukturen

- Veränderung der Systemumwelt
- Veränderung hinsichtlich der zukünftigen Entwicklungsrichtung und/oder der Entwicklungsgeschwindigkeit

Organisationen als komplexe Systeme weisen typische Funktionsmuster auf: Es gibt lange Phasen konstanter Ordnung (Systembalance) und schrittweiser Veränderungen. Durch die wiederholte Anwendung derselben Aktionen auf die Prozesse werden kleine Abweichungen (Systempulsation) hochgeschaukelt. Nach langen Perioden stetigen, stabilen Verhaltens wird das System plötzlich turbulent, dann chaotisch, um sich umbruchartig auf einen neues (anderes) Verhaltensmuster einzupendeln. In komplexen Systemen können schon minimale Abweichungen einen Signalcharakter haben: Sie können auf das Ende konstanter Phasen und auf den Beginn von Turbulenzen hinweisen. Deshalb besteht die passende Strategie für die Steuerung komplexer Systeme darin, Widersprüche und Abweichungen von Planwerten zu verstehen, anstatt sie durch Maßnahmen vorschnell ausgleichen zu wollen.

Zum Verständnis einer Organisation sind deshalb auch die Dynamiken des Systems zu erfassen, zu verstehen und durch die Führungskräfte zu beeinflussen. Dabei geht es um vier Komponenten, die sich gegenseitig beeinflussen und bedingen:

- Systemstruktur: Darunter versteht man in der Systemtheorie die Gesamtheit der Elemente eines Systems sowie ihre Funktion(en) und Wechselbeziehungen auf der Mikroebene, Makroebene und Mesoebene (Organisation).
- Systemprozesse: Dies sind die Vorgänge, die innerhalb eines Systems laufen.
- Systembalance: Darunter ist die Dynamik der Gleichgewichte in einem System zu verstehen.
- Systempulsation: Darunter versteht man mehr oder weniger regelmäßige Schwankungen, auch Stoßwellen, die in einem System auftreten können.

Erklären wir ein System mathematisch, dann ist es eine Funktion aus den vorgenannten Komponenten (Mohr 2006). Bei der Betrachtung der Systemstruktur erkennen wir drei dynamische Prozesse. Diese sind Dynamiken der Aufmerksamkeit, der Rollen und der Beziehungen.

Bei der Aufmerksamkeitsdynamik geht es um die Fragen: Womit beschäftigen sich die Menschen in einer Organisationseinheit am meisten? Und: Wie verhält sich das, was Ziel der Einheit ist, zu dem, was gerade die Hauptaufmerksamkeit genießt? Wünschenswert wäre in dieser Situation, dass die

Hauptaufmerksamkeit kompatibel mit der Zielsetzung der Organisation ist. Zudem sollten sowohl das normative, das strategische und das operative Management beachtet sein.

Bei der Rollendynamik geht es um die Fragen: Welche Rollen gibt es momentan im System? Welche Merkmale haben die Rollen? Verändern die Rollen sich zurzeit und wenn ja, wie? Wünschenswert wären in dieser Situation, dass die Rollenstruktur einen angemessenen Differenzierungsgrad hätte und die Rollenkompetenzen den Rollen entsprächen. Außerdem sollten sich die Rollen entsprechend den inneren und äußeren Anforderungen anpassen können.

Bei der Beziehungsdynamik geht es um die Fragen: Wie stehen die Rollen und die Personen miteinander in Beziehung? Welche Grundbotschaften gibt es zwischen den Rolleninhabern? Erstrebenswert wäre hierbei, dass die Beziehungen auf der Rollen- und Personenebene zum Gedeihen der Organisation und der Personen beitrügen. Dabei sollten die Grundbotschaften auf der Rollen- und Personenebene würdigend und wertschätzend sein.

Auf der Ebene der Systemprozesse finden wir die Dynamiken der Kommunikation, der Problemlösungen und der Erfolge. Bei der Kommunikationsdynamik ist die Frage zu stellen, was die Art charakterisiert, wie man miteinander kommuniziert. Idealerweise nützen die vorhandenen Kommunikationsmuster der Organisation und können ggf. angepasst werden.

Bei der Problemlösungsdynamik lauten die Fragen: Was sind zurzeit die Probleme? Wie geht man damit um? Dabei sollte die Problemlösung zu einer Verbesserung der Organisation führen. Hierfür ist es notwendig, dass die Auswirkung dieser Probleme auf die zu bewältigenden Aufgaben realistisch gesehen wird.

Bei der Erfolgsdynamik ist es entscheidend, wie man Erfolg erreicht oder vermeidet. Wünschenswert wäre es, wenn Erfolgsfaktoren klar, realistisch und motivierend formuliert wären. Dazu sollten Erfolge deutlich wahrgenommen und benannt werden. Zudem müssen kritische Entwicklungen/Misserfolge analysiert und als Lern- und Veränderungschance genutzt werden.

Auf der Ebene der Systembalance geht es um die Dynamik der Gleichgewichte und der Rekursivität. Folgende Fragestellungen sind dabei wichtig: Welches Gleichgewicht würde wer gerne erhalten? Welches Gleichgewicht wird angestrebt? Es wäre gut, wenn beide, Stabilität und Wandel, in ausreichender Form existierten. Dabei sollten die Gleichgewichte der Vergangenheit wahrgenommen, illusionslos betrachtet und für die Nutzung in der Gegenwart und Zukunft überprüft werden. Ein Beispiel für ein „System in Balance" ist ein Gleichgewicht zwischen der hergestellten (ausgelieferten) Qualität und den diesbezüglichen Kundenanforderungen.

Bei der Rekursivität (im Sinne von Wiederverwendbarkeit) geht es um die Frage, ob ähnliche Prinzipien auf unterschiedlichen Ebenen der Organisation verwirklicht sind oder angewendet werden. Wünschenswert wäre, dass erfolgreiche Prinzipien auf unterschiedlichen Ebenen der Organisation wieder verwendet würden.

Auf der Ebene der Systempulsation geht es ebenfalls um eine Dynamik der Rekursivität und um die Pulsation an äußeren Grenzen oder innerhalb der Grenzen der Subsysteme sowie deren Schwankungsbreiten. Pulsation an äußeren Grenzen kann z. B. bei einer Fusion von zwei Unternehmen entstehen. Da geht es um die Vereinheitlichung von Arbeitsbedingungen und die Abstimmung von Grenzen und Kompetenzen. Pulsation innerhalb der Grenzen betrifft die Subsysteme. Hier stellt sich die Frage: Welche relevanten Subsysteme lassen sich in der Organisation zurzeit unterscheiden und wie wirken sie sich aus? Es wäre gut, wenn die Subsystemstruktur der Organisation der inneren Aufgaben- und Arbeitsteilung sowie den äußeren Markterfordernissen angemessen wäre.

Die systemische Organisationsberatung wird nachgefragt, um Organisationen bei ihrem Wandel zu begleiten. Genau geht es um die Begleitung eines Übergangs von einem alten Operationsmodus zu einem neuen – also Change Management – sowie den damit verbundenen Kulturwandel. Betrachtet man die gängige systemische Organisationsberatung kritisch, so muss man feststellen, dass in der betrieblichen Praxis des Change Managements viele systemische Interventionen nicht überzeugen können. Ursache dafür ist, dass der systemische Ansatz oft zu isoliert betrachtet wird. Zudem haben Berater und Trainer häufig nur einen einseitigen psychologischen Background und kaum betriebliche Kompetenz und Führungserfahrung. Eine methodische Kompetenz wurde zwar womöglich durch eine aufwendige systemische Beraterausbildung erworben, es fehlt jedoch nicht selten die Managementkompetenz (Feldkompetenz) zur Unterstützung der Führungskräfte in Fragen der Veränderung des Managementsystems und der fachlichen Seite im Prozess des Change Managements.

Die vorgenannten Aufgaben sind allein mit den gewohnten Modellen und Konzepten kaum umzusetzen. Außerdem braucht eine solche Umsetzung Zeit, die oft nicht zur Verfügung steht oder gestellt wird.

Seit 1982 bin ich in zwei Welten unterwegs. So war ich in der einen Hälfte der Zeit Geschäftsführer und Vorstand und in der anderen Hälfte Unternehmensberater und seit 2002 auch Coach. Im Innersten meines Herzens bin ich immer Unternehmer und Manager gewesen, und in der CxO-Funktion habe ich meist als Freiberufler über einen Geschäftsbesorgungsvertrag gearbeitet.

So habe ich die Überzeugung gewonnen, dass die Arbeitsteilung zwischen Managern, Coaches, Prozessberatern und klassischen Unternehmensberatern wenig Sinn macht. Für die Anwendung in einer komplexen Organisation ist diese Arbeitsteilung viel zu begrenzt, zumal auch gesellschaftspolitische Fragen meist nicht einbezogen werden. Auf die fatale Vernichtung von Unternehmenswerten muss an dieser Stelle nicht besonders hingewiesen werden. Deshalb ist es mein besonderes Anliegen, zu zeigen, dass nur in der Kombination der vorgenannten Ansätze die Kompetenz liegt, ein Unternehmen oder einen Bereich zu führen. Falls dieser Standpunkt dann als „systemische Beratung" verstanden wird, will ich den Begriff gerne verwenden. Bis dahin bleibe ich bei meiner Definition von „transformationaler Führung".

7.4   Management Reflection

Als wesentlicher Baustein für Kulturwandel und nachhaltigen Führungserfolg hat sich bei unseren Kunden ein Verfahren bewährt, das wir „Management Reflection" genannt haben.

Die Notwendigkeit ergab sich dabei aus der Praxis. Von unseren Kunden waren wir mit der Begleitung von Kulturtransformationen beauftragt worden. Dazu waren abteilungsweite Coaching- und Trainingsmaßnahmen gewünscht. Wir konnten feststellen, dass diese Maßnahmen nur bedingt erfolgreich waren. Weniger als 20 % der Teilnehmer waren in der Lage, daraus ein eigenverantwortliches Verhalten zu generieren. Dies hat dazu geführt, dass wir in einem Abstand von vier bis sechs Wochen mit jedem der beteiligten Führungskräfte in einem ca. zweistündigen Reflection-Gespräch an den nachfolgend beschriebenen Aspekten weitergearbeitet haben. Der Erfolg war überwältigend. Nach sechs Monaten waren erste Transformationseffekte in der Organisation erkennbar. Nach 18 Monaten war die Transformation zu 80 % umgesetzt.

Grundlage für die Konzeptentwicklung waren die Forschungsarbeiten von Peter M. Senge zum Thema „lernende Organisation". Peter M. Senge war Direktor des Center for Organizational Learning an der MIT Sloan School of Management und Leiter der Society for Organizational Learning, SoL. Er wurde um 1990 mit seinem Buch *The Fifth Discipline* bekannt, in welchem er den Begriff der lernenden Organisation prägte (Senge 2011).

Als lernende Organisation bezeichnet man ein System, welches sich ständig in adaptiver Bewegung befindet. Ereignisse werden als Anstoß aufgefasst und für Entwicklungsprozesse genutzt, um die Wissensbasis und Handlungsspielräume an die neuen Erfordernisse anzupassen.

Dem liegt eine Führungskultur zugrunde, die offen und von Individualität geprägt ist und die ein innovatives Lösen von Problemen erlaubt und unterstützt. Aspekte, die solche Veränderungen unterstützen, sind

- klare Visionen, gemeinsame Zielsetzungsprozesse,
- Orientierung am Nutzen der Kunden,
- Kooperations- und Konfliktlösungsfähigkeit, wechselseitiges Vertrauen und Teamgeist,
- Prozessorientierung und Selbstregulation in Gruppen,
- transformationaler Führungsstil,
- Unterstützung neuer Ideen (vor allem durch die Führung), Ideenmanagement, Integration von Personal- und Organisationsentwicklung,
- Belohnung von Engagement,
- Fehlertoleranz bei riskanten Vorhaben,
- Fähigkeit zur (Selbst-)Beobachtung und Prognose (gut funktionierende Informations- und Kommunikationssysteme, rascher und genauer Überblick über die Wirkung der wichtigsten Prozesse).

Senge vertritt den Standpunkt, dass fünf Fertigkeiten (Disziplinen) beherrscht sein müssen, um lernende Organisationen zu entwickeln:

- **Personal Mastery** – individuelle Selbstentwicklung: Durch kontinuierliche Selbstentwicklung der Mitglieder einer Organisation werden deren fachliche und persönliche Fähigkeiten erweitert. Themen dieser Erweiterungen sind Sinnfragen des eigenen Beitrages in der Berufs- und Lebenssituation. Unter persönlicher Kompetenz wird vor allem eigenverantwortliches Handeln verstanden (jedes Individuum führt sich selbst). Das eigenverantwortliche Handeln soll bestimmt sein durch die eigene Vision, wobei diese nicht mit einem Zweck verwechselt werden sollte.
- **Mental Models** – mentale Modelle: Wie nehmen wir die Welt um uns herum wahr? Aus den persönlichen mentalen Modellen leitet sich die eigene Wahrnehmung der Umwelt ab. Dieser Einfluss auf die Wahrnehmung kann ein Hindernis für den Lernprozess des Individuums oder einer Organisation sein. Thema dieser Disziplin ist, diese Wahrnehmung bzw. dieses Weltbild zu identifizieren und auf Objektivität zu bewerten. Mentale Modelle sollten stets offen für Veränderungen sein.
- **Shared Visioning** – gemeinsame (geteilte) Vision: Auf der einfachsten Ebene ist eine Vision die Antwort auf die Frage: Was wollen wir schaffen? Eine gemeinsame Vision ist das Produkt aller persönlichen Visionen der Individuen einer lernenden Organisation. Der Entstehungsprozess ist ein

auf Vertrauen basierter Dialog. „Der Aufbau einer gemeinsamen Vision ist im Grunde nur Teil einer umfassenden Aktivität: die Entwicklung von ‚Leitgedanken' für die Vision, den Zweck oder der Mission und den Grundwerten des Unternehmens."

- **Team Learning** – Lernen im Team: Beim Team Learning kann das Phänomen des sogenannten „Ausrichtens" beobachtet werden. Darunter versteht man den Zusammenschluss von Individuen zu einer Gruppe oder Organisation. Die Funktion als Einheit wird im Wesentlichen durch die Ausrichtung der unterschiedlichen Kräfte innerhalb der Gruppe bestimmt. Treten die Kräfte synergetisch auf, kann die Leistungsbereitschaft der Gruppe größer sein als die Summe der einzelnen Teile. Das Team verfolgt auf diese Weise einen gemeinsamen Zweck und eine gemeinsame Vision. Geeignete Methoden sind beispielsweise interaktives Mind Mapping nach Tony Buzan oder Action Learning nach Hauser.
- **Systems Thinking** – Denken in Systemen: Durch eine ganzheitliche Betrachtung des Systems, also das Denken in Systemen, werden die Wirkmechanismen und das zu erwartende Verhalten in einer symbolischen, formalen Sprache beschrieben. Dadurch können typische Verhaltensmuster (Systemarchetypen) erkannt, besprochen und bearbeitet werden. Mit den Methoden der System Dynamics können die Systeme dann simuliert und mögliches Verhalten vorhergesagt werden. Einfache Beispiele sind scheiternde Zielsetzungen (fixes that fail), Problemverschiebungen (shifting the burden) oder ungewollte Gegnerschaft (accidental adversaries).

In diese Disziplinen fließt die Systemtheorie, im Speziellen die soziologische Systemtheorie und Kybernetik ein. Nach Senge bedarf es aller fünf Disziplinen, um eine lernende Organisation zu entwickeln. Die Disziplinen unterstützten sich wechselseitig, und in einem Entwicklungsprozess werden die Fähigkeiten der Organisation schrittweise angehoben.

7.5 Konfliktmanagement

Von einem Konflikt (von lat. confligere, „zusammentreffen, kämpfen") spricht man, wenn Interessen, Zielsetzungen oder Wertvorstellungen von Personen, gesellschaftlichen Gruppen, Organisationen oder Staaten miteinander unvereinbar sind oder unvereinbar erscheinen (Intergruppenkonflikt). Dabei lässt sich zwischen der Konfliktstruktur, den Konflikt begleitenden Gefühlen (z. B. Wut) und dem konkreten Konfliktverhalten (z. B. tätliche Aggression) unterscheiden (Wiki Konflikt).

Demnach verursachen Konflikte erhebliche Reibungen zwischen den Beteiligten und haben auch eine wirtschaftliche Bedeutung für Organisationen aller Art. Die in den Unternehmen entstehenden Konfliktkosten beziehen sich nicht nur auf die für den Konflikt investierte Arbeitszeit. Konflikte erzeugen außerdem emotionale und kulturelle Folgeschäden in Form von Frustration, innerer Kündigung, Fluktuation von Wissensträgern etc. Die Höhe der Kosten hängt zudem noch von der Hierarchieebene ab, auf der die Personen involviert sind. Es gilt: je höher desto teurer. Denn der Konflikt bleibt nicht auf die Ebene der Konfliktparteien begrenzt. Er dehnt sich auch auf das gesamte Team oder die Abteilung aus.

Konfliktgegenstände sind meist ein Gegensatz von Interessen. Dahinter stehen oft unterschiedliche Werte und Vorstellungen, die zu unterschiedlichen Einschätzungen, Gefühlen und Zielen führen, aus denen die Konfliktparteien gegensätzliches Verhalten ableiten. Dazu gilt: Wenn kein Interessensgegensatz gefunden werden kann, handelt es sich oft um keinen Konflikt, sondern lediglich um Missverständnisse aufgrund fehlender, falscher oder falsch verstandener Informationen.

Es kann zwischen zwei Arten von Konflikten unterschieden werden:

- Konflikt innerhalb einer Person (intrapersonaler Konflikt), z. B. Gewissensbisse
- Konflikt zwischen Personen, Gruppen und Organisationen (interpersonaler Konflikt)

7.5.1 Intrapersonale Konflikte

Erlebt ein Mensch in sich selbst widersprechende Bedürfnisse, Wünsche, Ziele oder Gefühle, so hat dies Spannungen innerhalb der Person zur Folge. Es entsteht ein intrapersonaler Konflikt, den der Betroffene in der Regel mit sich selbst austrägt. Derartige Erlebnisse führen zu gefühlsmäßigen Spannungen, die oft von den Leidtragenden nur schwer zu lokalisieren sind und oft gar nicht als innerer Konflikt erkannt werden. Intrapersonale Konflikte sind massive Verletzungen des Selbstwertgefühls und der Ich-Identität und können zu schweren psychischen Beeinträchtigungen führen.

Der konfliktbehaftete Mensch sucht auf vielen Wegen nach Gleichgewicht, nach Harmonie zwischen früher und heute, sich und anderen, Wünschen und Wirklichkeit, Verstand und Gefühl, Wollen und Können und vielem anderen mehr. Diese Balance ist jedoch ein fragiler Zustand. Er wird potenziell immer bedroht, sei es aus den Widersprüchen der Person selbst und/oder aus der Umwelt. Auf solche Bedrohungen reagiert das Selbst mit

Stress oder Frustration. Beide sind somit psychische Reaktionsmuster auf nicht verarbeitete Konflikte. Sie sind immer Reaktionen auf Bedingungen in der Person selbst oder in der Umwelt der Person. Bei Stress können die Ursachen biologischer, psychischer und sozialer Art sein. Auch Frustration hat äußere und innere Quellen.

Die menschlichen Reaktionen sind sehr individuell und in Art und Intensität sehr unterschiedlich. Sie lassen sich grob typisieren:

- Verlaufsfrustration bzw. Dauerstress mit unauffälliger Entwicklung und
- Zielfrustration bzw. Lifestress mit einem unvorhergesehen und ggf. schlagartigen Ereignis.

Dabei können unterschiedliche Situationen ähnliche physiologische Reaktionen zur Folge haben:

- Alarm (der Organismus aktiviert die Abwehr, Adrenalinausstoß)
- Resistenz (der Organismus sucht ein neues Gleichgewicht, häufig durch Regression und Einengung der Wahrnehmung)
- Erschöpfung (der Organismus reagiert mit nachlassenden Abwehrkräften)

Da aber weder Stress noch Frustration Harmonie fördernd sind, versucht der Mensch, sie zu verhindern, zu verdrängen oder zu bekämpfen. Dabei bedient er sich genetisch ererbter oder durch Prägung erworbener Strategien. Zu den genetisch bedingten gehören z. B. Kampf-, Flucht- und Totstellreflex. Zu den erlernten Strategien gehört ein neurotisches Verhalten mit Nervosität, Reizbarkeit, Launenhaftigkeit, Klagen, Traurigkeit, Unzufriedenheit und negativer Stimmung.

Menschen sprechen beispielsweise oft schon von Stress, wenn sie zu viel Arbeit auf dem Tisch haben und ihr Zeitmanagement nicht greift. Ebenso wird aus Langeweile „Frustration". Die Begriffe werden zu nichtssagenden Floskeln. Um ihnen auf den Grund gehen zu können, muss man sich mit den Motiven auseinandersetzen.

Motive sind Beweggründe für unser Handeln. Sie werden im Normalfall dadurch abgebaut, dass sie befriedigt werden. Das Verlangen nach Zuwendung wird beispielsweise durch Bestätigung, Anerkennung, Lob etc. befriedigt. Motivkonflikte ergeben sich dadurch, dass entgegengesetzte Bedürfnisse gleichzeitig auftreten oder die Bemühungen eines Menschen, seine Bedürfnisse zu befriedigen, an subjektiven oder objektiven Widerständen scheitern. Im ersten Fall stellt sich Stress, im zweiten Frustration ein. Die Ich-Identität der Person wird gestört, das Selbstwertgefühl bedroht. In solchen Fällen tritt zweckgerichtetes und vernünftiges Bewältigungsverhalten schnell hinter die Tendenz zur Selbstsicherung und die Verwendung von Abwehrmechanismen zurück.

Techniken zur Bewältigung intrapersonaler Konflikte sind der Aufbau und die Entwicklung von gutem Selbstmanagement. Dazu gehören:

- Zeitmanagement,
- Arbeitsplatz- und Arbeitsmanagement,
- Ambiguitätstoleranz (Fähigkeit, Widersprüche ertragen zu können),
- Organisations- und Gestaltungsfähigkeit,
- Entscheidungsfähigkeit und
- Durchsetzungsfähigkeit.

Häufig sind intrapersonale Konflikte auch die Ursache von interpersonalen (sozialen) Konflikten.

7.5.2 Interpersonale Konflikte

Soziale (interpersonale) Konflikte entstehen fast immer dann, wenn

- zwischen zwei oder mehr Personen eine Spannungssituation entsteht oder besteht,
- die Beteiligten voneinander abhängig sind,
- die Beteiligten versuchen, ihre unvereinbaren Handlungspläne durchzusetzen,
- sich die Parteien ihrer Gegnerschaft bewusst sind.

Zu den Ursachen für Konflikte in Organisationen gehören die Abhängigkeit der Mitarbeiter von Tätigkeiten anderer und der sich daraus ergebende Koordinationszwang. Auch nur bedingt vorhandene technische, finanzielle und organisatorische Ressourcen, unsinnige und kleinliche Vorschriften, Konkurrenzdruck und Wettbewerb können zu interpersonalen Konflikten führen.

Den vorgenannten Bedingungen lassen sich bestimmte Konfliktarten zuordnen:

- Beurteilungskonflikte, die aus Gegensätzen über Ziele und Handlungen entstehen
- Bewertungskonflikte, die sich ergeben, wenn der Weg zum Ziel unterschiedlich eingeschätzt wird

- Verteilungskonflikte, wenn um eine Ressource gestritten wird
- Beziehungskonflikte, die sich aus unzureichender Zusammenarbeit und nicht ausreichend abgegrenzter Verantwortlichkeit ergeben

Gruppenkonflikte deuten auf Probleme in der Gruppenentwicklung hin. Den Reifegrad einer Gruppe kann man an der Art und Weise erkennen, wie sie ihre Konflikte bewältigt.

Es entstehen Differenzen, die zwischen den formellen Zielen einer Gruppe und den Bedürfnissen einzelner Mitarbeiter entstehen. Lösungsmöglichkeiten für die Konflikte liegen in der Entwicklung einzelner Mitarbeiter als auch in der Entwicklung der ganzen Gruppe. Mit dem Begriff „Rolle" wird in der Soziologie die Tatsache bezeichnet, dass an jedes Mitglied einer Gruppe eine Reihe von Verhaltensanforderungen gestellt wird. In diese Verhaltenserwartungen fließen dann Vorstellungen wie Gewohnheiten, Wertmaßstäbe, Vorurteile und Tradition ein. Ganz gleich, ob die Vorstellungen tolerant oder intolerant gehandhabt werden, immer sind sie Maßstäbe für das,

- was ein Rolleninhaber tun muss (was sich für ihn „schickt"),
- was ein Rolleninhaber nicht tun darf (was sich für ihn „nicht gehört"),
- was ein Rolleninhaber tun kann, das die Gruppe nicht stört (was akzeptiert oder toleriert ist).

Der typische Rollenkonflikt entsteht aus dem Spannungsverhältnis zwischen äußerer Rollenerwartung einerseits und der persönlichen Rollenauffassung des Rolleninhabers andererseits. Man kann auch hier unterscheiden zwischen

- Intrarollenkonflikten, die entstehen, wenn eine Person in ein und derselben Rolle, z. B. als Abteilungsleiter, unvereinbarten und widersprüchlichen Erwartungen, z. B. von der Geschäftsleitung und den Mitarbeitern, ausgesetzt wird,
- Interrollenkonflikten, die dadurch entstehen können, dass ein Individuum gleichzeitig Träger mehrerer Rollen sein kann, z. B. Abteilungsleiter und Sportkollege.

Das Verhalten in sozialen Konflikten bewegt sich – vereinfacht ausgedrückt – immer zwischen den Polen Egoismus und Altruismus.

Die Frage ist dann: Soll man seine eigenen Interessen verfolgen oder die der Gemeinschaft, etwa des Unternehmens. Oft wird dabei mit allen Mitteln versucht, die eigenen Ziele zu erreichen: mit Überredungskünsten, mit

Ellenbogen, mit Tauschgeschäften, mit Seilschaften, mit Vetternwirtschaft, mit Intrigen und mit Mobbing. Dies ist allerdings keine dauerhafte Konflikthandhabung. Am Ende gibt es meist einen Gewinner und viele Verlierer. Der tatsächliche Verlierer ist aber immer die Organisation oder die Gemeinschaft. Wer zurückstecken muss, wird auf seine Chance warten und sich rächen („revanchieren"). Wenn einer alles gewinnt und alle anderen Beteiligten nichts gewinnen, entwickelt sich daraus im günstigsten Fall ein Nullsummenspiel.

In der Wirtschaft wie auch im täglichen Leben gibt es eine Fülle solcher Situationen, in denen sich Einzelne auf Kosten der Gemeinschaft Vorteile verschaffen, dies aber allen zum Nachteil wird, wenn alle es tun.

Der individuelle Umgang mit Konflikten lässt den Konfliktlösungsstil eines Menschen erkennen. Es ist im Kontext von Konflikten entscheidend, wie Menschen sich definieren und welche Antwort sie auf die philosophische Frage „Wer bin ich?" geben. Menschen, die ihre Identität auf einer konventionellen Entwicklungsebene oberflächlich definieren – beispielsweise: „Ich bin Fan von Verein xyz" – und damit meinen, dass jeder, der den Verein kritisiert, einen selbst kritisiert –, laufen Gefahr, vermehrt Konflikte zu haben. Ist die Person auf einer höheren Entwicklungsstufe ausgereifter, so ist sie gegenüber Konflikten immuner und toleranter.

Wenn man bei einem anderen Menschen Eigenschaften erkennt, die einen selbst ärgern und die zu einem Konflikt mit dieser Person führen, weist uns dies darauf hin, dass diese Eigenschaften auch Teil der eigenen Persönlichkeit sind. Ein Besserwisser ärgert uns nur dann, wenn wir uns selbst unterlegen fühlen.

Echte Transformation bedeutet daher, die eigenen Ängste zu akzeptieren und das damit verbundene Leiden zu erkennen und auszuhalten.

> Echte Konfliktfähigkeit entspringt **der** Reifestufe, die wir als Persönlichkeit erreicht haben.

Somit ist Konfliktfähigkeit erst in zweiter Linie eine Frage der Instrumente und Methoden.

Jeder Mensch wird sein Leben lang mit Konflikten konfrontiert sein. So geht es also in erster Linie darum, wie wir in Konfliktsituationen handeln. Konfliktvermeidung deutet dabei auf einen inneren Konflikt hin. Wir haben dann einen Konflikt mit dem Konflikte-Haben. Eine solche Haltung stellt für Führungskräfte eine erhebliche Einschränkung der Führungsfähigkeit dar und muss verändert werden.

Konfliktfähigkeit ist ein Ausdruck von emotionaler Kondition. Je sicherer man sich im Umgang mit Konflikten fühlt, desto souveräner, gelassener und emotional belastbarer ist man.

7.6 Fazit

Zusammenfassend kann gesagt werden, dass ein Kulturwandel allein mit den üblichen Trainings- und Coaching-Maßnahmen – dies sind Mentoring, Coaching, Team-Coaching und Soft-Skill-Trainings – nicht realisiert werden kann. Erforderlich sind zusätzliche Maßnahmen wie Management Reflection, Action Learning und Konfliktmanagement. Damit kann ein Kulturwandel in zwölf bis achtzehn Monaten innerhalb einer Abteilung oder eines Bereiches erfolgreich umgesetzt werden.

Das Entscheidende dabei ist, dass nicht nur Symptome behandelt werden, sondern sowohl das Verhalten der Führungskräfte als auch das der Mitarbeiter geändert (transformiert) wird. Die herbeigeführte Verbesserung steht somit auf einem soliden Fundament. Dies ist jedoch keine kurzfristige Aktion, sondern ein Prozess, der Zeit beansprucht.

> Nachhaltig erfolgreich ist nur ein integraler Prozess, der durch den Einsatz aller beschriebenen Maßnahmen erreicht werden kann.

Die konkreten Erfahrungen aus zahlreichen Beratungsprojekten zeigen: Der ganzheitliche integrale Ansatz des vorgestellten Modells der transformationalen Führung hilft Unternehmen, die von ihnen formulierten Ziele zu erreichen und nachhaltig zu sichern. Gleichzeitig entwickelt er Führungspersönlichkeiten mit hohen Leadership-Qualifikationen.

8
Qualitätssicherung

Das schlechte Führungsverhalten von Managern über alle Organisationsbereiche hinweg führt zu einem besorgniserregenden Anstieg von Haftungsansprüchen und Strafverfahren gegen Führungskräfte. Zudem werden in den betroffenen Unternehmen die vorhandenen Potenziale nicht freigesetzt, und es entstehen hohe Ausfälle durch Fluktuation und Leistungsverweigerung. Dies erfordert Gegenmaßnahmen vonseiten der Geschäftsleitung, die weit über die üblichen HR-Fortbildungen hinausgehen. Organisationen müssen den Ursachen auf den Grund gehen und Schadensprävention betreiben. Sie sollten nach Lösungen suchen, statt abzuwarten, bis schlechte Führung einen ganzen Unternehmensbereich erfasst und beeinträchtigt hat. Dieses Konzept der Risikoprävention nenne ich „Qualitätssicherung" und stelle es in den folgenden Ausführungen näher dar.

Vorgesetzte und Chefs, denen jedes Korrektiv fehlt, laufen Gefahr, an ihrer Selbstherrlichkeit zu scheitern. Niemand ist gegen Fehlentscheidungen immun, auf Führungsebene können sie jedoch verhängnisvolle Folgen haben. Corporate-Resource-Management bedeutet: Eine Führungskultur zu etablieren, in der kritische Meinungen gehört werden, um sie als Denkanstoß – und nicht als „Stein des Anstoßes" – zu werten.

Die Qualifikation für Managementaufgaben steht vor dem Problem, erst relativ spät im Bildungsweg eines Menschen anzusetzen. Daraus folgt, dass fast alle Maßnahmen der Qualifikation von Führungskräften ein Thema der Erwachsenenbildung sind. Viele dieser Maßnahmen sind Trainings, Seminare oder Coachings. Dabei muss man erwähnen, dass es sich bei der Ich-Entwicklung nicht um eine ergänzende und fortlaufende Ausbildung in einem erlernten Beruf handelt.

> Die Ich-Entwicklung und das Führungsverhalten sind eine zusätzliche und für viele Manager neue Disziplin der Weiterbildung.

Dagegen wird mit Fortbildung in der Regel eine öffentlich zugängliche Bildungsmaßnahme bezeichnet. Wenn die Weiterbildung vom Unternehmen ausgeht und im Unternehmenskontext erfolgt, spricht man von betrieblicher Weiterbildung.

Organisationen haben für Maßnahmen der Weiterbildung die Wahl zwischen allgemeinen Seminar- und Workshop-Angeboten und speziell auf das Unternehmen zugeschnittenen In-House-Schulungen.

Nicht nur Topmanager, sondern auch Abteilungsleiter oder Nachwuchskräfte können sich in diversen Unternehmen auf Kosten ihres Arbeitgebers coachen lassen. So haben in den letzten Jahren viele Unternehmen „Coach-Pools" mit ausgewählten Beratern aufgebaut. Doch im Urwald der Zeugnisse und Zertifikate sind auch sie oftmals überfordert. Hier ist festzuhalten, dass Unternehmen bei der Coach-Auswahl die Qualität, die durch Coaching-Weiterbildungen erfolgt, eher überschätzen.

Zwischenzeitlich gibt es mehr als 20 Coaching-Verbände, die Ausbildungen nach unterschiedlichen Merkmalen zertifizieren. Doch das dient vor allem dem Gewinn der Verbände und Coach-Ausbilder, von denen jeder versucht, seinen Marktanteil auszubauen, getreu der Devise: „Unsere Coaches sind die Besten."

Schon lange ist das Verhältnis von Angebot und Nachfrage auf dem Coaching-Markt aus den Fugen geraten. Das liegt daran, dass fast nie ein Coach vom Coaching allein leben kann. Das belegt alljährlich die von dem Büro für Coaching und Organisationsberatung durchgeführte Coaching-Umfrage (Middendorf 2015). Laut dieser Studie erwirtschafteten mehr als die Hälfte der 452 befragten Coaches maximal ein Viertel ihres Jahreseinkommens damit.

Fast alle sind daher noch als Trainer und/oder Berater tätig. Es ist kein Wunder, dass immer mehr von ihnen selbst eine Coaching-Ausbildung anbieten. So ist es wesentlich lukrativer, von 15 Teilnehmern 3500 EUR Kursgebühren zu kassieren, als mühsam Coaching-Klienten zu akquirieren.

Leider haben etliche Anbieter selbst keine fundierte Coaching-Ausbildung. Auch inhaltlich geht es farbenfroh durcheinander. Der eine setzt auf systemische Beratung, der andere auf neurolinguistisches Programmieren (NLP) oder auf die Aufstellungsarbeit, bei der emotionale Beziehungen des Klienten mit ihrem Umfeld – z. B. mit Spielfiguren – nachgestellt werden. Damit kann man angeblich unbewusste Aspekte erkennen. Andere erfinden einfach ihre eigenen Methoden, oft frei von jeder fundierten Fachkenntnis, von wissenschaftlichen Grundlagen ganz zu schweigen.

Dass nur die wenigsten Coaching-Ausbildungen in Ansätzen wissenschaftlich fundiert sind, hat Siegfried Greif, Professor für Psychologie an der Universität Osnabrück, bei dem Vergleich von 50 Coaching-Ausbildungen in Deutschland, Großbritannien und den USA herausgefunden. Dabei hat der Psychologe die Präsentationen der Anbieter im Internet untersucht und nach wissenschaftlichen Begriffen, Theorien oder Methoden gesucht (Greif 2014).

Sein Fazit desillusioniert: „Wissenschaftlich fundiert" sind in Deutschland gerade mal 4 % der Ausbildungen. Sie weisen ausdrücklich darauf hin, dass sich ihr Ausbildungskonzept auf wissenschaftliche Theorien und Methoden stützt oder Validitätsstudien berücksichtigt werden.

Harte Kritik übt Greif dabei am NLP. Darunter versteht man eine Sammlung von Kommunikationstechniken, die verspricht, die psychischen Muster eines Menschen, die durch die Interaktion zwischen dem Gehirn (neuro) und der Sprache (linguistisch) entstanden sind, so zu verändern (Programmieren), dass sich die Person effektiver verhält. „Die Forschung hat nun mal längst bewiesen, dass das nicht funktioniert", betonte Professor Greif. Dessen ungeachtet gehört NLP laut seiner Studie mit 36 % zu den häufigsten Grundlagen deutscher Coaching-Ausbildungen.

Noch populärer ist nur der systemische Ansatz mit 55 %, bei dem es um die Analyse und Stärkung des jeweiligen Systems – also dem Unternehmen oder Team – geht. Dahinter verbirgt sich meist ein Gemenge aus Systemtheorie, Konstruktivismus, Kybernetik, Familientherapie und immer häufiger auch esoterischen oder spirituellen Ansätzen.

„Coaching braucht mehr wissenschaftliche Fundierung", forderte Professor Greif daher vor Kurzem in seinem Vortrag auf dem Coaching-Kongress der Hochschule für angewandtes Management in Erding (2014). Auch wenn sich praktische Erfahrung nicht vollständig durch wissenschaftlich validiertes Wissen ersetzen ließe, sei eine stärkere Zusammenarbeit von Praxis und Wissenschaft notwendig.

Diese Forderung unterstütze ich uneingeschränkt. Deshalb habe ich in den letzten acht Jahren gemeinsam mit Partnern einen validen Lehrgang für die Entwicklung von Führungskräften geschaffen. Dieses Konzept hat sich auch in der Transformation von Abteilungen oder Bereichen bewährt.

8.1 Quality Audit

The quality of a leader is reflected in the standards they set for themselves (Ray Kroc).

Wie kann man also herausfinden, was eine Ausbildung oder eine Methode taugt? Wer Aufträge zur Führungskräfteentwicklung vergibt, sollte vor allem auf die Akzeptanz und Reputation des Anbieters achten – und diese hängt wiederum von dessen Qualifikation und den eingesetzten Konzepten ab.

Da es bei der Führungskräfteentwicklung schwerpunktmäßig um eine beratende Tätigkeit geht, sind zunächst die methodischen und didaktischen Grundlagen der Beratungsarbeit zu überprüfen. Feld- und Erfahrungskompetenz in der Leitung von Bereichen oder als CxO sind ebenfalls erforderlich. Eine fundierte Coaching-Ausbildung mit validen Methoden bzw. Techniken ist ein zusätzlicher Pluspunkt.

Bis heute herrscht nicht einmal bei der notwendigen Dauer der Coach-Ausbildung Einigkeit. Versuche der Verbände, sich auf eine Mindestdauer von 150 h zu einigen, sind bisher gescheitert. Im Jahr 2013 stellte die Stiftung Warentest Standards vor. Danach sollte die Ausbildung mindestens zwölf Monate dauern und der Präsenzunterricht mindestens 250 h umfassen (Stiftung Warentest 2013).

> Das Profil eines guten Führungskräfteentwicklers entsteht erst durch langjährige Erfahrung, gepaart mit fundiertem Wissen.

Für eine Personalabteilung wären dies die ersten Qualitätskriterien im Rahmen der Absicherung einer Leadership-Entwicklung. Dazu zählt auch die Abfrage von Referenzen zu den bisher geleisteten Projekten.

Professionelle Führungskräfteentwicklung beruht auf drei Säulen:

- Coaching-Kompetenz: Zuhören, Beziehungsaufbau, Fragen stellen etc.
- Geschäftsfeldkompetenz: Führung, Kommunikation, Management (Projekt- oder Abteilungsleitung)
- Ich-Entwicklung: Integrität, Selbstkenntnis, Selbstvertrauen, innere Balance etc.

Im Bereich des Managements hat man Führung über lange Zeit hinweg als einen funktionalen und rationalen Prozess betrachtet. Dies ist alles wichtig und richtig, aber es stellt nur eine Seite der Medaille des Führens dar. Neben die vorgenannte Seite des Führens tritt – meist unbewusst – die symbolische bzw. transformationale Führung. Mitarbeiter orientieren sich an dem, was in der Führung betrachtet und vorgelebt wird. Damit wird der Führende zur Orientierungsgröße oder dem Vorbild. Was er tut, beeinflusst die Mitarbeiter viel stärker als das, was er sagt. Dies bedeutet, dass ein Führender nicht „nicht führen" kann. Er wird beobachtet, und so hat sein Handeln Vorbildfunktion – positiv wie negativ und egal, ob dies beabsichtigt war oder nicht. Es wird in spezifischer Weise gedeutet und interpretiert.

Gute Führungskräfteentwicklung fördert positive Führungskompetenz und ist damit ein strategischer Teilbereich der Personalentwicklung. Zielgruppe sind aktive Führungskräfte und Nachwuchsführungskräfte. Führungskräfteentwicklung wird in größeren Firmen als Lernprozess in einer meist geschlossenen Gruppe gestaltet. Der gemeinsame Prozess findet idealerweise in mehreren mehrtägigen Bausteinen, verteilt über ein bis zwei Jahre statt. Die Prozesse sind teilweise selbst organisiert unter Einbezug der Methoden der Gruppendynamik und der Organisationsentwicklung. Alle Methoden der Personalentwicklung werden auch in der Führungskräfteentwicklung verwendet.

Zwischen den Seminarbausteinen bearbeiten die Gruppen eigene Projekte und erfüllen persönliche Hausaufgaben. Dabei werden sie mit Herausforderungen konfrontiert, in denen sie das Gelernte vertiefen und umsetzen können. Als Lerngruppe (Peergroups) unterstützen sie sich gegenseitig. Diese Lerngruppen vernetzen die Führungskräfte oft auch bereichsübergreifend mit entsprechenden Wirkungen für die Unternehmenskultur. Lerngruppen werden oft von einem „Paten" begleitet, einem Mitglied aus oberen Führungskreisen, was zu einer gegenseitigen Inspiration führt.

Eine Querverbindung von im Produktionsbereich eingeführtem Qualitätsmanagement zur Qualität der Weiterbildung und damit zum Bildungscontrolling wird von vielen Bildungsverantwortlichen gedanklich wie praktisch nicht gezogen:

> Es existiert (noch) keine Philosophie des Qualitätsmanagements der Weiterbildung.

Wenn Führungskräfteentwicklung sowohl außerhalb des konkreten Arbeitsplatzes, also im Seminar, als auch vor allem direkt im Unternehmen stattfindet, so kann es nur ein Feld geben, auf dem der Erfolg gemessen wird: das tägliche Verhalten am Arbeitsplatz.

Für den Vorgesetzten ist der geringste Aufwand, die Leistungen der Teilnehmer in einem Seminar oder Training zu vergleichen und daraus Schlüsse über die Qualifikation seines Mitarbeiters zu ziehen. So einfach dieses Verfahren ist, so falsch ist es. Seminarergebnisse bewerten Seminarleistungen, Trainingsergebnisse bewerten Trainingsleistungen. Diese sind bestenfalls Voraussetzungen für eine erfolgreiche Tätigkeit in der Praxis, nicht jedoch deren Garant.

Wenn jemand alle Führungsinstrumente kennt, heißt dies nicht notwendigerweise, dass er seine Kenntnisse in zielgerichtetes und erfolgreiches Führungsverhalten umsetzen kann.

Es gilt also, die Wirksamkeit einer Entwicklungsinvestition zu überprüfen und abzusichern. Eine solche konkrete Beurteilung des Führungsverhaltens kann nur im Arbeitsumfeld gemessen werden. Wir raten unseren Kunden stets dazu, die vorhandenen QS-Abteilungen mit Befragungen (360-Grad-Feedback) zu beauftragen. Zudem können die in Kap. 5 beschriebenen Assessment-Methoden dazu benutzt werden, die erworbenen Führungsfähigkeiten in Jahresabständen zu validieren.

8.2 Re-Definition

Mit der Re-Definition schließt sich nun der Kreis aller Maßnahmen, die zu einer nachhaltigen Führungs- und Unternehmenskultur führen (Abb. 5.2). Die Leistungsbeurteilung ist gleichzeitig wieder Ausgangspunkt für neue Entwicklungsmaßnahmen und andere personelle Entscheidungen.

> Das Ziel der Führungskräfteentwicklung im Sinne von transformationaler Führung ist es, Führungskräfte zu qualifizieren, die fähig sind zu führen, die Lust haben zu führen und die bereit sind, sich in dieser Rolle weiterzuentwickeln und weiterzuwachsen.

Mit den in diesem Buch beschriebenen Ansätzen ist ein ganzheitlicher Weg der Führungskräfteentwicklung aufgezeigt (Abb. 8.1). Dabei gilt es auch

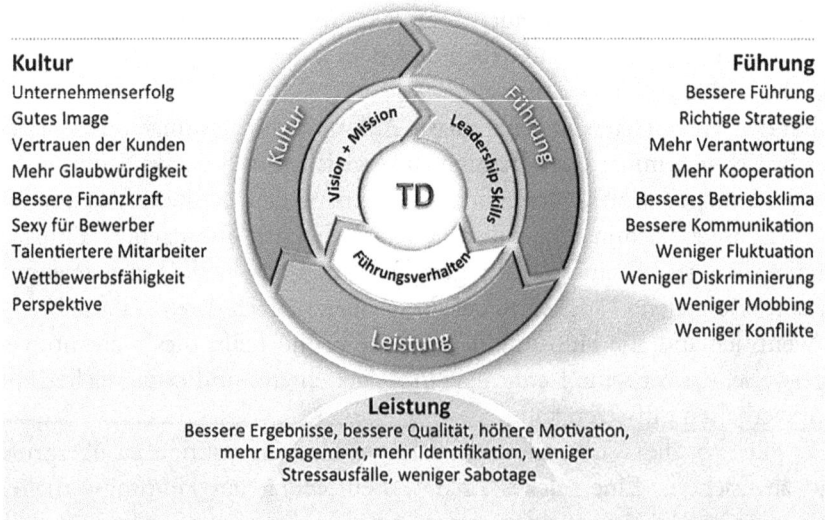

Abb. 8.1 Talent Development (TD)

Hindernisse zu erkennen: Verständnis- und Schnittstellenprobleme, fehlende Motivation und Durchhänger bei Führungskräften und Fluktuation sind nur einige Stichpunkte. Aber in der Personalentwicklung gilt: Stillstand ist Rückschritt. So ist es notwendig, sich dem stetigen Wandel zu stellen – Stichworte: Generation Y, Industrie 4.0, demografischer Wandel usw. Immer wieder heißt es, neue Gedanken und Lösungsansätze zu generieren, um gewappnet zu sein für die Herausforderungen, denen Führungskräfte ausgesetzt sind.

Das Bessere ist der Feind des Guten (Voltaire).

9

Epilog

Es kommt nicht darauf an, die Zukunft vorauszusagen, sondern auf die Zukunft vorbereitet zu sein.

(Perikles)

9.1 Resümee

Die Transformation der Unternehmens- und Führungskultur durch moderne Talententwicklung führt zu „Transformational Leadership". Sie macht eine Organisation attraktiv für Stellensuchende, bindet Mitarbeiter und schafft mehr Motivation, Engagement und größere Wertschöpfung.

Ich bin mir der Tatsache bewusst, dass der von mir proklamierte transformationale Ansatz weit über das hinausreicht, was die Wissenschaft – mit James MacGregor Burns und Bernard M. Bass – mit der Theorie der transformationalen Führung in den letzten 30 Jahren untersucht hat. Erst in der Weiterentwicklung der Theorie durch Philip M. Podsakoff, Jay A. Conger und Rabindra N. Kanungo und mit den Forschungen zur Ich-Entwicklung und der erweiterten Selbststeuerung nach Loevinger und Thomas Binder wurde daraus das, was ich unter „transformationaler Führung" heute verstehe.

Transformationales Führungsverhalten ist z. B. durch Assessments messbar. Durch Einzel-Coaching (etwa Shadowing), Gruppen-Coaching, Workshops, Trainings und professionelle Feedbacks zum Führungsverhalten ist es erlernbar. Meine Partner und ich haben ein spezielles Programm entwickelt, mit dem Führungskräfte sich zu transformationalen Führern entwickeln können.

Obwohl es unzählige Ratgeber und Angebote im Bereich der Personalführung gibt, kristallisieren sich bei kritischer wissenschaftlicher Würdigung nur einige wenige wirklich effektive Ansätze heraus. Aktuell gibt es keinen Ansatz, bei dem die Wirksamkeit besser belegt ist als der Ansatz der transformationalen Führung: Es liegen ca. 250 experimentelle Studien von autonomen Wissenschaftlern aus aller Welt vor, die positive Zusammenhänge zwischen der transformationalen Führung und den Leistungen der geführten Mitarbeiter belegen (Rowold 2014). Auch übergreifend – z. B. in Bezug auf Branchen, Hierarchieebenen oder die (Unternehmens-)Kulturen – ist die transformationale Führung wirksam, denn die grundlegende Herausforderung, wie Führungskräfte Mitarbeiter nachhaltig motivieren und zu hohen Leistungen führen, ist in den meisten organisationalen Kontexten dieselbe. Damit zählt die transformationale Führung zu den Methoden des evidenzbasierten Managements.

So ist nicht nur die Wirksamkeit der transformationalen Führung nachgewiesen, sondern auch die der Maßnahmen zur Entwicklung dieser Art der Führung.

Wie in diesem Buch beschrieben wurde, setzt sich die Führungskräfteentwicklung in transformationaler Führung aus einer Reihe von wissenschaftlich gut abgesicherten Methoden zusammen. Einige dieser Methoden sind auch Bestandteil in anderen Personalentwicklungsmaßnahmen für Führungskräfte. Dort stehen sie aber losgelöst nebeneinander und stellen kein ganzheitliches Konzept dar.

Was es braucht, ist ein Gesamtkonzept für transformationale Führung und einen Entwicklungspfad („Curriculum"), bei dem alle Methoden zusammenkommen, um eine größtmögliche Wirkung und einen idealen Lernerfolg für die Führungskräfte zu erreichen.

Gegenwärtig gibt es kein anderes Konzept, zu dem es mehr wissenschaftliche Belege für die Wirksamkeit gibt. So existiert keine andere PE-Maßnahme für Führungskräfte, die auf so hohem Niveau von unabhängigen Wissenschaftlern mehrfach kritisch überprüft wurde. Daher kann die Lehre der transformationalen Führung zusammenfassend als Paradigma für evidenzbasierte Personalentwicklung von Führungskräften angesehen werden.

Evidenzbasierte Führungskräfteentwicklung ist also möglich. Auf die Frage, warum so wenige Unternehmen diese wissenschaftlichen Erkenntnisse nutzen, um die Entwicklung von Führungskräften zu verbessern, lassen sich mindestens drei Antworten geben:

Erstens sind in Personalabteilungen oftmals nicht die aktuellen Erkenntnisse der Wissenschaft bekannt – und dass in Lehrbüchern nichts zur evidenzbasierten Personalarbeit gesagt wird, tut sein Übriges.

Zweitens sind Trainingsinstitute und -akademien sehr gut darin, die von ihnen selbst erstellten PE-Maßnahmen zu verkaufen, ohne zu kommunizieren, ob es von unabhängigen Experten erarbeitete Belege für eine Wirkung der jeweiligen Maßnahme gibt.

Drittens fehlt das Problembewusstsein bei den HR-Verantwortlichen, dass nicht alles Gold ist, was glänzend von den Trainingsinstituten angeboten wird. So stellen die Kunden, die Entwicklungsmaßnahmen für Führungskräfte einkaufen, zu wenig kritische Fragen hinsichtlich potenzieller Nachweise zur Effektivität.

Führungsverhalten ist nicht angeboren. Durch die Erziehung und den Bildungsapparat kann es kaum vermittelt werden. Und die meisten Führungskräfte sind in dieser Hinsicht nicht auf ihre Führungsaufgabe vorbereitet worden.

> Just as a year in a cave doesn't make you a geologist, being senior class president doesn't make you a leader (David Rosch).

Für nachhaltigen Unternehmens- und Führungserfolg ist es nun dringend erforderlich, die Versäumnisse der Vergangenheit aufzuholen. Das Credo muss lauten:

> Before we build products and services, we have to build people.

Die gute Nachricht dabei ist: Führungsverhalten kann erlernt werden! Dies wurde in einer aktuellen Studie der University of Illinois herausgefunden (Nauert 2016).

Zum Schluss kommt es nicht so sehr darauf an, ob Führungsverhalten angeboren ist oder erlernt werden kann. Für die Leader und CEOs von heute ist es wichtig zu verstehen, wodurch sich wahre Führungspersönlichkeiten auszeichnen. Und es ist für Senior Manager nicht nur wichtig, selbst eine großartige Führungskraft zu sein, sondern anderen Talenten dabei zu helfen, die Führungskräfte von morgen zu werden.

9.2 Danksagung

Beim Schreiben des Buches habe ich auf das Wissen und die Erkenntnisse von Pionieren vergangener Epochen zurückgegriffen. So fühle ich mich auf den „Schultern von Giganten". Vieles, was ich schreibe, ist daher „alter Wein in neuen Flaschen". Die Anlehnungen, die ich gemacht habe, reichen vom Taoismus und Buddhismus über die alten Griechen und Römer hin zu berühmten Philosophen. Sie enden vorläufig bei den Psychotherapeuten und Neurowissenschaftlern der Neuzeit. Nicht explizit aufgeführt habe ich die professionellen Coaches und die großartigen Führungskräfte, auf die ich von Zeit zu Zeit getroffen bin. Sie dienten mir als Beispiel dafür, wie Führungsverhalten gestaltet werden muss.

Viele Partner und Kollegen haben Teile des Manuskripts zu diesem Buch gelesen, kommentiert und mitentwickelt. Allen voran möchte ich meiner Seniorpartnerin und lieben Kollegin Doris Brauner danken. Unsere lebhaften und kritischen Diskussionen lieferten mir hilfreiche Impulse. Besonderer Dank gilt auch Clive Day und Martin Wendler. Sie haben mich in meiner Entwicklung über Jahrzehnte begleitet, und von ihrem Verstand und klugen Ratschlägen konnte ich stets profitieren.

Ich danke auch den Partnern, die seit Jahren mit mir in der Sozietät Finckler & Partner tätig sind und die meine Ideen immer wieder mitgestalten und weiterentwickeln: Felix Maria Arnet, Andreas Batton, Steffen Brunner, Norbert Horn, Michaela Kresser, Claudia Maisner und Erich Schmarda.

Ich bin dankbar für die Unterstützung, die ich von Angehörigen, Freunden und Kollegen erhalten habe.

Hier möchte ich auch dem Team von „The Breakers Diving & Surfing Lodge in Soma Bay" (Ägypten) mit seinem Direktor Stefan Reichl danken. Stefan hat mir einmal mehr den Raum und die Umgebung geschaffen, die es brauchte, um dieses Buch zu schreiben.

Mein besonderer Dank gilt dem Vizerektor für Lehre an der Universität Salzburg Professor Dr. Erich Müller und den Dozentinnen Christine Meusburger, Susanne Rauch und Martina Thaler-Schönfeld. Mit dem Studiengang Mental-Coaching haben sie eine wichtige Ergänzung zu meinem Wissen im Führungsumfeld geschaffen.

9.3 Anfragen, weitere Informationen

Es bleibt zu hoffen, dass die in diesem Wegweiser skizzierten Gedanken in der Führungspraxis aufgegriffen werden. Gerade dort trifft man oft auf persönliche Spekulationen und ungeprüfte Modelle. Dieses Buch soll einen wichtigen Beitrag zur weiteren Professionalisierung der Führungspraxis leisten.

Falls Sie weitere Informationen brauchen oder Fragen dazu haben, so können Sie uns eine Nachricht senden: info@fincklerpartner.de.

Ein Whitepaper zum Thema „Fast Track Talent Development®" erhalten Sie kostenlos über die Website http://eepurl.com/bpMUvn.

Glossar

Action Learning Action Learning (auch handlungsorientiertes Lernen) ist eine Methode des Erfahrungslernens („Learning by doing") von einzelnen Individuen, kleinen oder größeren Gruppen in Unternehmen oder anderen Organisationen, die auf Reginald Revans zurückgeht. Beim Action Learning arbeitet ein Team an einem für eine Organisation konkreten und relevanten Projekt und reflektiert gleichzeitig den Lernprozess. Action Learning basiert auf der Überzeugung, dass Mitarbeiter einer Organisation am besten anhand einer realen Herausforderung lernen. Durch die Anwendung von Action Learning entsteht ein gleichermaßen doppelter Nutzen: Einerseits wird ein Bedürfnis der Organisation befriedigt und andererseits werden Individuen und Gruppen weiterentwickelt.

Bedeutungsschemata Als Bedeutungsschemata (Denken, Denkmuster) werden alle Vorgänge zusammengefasst, die aus einer inneren Beschäftigung mit Erfahrungen, Vorstellungen, Erinnerungen und Begriffen eine Erkenntnis zu formen versuchen.

Boshafte Probleme (Wicked Problems) Boshafte Probleme zeichnen sich dadurch aus, dass sie mit guten Prozessen und Planung allein nicht zu bewältigen sind. Sie erfordern intensive Zusammenarbeit und Lernen.

C-Level Abgeleitet von Chief … Officer auch CxO, wird die erste Führungsebene eines Unternehmens auch als „C-Level" bezeichnet.

Coachee Nimmt eine Person ein Coaching in Anspruch, wird sie zum Coachee. Der Begriff Coachee ist in Analogie zum Begriffspaar Trainer/Trainee entstanden. Es handelt sich aber nicht um ein untergeordnetes Verhältnis, Coachees befinden sich in der sozialen Interaktion mit dem Coach immer auf Augenhöhe. Coach und Coachee sind gleichberechtigte Parteien. Die Begriffe Kunde oder Klient, die im Deutschen häufig synonym benutzt werden, beschreiben das Verhältnis zwischen Coach und Coachee nur unzureichend.

Compliance Compliance bzw. **Regeltreue** (auch Regelkonformität) ist in der betriebswirtschaftlichen Fachsprache der Begriff für die Einhaltung von Gesetzen und Richtlinien, aber auch von freiwilligen Kodizes, in Unternehmen. Die Gesamtheit der Grundsätze und Maßnahmen eines Unternehmens zur Einhaltung bestimmter Regeln und damit zur Vermeidung von Regelverstößen in einem Unternehmen wird als Compliance-Management-System bezeichnet.

Corporate Governance Corporate Governance (Grundsätze der Unternehmensführung) bezeichnet den Ordnungsrahmen für die Leitung und Überwachung von Unternehmen. Dieser Ordnungsrahmen wird maßgeblich durch Gesetzgeber und Eigentümer bestimmt. Die konkrete Ausgestaltung obliegt dem Aufsichts- bzw. Verwaltungsrat und der Unternehmensführung. Das unternehmensspezifische Corporate-Governance-System besteht aus der Gesamtheit relevanter Gesetze, Richtlinien, Kodizes, Absichtserklärungen, Unternehmensleitbildern sowie den Gewohnheiten der Unternehmensleitung und – überwachung.

CxO Als **Chief … Officer** (C.O oder CxO) bezeichnet man im englischsprachigen Raum eine obere Führungskraft. Die übliche Verwendung von CxO ist die eines Vorstandes. Typische Bezeichnungen sind: Chief Executive Officer (CEO), Chief Finance Officer (CFO); Chief Human Resources Officer (CHRO), Chief Information Officer (CIO), Chief Marketing Officer (CMO), Chief Operating Officer (COO). Chief ohne Anhängung des Titels „Officer" (also beispielsweise „Chief Administrator") ist meist eine im englischsprachigen Raum gebräuchliche Bezeichnung für einen Abteilungsleiter in einem größeren Unternehmen und entspricht der Verwendung von „Senior" („Senior Administrator"). Die aus dem amerikanischen bzw. angelsächsischen Raum stammenden Bezeichnungen setzen sich – aufgrund der Globalisierung und Internationalisierung – immer mehr auch im deutschsprachigen Raum durch. Abgeleitet davon wird die erste Führungsebene eines Unternehmens auch als „C-Level" bezeichnet.

Disruptive Technologie Eine **disruptive Technologie** (engl. *disrupt* – unterbrechen, zerreißen) ist eine Innovation, die eine bestehende Technologie, ein bestehendes Produkt oder eine bestehende Dienstleistung möglicherweise vollständig verdrängt. Beispiele dafür sind Flash-Speicher, Smartphones (iPhone), PADs (iPad) oder Services wie Uber. Disruptive Innovationen sind meist am unteren Ende des Marktes und in neuen Märkten zu finden. Die neuen Märkte entstehen für die etablierten Anbieter in der Regel unerwartet und sind für diese, besonders aufgrund ihres zunächst kleinen Volumens oder Kundensegmentes, uninteressant. Sie können im Zeitverlauf ein starkes Wachstum aufweisen und vorhandene Märkte bzw. Produkte und Dienstleistungen komplett oder teilweise verdrängen.

Elite Elite (urspr. aus dem Lateinischen *eligere* bzw. *exlegere*, „auslesen") bezeichnet soziologisch eine Gruppierung (tatsächlich oder mutmaßlich) überdurchschnittlich qualifizierter Personen (Funktionseliten, Leistungseliten) oder die herrschenden bzw. einflussreichen Kreise (Machteliten, ökonomische Eliten) einer Gesellschaft. Konkret bezieht sich der Begriff meist auf näher definierte

Personenkreise, wie z. B. die Positionselite oder die Bildungselite. Der Elite gegenüber stehen die „Masse" oder der „Durchschnitt" („Normalbürger").

Emergente Ordnung Als **emergente Ordnung** (engl. *emerging order,* auch *emergent order*) wird ganzheitlich die Gesamtheit von Ordnung in sozialen Systemen (von Zweierbeziehungen bis hin zu gesamtstaatlichen Ordnungssystemen) bezeichnet, die sich von Traditionen, Kulturen, antiquierten moralischen Werten usw. löst und von den Beteiligten ständig verändert wird. Als emergent ist sie zu bezeichnen, da die Veränderungen auf menschlichem Mitwirken basieren und diese deshalb weder vorhersehbar noch rückwirkend analysierbar sind. Veränderungen auf der Basis von emergenter Ordnung finden sich ausschließlich in Gesellschaften, die auf Individualität aufbauen, also in höher entwickelten Industriestaaten.

Emotionale Intelligenz (EQ) Emotionale Intelligenz (oder auch emotionale Kompetenz) ist ein von John D. Mayer (University of New Hampshire) und Peter Salovey (Yale University) im Jahr 1990 eingeführter Terminus. Er beschreibt die Fähigkeit, eigene und fremde Gefühle (korrekt) wahrzunehmen, zu verstehen und zu beeinflussen. Das Thema „emotionale Intelligenz" ist somit auch ein Beitrag zu der Frage nach dem Erfolg in Leben und Beruf. Zu dessen Popularisierung hat insbesondere der US-amerikanische Journalist Daniel Goleman mit seinem Buch *EQ – Emotionale Intelligenz* (1995) beigetragen.

Hedonismus Hedonismus (altgr. ἡδονή, *hēdonḗ*) „Freude, Vergnügen, Lust, Genuss, sinnliche Begierde" bezeichnet zumeist eine philosophische bzw. ethische Strömung, deren Grundthese lautet, dass einzig Lust bzw. Freude und die Vermeidung von Schmerz bzw. Leid intrinsisch oder allgemein wertvoll sei(en). Im Gegensatz zu dem philosophischen Verständnis wird im alltagssprachlichen Gebrauch mit dem Begriff Hedonismus häufig eine nur an momentanen Genüssen orientierte egoistische Lebenseinstellung bezeichnet. In diesem Sinne wird der Begriff Hedonismus oft abwertend gebraucht und als Zeichen der Dekadenz interpretiert. Unter der Bezeichnung „psychologischer Hedonismus" wird tatsächlich verstanden, dass der Mensch im Allgemeinen einzig nach Lust bzw. Freude strebt.

HR (HRM) Personalwesen (auch Personalwirtschaft, Personalmanagement, kurz PM; engl. Human Resource Management, Abkürzung HRM) bezeichnet den Bereich der Betriebswirtschaft, der sich mit dem Produktionsfaktor Arbeit und mit dem Personal auseinandersetzt. Das Personalwesen ist eine in allen Organisationen vorhandene Funktion, deren Kernaufgaben die Bereitstellung und der zielorientierte Personaleinsatz sind. In der Personalpraxis beziehen viele Unternehmen außer den Themen Führungsprozess und Geschäftsprozess auch die Interaktionsthematik sowie die Aktion und Emotion des Personals ein.

Intelligenzquotient (IQ) Der Intelligenzquotient (IQ) ist eine Kenngröße zur Bewertung des intellektuellen Leistungsvermögens (der allgemeinen Intelligenz) oder in bestimmten Leistungsbereichen (z. B. Faktoren der Intelligenz). Er wird in der Regel mit einem Intelligenztest ermittelt, dessen Ergebnis auf eine Referenzgruppe bzw. Referenzpopulation (z. B. die Piloten oder Lokführer oder die sogenannte repräsentative Normalbevölkerung – auch weiter differenzierbar in Gruppen nach Alter, Geschlecht oder Bildungsgrad) bezogen ist (vgl. Normierung). Die Verteilung der Testergebnisse der Referenzgruppe bzw. Referenzpopulation wird anhand einer Normierungsstichprobe geschätzt und bei Verwendung des IQ auf eine Normalverteilung mit Mittelwert 100 und Standardabweichung 15 skaliert. Somit haben ungefähr zwei Drittel (genauer 68,27 %) der Personen dieser Referenzgruppe einen IQ zwischen 85 und 115. Je mehr der IQ von 100 abweicht, desto seltener finden sich Personen, die einen ähnlichen IQ besitzen.

Introjektion Introjektion (von lat. *intro* = „hinein", „herein" und *iacere* = „werfen") ist ein Begriff aus der Psychoanalyse, der einen Vorgang beschreiben soll, bei dem eine äußere Realität (Objekte, Objektqualitäten) nach dem Vorbild körperlicher Einverleibung in das seelische Innere hineingelangt. Das betreffende Objekt bzw. die betreffenden Objektqualitäten werden auch als **Introjekt** bezeichnet.

Key Performance Indicator (KPI) Dieser Begriff bzw. die **Leistungskennzahl** bezeichnet in der Betriebswirtschaftslehre Kennzahlen, anhand derer der Fortschritt oder der Erfüllungsgrad hinsichtlich wichtiger Zielsetzungen oder kritischer Erfolgsfaktoren innerhalb einer Organisation gemessen und/oder ermittelt werden kann. Zum Beispiel untersucht die Gesamtanlageneffektivität als ein möglicher Key Performance Indicator die tatsächliche Auslastung einer Maschine gegenüber ihrer theoretisch möglichen.

Kompetenz Eine **Kompetenz** ist die Kombination aus **Persönlichkeitsmerkmalen** (Motiven und Werten), **Verhaltensweisen** (Teamarbeit und Kommunikation) und Leistungen (**Ergebnissen**/Erfahrungen), die zur Realisierung der Ziele einer Organisation (Unternehmen) notwendig sind. Voraussetzung ist eine zuverlässige Diagnose der Fähigkeiten.

Kontrollüberzeugung Kontrollüberzeugung ist ein im Zusammenhang mit behavioristischen Verstärkerplänen entstandener Begriff aus der Psychologie, der auf Basis einer sozialen Lerntheorie eingeführt wurde. Das Konstrukt bezieht sich auf das Ausmaß, mit dem ein Subjekt glaubt, dass das Auftreten eines Ereignisses abhängig vom eigenen Verhalten ist, ob also der Ort der Kontrolle innerhalb oder außerhalb des Individuums liegt (engl.: *internal vs. external locus of control*). Der Begriff der „internalen versus externalen Kontrolle der Verstärkung" hat sich inzwischen im deutschsprachigen Raum zur Terminologie „Kontrollüberzeugung" verkürzt.

Kooperation Kooperation (lat. *cooperatio* = „Zusammenwirkung", „Mitwirkung") ist das zweckgerichtete Zusammenwirken von Handlungen zweier oder mehrerer Lebewesen, Personen oder Systeme in Arbeitsteilung, um ein gemeinsames Ziel zu erreichen. Ist die wechselseitige Einwirkung der Akteure nicht intentional oder zweckgerichtet, spricht man hingegen von Interaktion.

Leadership Leadership wird als Begriff in Managementdiskussionen in den letzten Jahren zunehmend populär. Oft wird Leadership einfach als Synonym für Führung oder Management benutzt. Damit wird man dem Bedeutungsgehalt des Begriffes jedoch nicht gerecht. Unterscheidet man Management und Leadership, so kann man sagen, Management ist das Arbeiten im Organisationssystem, Leadership ist das Arbeiten am Organisationssystem.

Metakognition Die Bezeichnung Metakognition ist abgeleitet von Kognition (einer Sammelbezeichnung für alle geistig-mentalen Vorgänge und Inhalte, die mit dem Gewahrwerden und Erkennen zusammenhängen) und bezeichnet die Auseinandersetzung mit den eigenen kognitiven Prozessen (Gedanken, Meinungen, Einstellungen etc.), also das Wissen über das eigene Wissen.

Narzissmus Der Ausdruck Narzissmus steht in einer Vielzahl sehr unterschiedlicher psychologischer, sozialwissenschaftlicher, kulturwissenschaftlicher und philosophischer Konzepte und umgangssprachlich im weitesten Sinne für die Selbstverliebtheit eines Menschen oder für das Verhalten eines Menschen, der sich selbst als wichtiger und wertvoller einschätzt als den urteilenden Beobachter.

P2P oder Peer-to-Peer Peer-to-Peer (P2P) Connection (von engl. *peer* „Gleichgestellter", „Ebenbürtiger") und -Verbindung sind synonyme Bezeichnungen für eine Kommunikation unter Gleichen, hier bezogen auf die Mitglieder eines Teams. In einigen Kontexten spricht man auch von Querkommunikation.

Personality Traits Mit Personality Traits werden die Persönlichkeitseigenschaften, auch Charaktereigenschaften oder Persönlichkeitsmerkmale von Menschen bezeichnet. Bei Führungskräften meint man damit auch Führungseigenschaften.

Princeps Princeps (laut Sextus Pompeius Festus von lat. *primus – capio,* ursprünglich mit der Bedeutung „(bei der Beuteverteilung) zuerst nehmend", „in der Reihenfolge der Erste") ist allgemein „erster Bürger" oder „erster unter Gleichen" in der Gesellschaft der römischen Antike. Es war der offizielle Titel der römischen Kaiser während der Zeit des Prinzipats.

Rekursion Als **Rekursion** (lat. *recurrere* = zurücklaufen) bezeichnet man in einem allgemeinen Sinn die Eigenschaft von Regeln, dass sie auf ein Produkt, das sie erzeugen, von neuem angewandt werden können, wodurch potenziell unendliche Schleifen entstehen. Komplexe Sachverhalte können oft mit rekursiv formulierten Regeln sehr elegant erfasst werden. Das Grundprinzip ist dabei dann das Zurückführen einer allgemeinen Aufgabe auf eine einfachere Aufgabe derselben Klasse. Somit ist Rekursion auch eine Problemlösungsstrategie. Beispielsweise ist die rekursive Programmierung Bestandteil vieler Programmiersprachen. Prozeduren oder Funktionen können sich dabei selbst aufrufen. Rekursion und Iteration sind im Wesentlichen gleichmächtige Sprachmittel.

Resilienz Resilienz (von lat. *resilire* = zurückspringen, abprallen) oder psychische Widerstandskraft ist die Fähigkeit, Krisen zu bewältigen und sie durch Rückgriff auf persönliche und sozial vermittelte Ressourcen als Anlass für Entwicklungen zu nutzen. Mit Resilienz verwandt sind Entstehung von Gesundheit (Salutogenese), Widerstandsfähigkeit (Hardiness), Bewältigungsstrategie (Coping) und Selbsterhaltung (Autopoiesis).

Shareholder Value Der **Shareholder Value** (dt. **Aktionärswert**) wird in der Ökonomie als Marktwert des Eigenkapitals definiert. Er entspricht, vereinfacht gesagt, dem Vermögenswert (Value), den ein Anteilseigner *(Shareholder)* einer

Aktiengesellschaft besitzt. Er besteht aus dem Kurswert der entsprechenden Aktie, multipliziert mit der Anzahl der gehaltenen Wertpapiere. Eine auf Shareholder Value angelegte Unternehmenspolitik wird demnach versuchen, den Kurswert der Aktien und damit den Marktwert des Gesamtunternehmens zu erhöhen. Umfassend wird darunter nicht allein eine kurzfristige Steigerung des Börsenkurses, sondern eine langfristige Optimierung der Wettbewerbsfähigkeit und Profitabilität eines Unternehmens verstanden. Das Shareholder-Value-Prinzip wird heute von Unternehmen weltweit angewandt.

Stakeholder Der Ausdruck **Stakeholder** stammt aus dem Englischen. „Stake" kann mit Einsatz, Anteil oder Anspruch übersetzt werden, „holder" mit Eigentümer oder Besitzer. Der Stakeholder ist daher jemand, dessen Einsatz auf dem Spiel steht und der daher ein Interesse an Wohl und Wehe dieses Einsatzes hat. Im übertragenen Sinne wird „Stakeholder" heutzutage nicht nur für Personen verwendet, die tatsächlich einen Einsatz geleistet haben, sondern für alle, die ein Interesse am Verlauf oder Ergebnis eines Prozesses oder Projektes haben; beispielsweise auch Kunden oder Mitarbeiter.

Subjektivismus Subjektivismus ist ein Sammelbegriff für verschiedene erkenntnistheoretische Positionen, nach denen alle Begriffe, Urteile und Erkenntnisse wesentlich durch das jeweilige Subjekt – in der Regel ist damit der einzelne Mensch gemeint – bestimmt und geprägt seien.

System Als **System** (altgr. *sýstēma*, aus mehreren Einzelteilen zusammengesetztes Ganzes) wird allgemein eine Gesamtheit von Elementen bezeichnet, die so aufeinander bezogen oder miteinander verbunden sind und in einer Weise interagieren, dass sie als eine aufgaben-, sinn- oder zweckgebundene Einheit angesehen werden können, als strukturierte **systematische** Ganzheit. In verschiedenen Fachgebieten werden darüber hinaus spezifischere Begriffsverwendungen vorgeschlagen, diskutiert und angewendet.

Transaktionale Führung Der Begriff **transaktionale Führung** bezeichnet einen Führungsstil, der auf einem Austauschverhältnis zwischen einer Führungskraft und ihrem Mitarbeiter beruht. Ein Beispiel ist die Zielvereinbarung, in der geregelt ist, welche Erwartungen an den Mitarbeiter gestellt werden und welche finanziellen oder immateriellen Vorteile (oder Nachteile) er zu erwarten hat, wenn er die Anforderungen erfüllt (oder nicht erfüllt).

Transformationale Führung Mit dem Begriff **transformationale Führung** wird ein Führungsmodell bezeichnet, bei dem die Geführten Bewunderung, Loyalität, Respekt und Vertrauen gegenüber der Führungskraft empfinden und überdurchschnittliche Leistungen erbringen.

Literatur

Bücher und E-Books

Arentzen U, Winter E (1997) Gabler Wirtschafts-Lexikon. Springer Fachmedien, Wiesbaden

Argyris C, Schön DA (2008) Die lernende Organisation: Grundlagen, Methode, Praxis. Schäfer-Poeschel, Stuttgart

Asendorpf JB, Neyer FJ (2012) Psychologie der Persönlichkeit. Springer Verlag, Berlin-Heidelberg

Aurel M (1977) Selbstbetrachtungen. Philipp Reclam jun. Verlag GmbH, Ditzingen

Binder T (2016) Ich-Entwicklung für effektives Beraten. Vandenhoeck & Ruprecht, Göttingen

Blanchard K, Hersey P (1996) Management of organizational behavior: utilizing human resources. Prentice-Hall, New Jersey

Brodbeck FC (2016) Internationale Führung – Das GLOBE-Brevier in der Praxis. Springer, Berlin

Campus (2005) Die wichtigsten Philosophien für Manager. Campus, Frankfurt a. M.

Conger JA, Kanungo RN (1989) Charismatic leadership: the elusive factor in organizational effectiveness (The jossey-bass management series). Jossey-Bass Inc., San Francisco

Covey SR (2005) Die 7 Wege zur Effektivität: Prinzipien für persönlichen und beruflichen Erfolg. Gabal, Hamburg

Csikszentmihalyi M (2014) Flow im Beruf: Das Geheimnis des Glücks am Arbeitsplatz. Klett-Cotta, Stuttgart

Goffee R, Jones G (2015) Why should anyone be led by you? Harvard Business Review Press, Watertown

Goleman D (1997) Emotionale Intelligenz. Deutscher Taschenbuch, Hannover

Grawe K (2004) Neuropsychotherapie. Hogrefe Verlag GmbH & Co. KG, Göttingen

Hackman RJ (2011) Collaborative intelligence: using teams to solve hard problems. Berett-Koehler Publishers, San Francisco

Hauser B (2012) Action learning. ManagerSeminare Verlags GmbH, Bonn

Kegan R (1994) Die Entwicklungsstufen des Selbst: Fortschritte und Krisen im menschlichen Leben. Kindt, München

Loevinger J, Wessler R (1978) Measuring ego development. Jossey-Bass, San Francisco

Mezirow J (1997) Transformative Erwachsenenbildung. Schneider, Hohengehren

Mitchell S, Kobbe P (2003) Tao Te King. Arkana Goldmann, München

Mohr G (2006) Systemische Organisationsanalyse: Dynamiken und Grundlagen der Organisationsentwicklung. EHP Edition Humanistische Psychologie, Bergisch Gladbach

Paulhus DL, Williams KM (2002) The dark triad of personality: narcissism, machiavellianism, and psychopathy. J Res Pers, 36:556–563

Senge PM (2011) Die fünfte Disziplin: Kunst und Praxis der lernenden Organisation. Schäffer-Poeschel Verlag für Wirtschaft, Stuttgart

Senger H von (2013) Die Klaviatur der 36 Strategeme – In Gegensätzen denken lernen. Hanser, München

Sennett R (2000) Der flexible Mensch. Berlin verlag, München

Sennett R (2005) Die Kultur des neuen Kapitalismus. Berlin verlag, Berlin

Simon H (2003) Strategie im Wettbewerb. Frankfurter Allgemein Buch, Frankfurt a. M.

Spitzer M (2005) Nervensachen. Suhrcamp, Berlin

Sprenger RK (2012) Radikal führen. Campus, Frankfurt a. M.

Tolle E (2001) Leben im Jetzt. Wilhelm Goldmann, München

Vohl H-J (2015) Achtung Infarkt. Murmann Publisher GmbH, Hamburg

Winterhoff M (2010) Warun unsere Kinder Tyrannen werden – Oder: Die Abschaffung der Kindheit. Goldmann, München

Wöhe G (2013) Einführung in die allgemeine Betriebswirtschaftslehre. Verlag Franz Vahlen, München

Texte aus dem Internet

Blank W et al (2006) A test of the situational leadership theory. http://onlinelibrary.wiley.com/doi/10.1111/j.1744-6570.1990.tb02397.x/abstract. Zugegriffen: 29. Dez. 2015

Craig B, Johanson L (2006) Situational leadership: a review of the research (S 73–85). http://onlinelibrary.wiley.com/doi/10.1002/hrdq.3920010109/abstract. Zugegriffen: 29. Dez. 2015

Creditreform Wirtschaftsforschung (2014) Insolvenzen in Deutschland, Jahr 2014. https://www.creditreform.de/nc/aktuelles/news-list/details/news-detail/insolvenzen-in-deutschland-jahr-2014.html. Zugegriffen: 28. Dez. 2015

Daniljuk M (2014) Ukraine-Konflikt: ARD-Programmbeirat bestätigt Publikumskritik. http://www.heise.de/tp/artikel/42/42784/1.html. Zugegriffen: 9. März 2016

Deci E (2012) Promoting motivation, health, and excellence: Ed Deci at TEDxFlourCity. https://www.youtube.com/watch?v=VGrcets0E6I. Zugegriffen: 22. März 2016

Deutscher Ärztetag (2012) Ärztetags-Drucksache Nr. VI–96. http://www.bundesaerztekammer.de/arzt2012/media/applications/EVI96.pdf. Zugegriffen: 20. März 2016

Engler J (1981) You have to be somebody before you can be nobody. https://de.scribd.com/doc/137930301/Jack-Engler-interview-You-have-to-be-somebody-before-you-can-be-nobody. Zugegriffen: 13. Apr. 2016

Enzyklika (2009) Caritas in Veritate. http://www.dbk.de/fileadmin/redaktion/veroeffentlichungen/verlautbarungen/VE_186.pdf. Zugegriffen: 12. Febr. 2016

Finanzgericht Düsseldorf (2013) Finanzgericht Düsseldorf entscheidet erneut gegen Nichtanwendungserlass der Finanzverwaltung. http://www.fg-duesseldorf.nrw.de/behoerde/presse/pressemitteilungen/archiv/2013/13_04_111/index.php. Zugegriffen: 12. Febr. 2016

Handelsblatt, Bastian N et al (2012) Der unwürdige Abgang des Josef Ackermann. http://www.handelsblatt.com/unternehmen/management/fuehrungskrise-in-der-deutschen-bank-der-unwuerdige-abgang-des-josef-ackermann/6359470.html. Zugegriffen: 28. Dez. 2015

IDW, Fachausschuss Sanierung und Insolvenz (FAS) (2012) Anforderungen an die Erstellung von Sanierungskonzepten. http://www.idw.de/idw/portal/d626208. Zugegriffen: 28. Dez. 2015

Internetkanzlei (2015) Cook Island Trust verhindert Ruin. https://www.internetkanzlei.to/cook_island_trust_verhindert_ruin/. Zugegriffen: 23. März 2016

Jonason PK (2010) Who is James Bond? The dark triad as an agentic social style, individual differences association. http://www.mysmu.edu/faculty/normanli/jonasonliteicher2010.pdf. Zugegriffen: 18. Febr. 2016

Malik F (2005) Muss der Kapitalismus vor den Kapitalisten gerettet werden? http://www.manager-magazin.de/unternehmen/artikel/a-353623.html. Zugegriffen: 3. Jan. 2016

Nauert R (2016) Study finds leadership is mostly learned. http://psychcentral.com/news/2014/10/07/study-finds-leadership-is-mostly-learned/75870.html Zugegriffen: 9. Apr. 2016

Nohria N et al (2003) What really works. https://hbr.org/2003/07/what-really-works/ar/1. Zugegriffen: 28. Dez. 2015

Pelz W (2016) Managementkompetenzen in der Führungskräfteentwicklung. http://www.managementkompetenzen.com. Zugegriffen: 12. Jan. 2016

Rüdel N (2015) ARD/ZDF-Studie Massenkommunikation 2015. http://www.ard-werbung.de/media-perspektiven/projekte/ardzdf-studie-massenkommunikation/. Zugegriffen: 9. März 2016

Spiegel (2015) Deutsche-Bank-Chefs Jain und Fitschen: Abgang mit Ansage. http://www.spiegel.de/wirtschaft/unternehmen/deutsche-bank-warum-anshu-jain-und-juergen-fitschen-gehen-muessen-a-1037598.html. Zugegriffen: 29. Dez. 2015

Spiegel, Bognanni M (2015) Wegen Boni in Millionenhöhe: Middelhoff muss mit neuer Anklage rechnen. http://www.spiegel.de/wirtschaft/unternehmen/middelhoff-ex-arcandor-chef-muss-mit-neuer-anklage-rechnen-a-1062728.html. Zugegriffen: 29. Dez. 2015

Spiegel, Kaiser S (2015) Deutsche-Bank-Chefs Jain und Fitschen: Abgang mit Ansage. http://www.spiegel.de/wirtschaft/unternehmen/deutsche-bank-warum-anshu-jain-und-juergen-fitschen-gehen-muessen-a-1037598.html. Zugegriffen: 29. Dez. 2015

Steinert C, Dominik H (2011) Schlechte Führung wird toleriert, wenn die Zahlen stimmen. https://www.dgfp.de/wissen/personalwissen-direkt/dokument/86963/herunterladen. Zugegriffen: 9. März 2016

Stiftung Warentest (2013) Coachen lernen: Was ein guter Lehrgang für Einsteiger bieten sollte. https://www.test.de/Coachen-lernen-Was-ein-guter-Lehrgang-fuer-Einsteiger-bieten-sollte-4605169-0/. Zugegriffen: 29. Apr. 2016

Süddeutsche Zeitung, Büschemann K-H (2015) Schwere Führungskrise bei VW. http://www.sueddeutsche.de/wirtschaft/autokonzern-schwere-fuehrungskrise-bei-vw-1.2429369. Zugegriffen: 28. Dez. 2015

Tagesspiegel, Markus E (2014) Die Frage lautet: Was will der Leser? http://www.tagesspiegel.de/medien/fuehrungskrisen-bei-spiegel-und-stern-die-frage-lautet-was-will-der-leser/10372828.html. Zugegriffen: 28. Dez. 2015

Welt R (2015) Die Dimensionen der VW-Krise sind schwindelerregend. http://www.welt.de/wirtschaft/article147163133/Die-Dimensionen-der-VW-Krise-sind-schwindelerregend.html. Zugegriffen: 28. Dez. 2015

WKO (2013) Methodenkatalog Lebens- und Sozialberatung. https://www.wko.at/Content.Node/branchen/ooe/Personenberatung_Personenbetreuung/Lebens%20–%20Sozialberater/Methodenkatalog_LSB.pdf. Zugegriffen: 15. März 2016

Sonstige Quellen

Artikel in einer Zeitschrift: Cook-Greuter SR (2000) Mature ego development: a gateway to ego transcendence? J Adult Dev, USA. http://www.cook-greuter.com/GatewaytoTransc.2000%202008%20updated.pdf

Artikel in einer Zeitschrift: Ely K, Boyce L et al (2010) Evaluating leadership coaching: a review and integrated framework. Leadersh Quart 21, USA. http://www.sciencedirect.com/science/article/pii/S1048984310000895

Artikel in einer Zeitschrift: Gro L, Gjerde S (2014) Leadership coaching, leader role-efficacy, and trust in subordinates. A mixed methods study assessing leadership coaching as a leadership development tool. Leadersh Quart 25, USA. http://www.sciencedirect.com/science/article/pii/S1048984310000895

Artikel in einer Zeitschrift: Loevinger J (1966) The meaning and measurement of ego development. Am Psychol, USA. http://psycnet.apa.org/psycinfo/1966-08890-001

Artikel in einer Zeitschrift: Zielcke A (1996) Der neue Doppelgänger – Die Wandlung des Arbeitnehmers zum Unternehmer – Eine zeitgemäße Physiognomie. Frankfurter Allgemeine Zeitung, Deutschland

Dokument von Website: Rowold J (2014) Der Weg zur Leadership Excellence. Human Resources Manager, Deutschland. http://www.zhb.tu-dortmund.de/wb/Row/Medienpool/Downloads/Der-Weg-zur-Leadership-Excellence.pdf

Elektronische Quelle: Thompson G, Vecchio RP (2009) Situational leadership theory: a test ot three versions, USA. http://www.sciencedirect.com/science/article/pii/S1048984309001507

Kruse P, Greve A (2013) Führungskultur im Wandel. Initiative Neue Qualität der Arbeit, Berlin

Studie: Middendorf J (2015) 13. Coaching-Umfrage Deutschland 2014/2015. BCO Büro für Coaching und Organisationsberatung, Frechen

Vortrag: Greif S (2014) Coaching in Grenzfeldern zwischen Praxis und Wissenschaft: Vergleich von 50 Coaching-Ausbildern. Deutschland

Wiki: Einige Zitate in diesem Buch basieren auf Artikeln aus der freien Enzyklopädie Wikipedia und stehen unter der Doppellizenz „GNU-Lizenz für freie Dokumentation" und „Creative Commons CC-BY-SA 3.0 Unported (Kurzfassung (de)". In der Wikipedia ist eine Liste der Autoren verfügbar. Die Zitate sind mit dem Hinweis Wiki und dem Suchbegriff gekennzeichnet. Glossareinträge wurden teilweise aus Wikipedia entnommen

Stichwortverzeichnis

1–9
360-Grad-Feedback, 129
3M, 53, 93

A
Abkömmlichkeit, 189
Absolventen, 90
Achtsamkeit, 180
Action Learning, 129, 163, 193
Adaptivität, 44
Ambition, 158
Anpassungsfähigkeit, 166
Anständigkeit, 35
Antipathiefehler, 149
Aphrodite, 92
Arbeitsschutzgesetz, 3
Assessment-Center, 153
Assessments, 152
A-Team, 89
Augenblickversagen, 5
Auslaufmodell, 45
Autonomie, 44, 122
Autonomiegrad, 119

B
BASF, 93
Bedeutung, 110
Bedeutungsperspektiven, 112, 113
Bedeutungsschemata, 112f
Behavioural Interview, 154
Betriebssicherheitsverordnung, 3
Beurteilungsfehler, 148
Beziehungsmanagement, 178
Bildungscontrolling, 213
Boshafte Probleme, 194
Buddhistische Lehre, 181
Bundesfinanzhof, 32
Bundesfinanzministerium, 32

C
Centurio, 89
Charaktereigenschaften, 153
Charisma, 188
Coaching, 128, 161
Coaching-Umfrage, 210
Community, 58

Compliance, 29
Contubernium, 89
Corporate Governance, 56
Creditreform, 8
CxO, 94, 186

D

decurio, 89
Delegationsprinzip, 90
Denkgewohnheiten, 112
Deutungshoheit, 20
Develop (Change) the Business, 187
Develop the Business, 187
Diskursiv, 147
Diversität, 43
Dogmatik, 137
D&O-Versicherung, 35
Dunkle Triade, 26
Durchsetzungsvermögen, 166

E

Ego, 158
Egoisten, 92
Eigenverantwortung, 177
Eignungsanforderungen, 152
Eignungslücken, 149
Eingebundenheit, 122
Emergenz, 44
Emotionale Intelligenz, 117
Emotionale Kompetenzen, 117
Emotionen, 117
Emotionsregulation, 177
Empathie, 117
EQ, 117
Erfahrung, 114
Erfolgsdynamik, 197
Erfolgskontrolle, 129
Esoterik, 20
Executive Coaching, 130, 162
Executive Sparring, 160

F

Fachliche Weiterbildung, 168
Fairness, 133
Feedback, 155
Feldkompetenz, 161
Finanzämter, 33
Finanzbehörden, 32
Finanzgerichtsbarkeit, 33
Fragetechniken
    Hypothetische Fragen, 81
    Lösungsorientierte Fragen, 81
    Paradoxe Fragen, 81
    Skalierende Fragen, 81
    Zirkuläre Fragen, 81
frame of reference, 112
Fremdausbeutung, 5
Führungsgespräche, 89
Führungsirrtümer, 9
Führungskompetenz, 8
Führungskonzepte, 55
Führungskräftecoaching, 47
Führungskräfteentwicklung, 210, 213
Führungskrise, 6
Führungskultur, 49
    im Wandel, 49
Führungsmodelle, 130
Führungsstile, 15
Führungsverhalten, 6, 52, 55, 62, 65, 66, 72, 82, 90

G

Gefährdungsbeurteilung, 3
Gefährdungshaftung, 2
Geldökonomismus, 36
Gewinnmaximierung, 35
Gier, 36
Gruppenkonflikte, 205

H

Haftpflichtversicherungen, 35
Haftungsansprüche, 209

HALO-Effekt, 148
Hephaistos, 92
Hierarchie-Effekte, 148
High-Potential, 138
Hochschulabsolventen, 90
HR-Management, 91
Human Ressource Management, 136

I
Ich-Entwicklung, 95, 174
Imperium Romanum, 88
Indirekte Führung, 191
Industrie 4.0, 51
In-Formation, 106, 111
Innovation, 133
Inspiration, 132
Intellektuelle Stimulierung, 132
Interpersonale Konflikte, 204
Interviews, 142–144
Intrapersonale Konflikte, 202
Ipsativierung, 153
IQ, 117
Irreführungen, 28

J
James Bond, 26
Journalisten, 31

K
Karriere, 90, 158
Key Performance Indicators, 136
Klimaschutzabkommen, 37
Klimawandel, 37
Kommunikationsdynamik, 197
Kompetenz, 122
Kompetenzmodell, 141
Komplementäre Führung, 52
Komplexität, 45
Konflikte, vi, 99, 101f, 125, 151, 204f

Konfliktfähigkeit, 166, 206
Konflikt Management, 201
Konfuzius, 77
  Der Berufene, 78
  Der Edle, 78
  Der Gemeine, 78
  Der heilige Weise, 78
  Der Würdige, 78
Konsequenzen, 107
Kooperationsfähigkeit, 46
Krisen, 1
Krisenursachen, 5
  Absatzkrise, 6
  Erfolgskrise, 6
  Führungskrise, 6
  Liquiditätskrise, 6
  Private Ursachen, 5
  Produktkrise, 6
  Stakeholderkrise, 6
  Strategiekrise, 6
Kritikfähigkeit, 166
Kritikunfähigkeit, 98
Kritische Reflexion, 114
Kulturtransformation, 183
Kundenorientierung, 12

L
Laotse, 75
Leadership, 184
Leadership Coaching, 162
Leadership-Entwicklung, 39, 183
Leadership Kompetenzen
  Anthropologie, 73
  Champions League, 72
  Konfuzius, 77
  Laotse, 75
  LK – Gewicht und Einfluss, 69
  LK – Innovation, 69
  LK – Interkulturelle Anpassungsfähigkeit, 70
  LK – Kommunikation, 68

LK – Lernfähigkeit, 69
LK – Menschlich führen, 69
LK – Motivationsexperte, 69
LK – Problemlöser, 69
LK – Regelkonformes Verhalten, 70
LK – Resilienz und Durchhaltevermögen, 69
LK – Strategisches Denken, 69
Philosophie, 74
Sokrates, 79
Strategeme, 77
Supersurfer, 72
Taoismus, 75
Tao Te King, 75
Learning by Doing, 193
Lebenssinn, 181f
Leistungsfähigkeit, 177
Leistungssteigerung, 129
Lernagilität, 137
Lernfähigkeit, 177
Lerngestaltung, 110
Lerngruppen, 213
Lernmodus, 158
Lernprozess, 109, 194, 200, 213
Lerntheorie, 115
Libor-Skandal, 29
Lorbeereffekt, 149

M

Machiavellismus, 26
Machiavellist, 27
Management-Audit, 141, 153
Managementkompetenzen, 131
Management Reflection, 199
Manipulation, 28
Marcus Aurelius, 82
Massenkommunikation, 30
Maßlosigkeit, 38
Meaning perspectives, 112
Meaning schemes, 112
Medienmanipulation, 30
Mediennutzung, 30

Mentale Agilität, 67
Mentale Fähigkeiten, 177
Mentale Stärke, 67
Mentalitäten, 86
Mental Models, 200
Mentoring, 158
Metakognition, 109
Metakompetenz, 175
Mitarbeiterbeurteilung, 170
MMPI, 24
Mogelpackungen, 28
Mooresches Gesetz, 51
Motivation, 132

N

Nachfolgeplanung, 168
Narzissmus, 26f
Netzwerk, 50, 58
Neurowissenschaften, 109
New Economy, 22
Nichtanwendungserlass, 32
NLP, 210
normative Verfahren, 153

O

Obliegenheitsverletzung, 33
OPEC, 37
Organisationales Lernen, 115
Organisation of Talents, 91
Organisationsentwicklung, 115, 138, 160, 163, 164, 195, 200, 213
Organisationsform, 89

P

Pandora, 92
Parawissenschaften, 20
Partizipativ, 147
Peak-Oil, 37
Performance, 136, 140
Personalabteilung, 136

Personalbeschaffung, 167
Personale Transformation, 173
Personalmanagement, 91, 136
Personal Mastery, 200
Personenversicherungen, 35
Persönliche Beziehungen, 121
Persönliches Coaching, 47
Persönliche Transformation, 180
Persönlichkeitseigenschaften, 120
Persönlichkeitsentwicklung, 108
Persönlichkeitsmerkmale, 28, 157
Persönlichkeitswissen, 123
Perspektiventransformation, 112
Planungsfehler, 14
Points of view, 112
Potenzial-Analyse, 155
Potenzialbewertung, 141
Potenzialentwicklung, 157
Präsenz, 178, 180
Pressekodex, 31
Principes, 87
Problemlösungsdynamik, 197
Profitmaximierung, 26, 34, 50, 56
prognostische Validität, 154
Projektionen, 137
Prometheus, 91
Prozesskompetenz, 42
Pseudowissenschaften, 20
Psychische Belastung, 4
Psychologische Beratung, 125
   Humanistisch-existenzielle Orientierung, 126
   Philosophischer Dialog, 124
   Systemisch-soziodynamische Orientierung, 127
   Tiefenpsychologisch-psychodynamische Orientierung, 126
   Verhaltensmodifizierende Orientierung, 127
Psychomentale Belastung, 4, 5
Psychopathie, 26f
Psychosoziale Belastung, 4

Qualitätssicherung, 209f

Rationaler Diskurs, 114
Rechtsnormen, 89
Rechtsschutzversicherung, 35
Redefinition, 214
Reflexion, 82, 113f, 137, 162, 194
Reifegrad, 175
Reifestufe, 206
Reliabilität, 155
Repressiv, 147
Resource Management, 138
Restriktiv, 147
Resultate, 118, 133, 154, 187
Risikoprävention, 209
Roadmap, 50
Rollendynamik, 197
Römisches Reich, 88
Rundfunk, 31
Run the Business, 187

Sachversicherungen, 34
Sanierungskonzepte, 5
Schadensprävention, 209
Schadensregulierung, 34
Schattenwelt, 26
SDT, 118, 121
Seilschaften, 93
Selbstausbeutung, 5
Selbstbestimmung, 48, 177
Selbstbestimmungstheorie, 118
Selbstbetrachtungen, 83
Selbstcoaching, 158, 178
Selbstmanagement, 175
Selbstreflexion, 111, 181
Selbstregulierung, 175
Selbstsicherheit, 165

Selbstverbalisierungen, 109
Selbstvertrauen, 165
Selbstwertgefühl, 165
Self-Determination Theory, 118
Sendeanstalten, 32
Sensegiving, 187
Shared Leadership, 53
Shared Visioning, 200
Shareholder Value, 35
Sinn, 110
Situatives Führen, 20
Soft Skills, 164
Sokrates, 79
sokratischer Dialog, 80
Söldner, 58
Söldner-Kultur, 59
Solidargemeinschaft, 58
Soziale Interaktion, 166
Sozialkompetenz, 165
Sozialwissenschaften, 20
Sparring, 158, 160
Special Forces, 89
Staatswesen, 88
Stakeholder-Analyse, 142
Stakeholder Befragung, 143
Stakeholder Identifikation, 142
Stakeholder Map, 146
Stakeholder Value, 53
Steuerrecht, 32
Stigmergie, 44
Strafbarkeit, 5
Strafverfahren, 209
Strategie, 11, 150
Strategie Coaching, 185
Strategieentwicklung, 150
Stretch Roles, 138
Studien, 218
Stufen der Ich-Entwicklung
   eigenbestimmten Stufe (E6), 100
   fließende Stufe (E10), 103
   gemeinschaftsorientierten Stufe (E4), 99
   impulsive Stufe (E2), 97
   integrierten Stufe (E9), 103
   präsozial-symbiotische Stufe (E1), 97
   rationalistische Stufe (E5), 99
   relativierende Stufe (E7), 101
   selbst orientierte Stufe (E3), 98
   systemische Stufe (E8), 102
Subjekt, 119, 171, 188, 195, 203
Substitution, 189
Suggestopädie, 110
Sun Zi, 77
Superlearning, 110
SWOT-Analysen, 149
Sympathiefehler, 149
System-Balance, 196
Systemische Organisationsentwicklung, 195
Systems Thinking, 201
Systemstruktur, 196

Talent Entwicklung, 135
Talentidentifikation, 168
Talentmanagement, 39
Tao, 76
Taoismus, 77
Tao Te King, 75
Task Switching, 5
Täuschung, 28
Team-Coaching, 162f, 207
Team-Design, 164
Teamentwicklung, 183
Team Learning, 201
Teamleistungen, 163
Toyota, 54, 61, 76, 93
Transaktionale Führung, 131
Transformation, 96, 107
Transformationale Führung, 131f, 188
Transformationale Führungskräfte, 132f
Transformative Bereiche

Bewusstseinsfokus, 106
Charakter, 105
interpersoneller Stil, 106
kognitiver Stil, 106
Transformative Lernprozesse, 111

U

Umgang mit Beziehungen, 118
Umsetzungsstärke, 133
Unternehmenserfolg, 9, 11, 39, 66, 91
Unternehmensethik, 35
Unternehmensführung, 184
Unternehmensinsolvenzen, 8
Unternehmenskultur, 39, 57, 183
Unternehmensvernichtung, 25
US-Army, 89

V

Validität, 20f, 130, 154f
Verhaltensinterview, 154
Verschuldenshaftung, 2
Versicherungsfall, 33
Versicherungsschutz, 33f

Verteilung, 107
Verträglichkeit, 167
Vertrauensschadensversicherung, 35
Verwaltungsvorschrift, 32
Verzerrungen, 137
Vorbildfunktion, 132, 166
Vorurteile, 148
VW-Krise, 7

W

Weiterbildung, 210, 213
Weiterbildungsresistenz, 173
Wertewandel, 183
Wettbewerbsfähigkeit, 25
Wissensmanagement, 115, 123

Z

Zeus, 92
Zivilcourage, 166
Zivilrecht, 88
Zukunftsperspektive, 177
Zuverlässigkeit, 130

 Springer

springer.com

Willkommen zu den Springer Alerts

Jetzt anmelden!

- Unser Neuerscheinungs-Service für Sie:
  aktuell *** kostenlos *** passgenau *** flexibel

Springer veröffentlicht mehr als 5.500 wissenschaftliche Bücher jährlich in gedruckter Form. Mehr als 2.200 englischsprachige Zeitschriften und mehr als 120.000 eBooks und Referenzwerke sind auf unserer Online Plattform SpringerLink verfügbar. Seit seiner Gründung 1842 arbeitet Springer weltweit mit den hervorragendsten und anerkanntesten Wissenschaftlern zusammen, eine Partnerschaft, die auf Offenheit und gegenseitigem Vertrauen beruht.

Die SpringerAlerts sind der beste Weg, um über Neuentwicklungen im eigenen Fachgebiet auf dem Laufenden zu sein. Sie sind der/die Erste, der/die über neu erschienene Bücher informiert ist oder das Inhaltsverzeichnis des neuesten Zeitschriftenheftes erhält. Unser Service ist kostenlos, schnell und vor allem flexibel. Passen Sie die SpringerAlerts genau an Ihre Interessen und Ihren Bedarf an, um nur diejenigen Informationen zu erhalten, die Sie wirklich benötigen.

Mehr Infos unter: springer.com/alert

GPSR Compliance

The European Union's (EU) General Product Safety Regulation (GPSR) is a set of rules that requires consumer products to be safe and our obligations to ensure this.

If you have any concerns about our products, you can contact us on

ProductSafety@springernature.com

In case Publisher is established outside the EU, the EU authorized representative is:

Springer Nature Customer Service Center GmbH
Europaplatz 3
69115 Heidelberg, Germany

www.ingramcontent.com/pod-product-compliance
Lightning Source LLC
LaVergne TN
LVHW020328260326
834688LV00037B/928